南科人文学术系列 · 第三辑　主编/吴岩

# 科幻产业的未来版图

## The Future Map of Science Fiction Industry

张　峰　主编

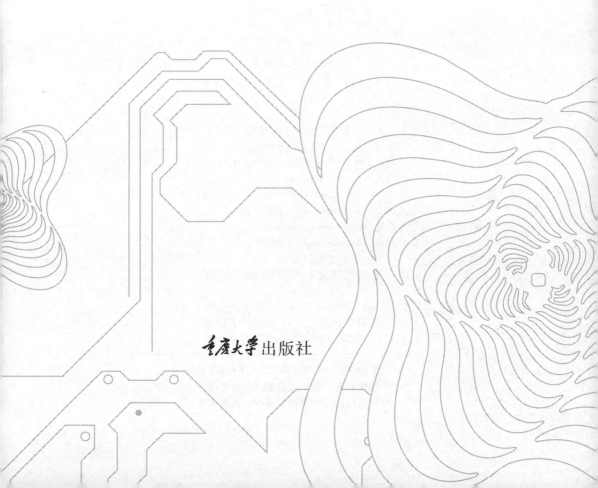

重庆大学出版社

**图书在版编目（CIP）数据**

科幻产业的未来版图 / 张峰主编. –– 重庆：重庆
大学出版社，2023.6
（南科人文学术系列. 第三辑）
ISBN 978-7-5689-3702-3

Ⅰ.①科… Ⅱ.①张… Ⅲ.①文化产业－产业发展－
世界 Ⅳ.①G114

中国国家版本馆CIP数据核字（2023）第073680号

# 科幻产业的未来版图
KEHUAN CHANYE DE WEILAI BANTU

张 峰 主 编

策划编辑：张慧梓

责任编辑：张 祎　　版式设计：张慧梓
责任校对：王 倩　　责任印制：张 策
*
重庆大学出版社出版发行
出版人：饶帮华
社址：重庆市沙坪坝区大学城西路21号
邮编：401331
电话：（023）88617190　88617185（中小学）
传真：（023）88617186　88617166
网址：http://www.cqup.com.cn
邮箱：fxk@cqup.com.cn（营销中心）
全国新华书店经销
重庆市正前方彩色印刷有限公司印刷
*
开本：787mm×1092mm　1/16　印张：14.5　字数：243千
2023年6月第1版　　2023年6月第1次印刷
ISBN 978-7-5689-3702-3　定价：68.00元

# 南科人文学术系列再序

陈跃红

　　关于这套学术书系出版的缘起，在第一辑出版时的总序里我已经做了详细的说明，这里不再赘述。2017 年，我和人文中心的几位同仁决定编写出版这套南科人文学术书系，第一辑 4 本：《"关键词"：当代建筑学的地图》（唐克扬著）、《中国科幻文论精选》（吴岩、姜振宇主编）、《解码深圳：粤港澳大湾区青年创新文化研究》（马中红主编）、《20 世纪中国科幻小说史》（吴岩主编），已经由北京大学出版社于 2021 年全部出齐，学界与社会反响都颇佳，许多媒体也都做了报道，我也感到十分欣慰。在总序中我已经说了，"既然已经启程出发，开弓没有回头箭，就让我们一直走下去吧！"于是，我们便多次商量继续编著第二辑（科学历史、伦理、传播、科幻主题）和第三辑（中国科幻发展与产业化趋势主题）。前者由田松教授担任执行主编，后者自然还是得由吴岩教授继续担任执行主编。经过他们二位两年来在繁忙的教学科研过程中认真、严谨和不懈的努力，第二辑 5 本，第三辑 3 本，共 8 本 200 余万字的书稿又摆在了案头。搓搓手，抚摸厚重的书稿，真是太有成就感啦！当然，这可不是我的功劳，毫无疑问，完全都是两位执行主编和著者编者群体的劳动成果。想一想，当 12 本著述都能出齐，再加上"南科人文通识教育系列"的陆续出版，加在一起至少 20 本，也算得上是蔚为壮观了吧！在这样一所新生的理工科大学，有如此厚重的人文学术著述成果奉献于学界和社会，应该值得自豪，也算得是另外一种深圳速度了吧！

7 年前，当我们策划这套书系的时候，南方科技大学还常常被社会和媒体误解为是一所深圳为解决就业而创办的民办职业大学，而 7 年后的今天，这所创办才 12 年的大学已经成为中国创新性研究型大学的领头羊，成为深圳第一所也是中国最年轻的双一流大学，在中国和世界大学群体中脱颖而出。它在"2023 泰晤士高等教育世界大学排名"中位列第 165 位、中国内地高校第 8 位，"2022 亚洲大学排名"第 19 位；"2022 泰晤士年轻大学排名"全球第 13 位、中国内地高校第 1 位。学校的双一流战略目标是在 2035 年成为在世界上有重要影响力的研究型大学。作为这所大学具有科技人文特色的人文学院，短短 7 年也已经从寥寥十数人发展为拥有 6 个系级中心（人文科学中心、社会科学中心、高等教育研究中心、艺术中心，语言中心、未来教育中心）和 3 个挂靠校级研究院（联合国教科文组织深圳教育创新中心、全球城市文明典范研究院、南科大廉洁治理研究院），有 20 多位知名教授和 100 多位教职员工，具有科技文科特色的新型人文学院。当此时，南科人文学术系列第 1—3 辑和南科人文通识教育系列书系的陆续出版，无疑是在为南科大特色文科的发展重重地添砖加瓦，能够参与这一注定将有世界重要影响的新型大学的文科建设，其成就感不言而喻！

这两个系列著述依旧遵循编著这套书系的初心，即只出版"具有新型文科专业方向和跨界研究性质的，具有学科前沿特征的学术著述"。第二辑共 5 本，分别是：《科学史研究方法》

（陈久金著）、《科学的正道——科学伦理名家讲演录》（田松编）、《中国科幻论文50年精选》（吴岩、姜振宇编）、《不尽长江滚滚来——中国科学传播人文学派20年经典文献》（田松编）、《后人类生态视野下的科幻电影》（黄鸣奋著）。第三辑共3本，分别是：《科幻理论的未来版图》（吴岩主编）、《科幻创作的未来版图》（刘洋主编）、《科幻产业的未来版图》（张峰主编）。你只要稍加过眼，便能够捕捉到这些著述的科技人文和学科融合的前沿特色。对读者而言，一轮阅过，你将在不知不觉中就站到了该领域的知识前沿。至于具体各本著述的内容特色，田松和吴岩两位主编在他们撰写的出版序言中自会详加介绍，我这里就不必狗尾续貂了。我自己已经决意要认真阅读学习其中我最喜欢的几本，有机会再叙说自己的学习体会吧。

当我动手写此篇再序的时候，正是南科大寒假开始的第一天，壬寅虎年即将过去，癸卯兔年正在走来。回望前瞻，世界风云波诡，神州春蕾待发，无论如何，对这颗星球、这个世界、对这片孕育生养中华民族的土地，对人文学科的未来前景，我们始终保有信心！因此，当此书系第二、第三辑出版之际，我和我的同事们，将继续谋划第四辑、第五辑……的著述和出版。

是为再序。

2023年元月15日

# 南科人文学术系列第三辑序言

吴 岩

　　2017 年秋天我到南方科技大学任职，在人文科学中心陈跃红主任的领导下组建了科学与人类想象力研究中心。中心的第一个任务，就是承接高水平理工大学建设人文专项"世界科幻革新背景下的中国科幻发展与产业化趋势"研究。在这个项目的引导下，我们聚集全国科幻研究的力量，先后召开了"追寻想象力的本源——2018 人类想象力研究年会""重新定义文化——二次元与娱乐互联网""科技时代的中国文学状况与科幻文学变革""从科学前沿到科幻前沿""中国当代新古典主义科幻暨刘洋《火星孤儿》创作""人类现代文明的历史经验与未来梦想"等重要会议，并参加了国内外的一系列科幻研讨。我们的目标是对国际科幻发展的前沿状况有所了解，对国内创作、产业、理论研究的状况也尽量到位。

　　几年下来，在这个领域中我们逐渐积累起了一系列有价值的成果，并对未来的发展作出了我们自己的判断。除了跟中国科幻研究中心共同发布《年度科幻产业报告》之外，大家拿到手中的这套"南科人文学术系列（第三辑）"，就是我们这个课题研究的最终成果。

　　这一辑丛书一共三本，分别探讨科幻创作、科幻理论研究和科幻产业发展的未来趋势。

在《科幻创作的未来版图》一书中，主编刘洋认真分析了这几年对创作发展的研讨成果，他结合我们邀请的作家撰写的文章提出，当代世界的科幻创作存在着四个重要趋势，分别是：类型之间相互交织频繁，边界显得越来越模糊；在西方创造的科幻小说类型模式之外，各民族的本土叙事意识和能力在不断加强，科幻正在真正成为世界性的文学；科幻小说从边缘走向主流的通路已经被铺设；以及科幻正在从文学走向其他产业形式。刘洋指出："总体来看，当代科幻创作呈现出越来越多样化的趋势，包括故事题材的多样化、作者群体的多样化、叙事方式的多样化以及传播媒介的多样化。在这一多样化发展的浪潮中，不断创造和呈现出新的惊奇感——这是科幻这一文类本身最核心的魅力所在，是所有科幻创作者们共同的使命。"这一看法无论对科幻的从业者还是爱好者，都是值得认真思考的。

《科幻理论的未来版图》分册的主编是我自己。这一分册的撰稿人分布较广，有学者、科幻作家、文化管理者和从业者。我通过阅读和跟他们的讨论，在序言中一改过去对科幻形象死亡的看法，指出当前科幻发展正在走入一个小的繁荣期。这个繁荣期起源于人们对未知和未来动荡的焦虑，且受到当前科技和时代变革的影响。在这样的时代，我通过对文集中文章的综合分析，指出未来科幻理论发展可能围绕如下三个方面。首先是通过哲学思考，拓展对科幻本质的认识。在跨越认知、思想边界探索、思想实验等方面，科幻文学和相关艺术具有自己独特的优势。这些优势还没有被广泛开发出来。其次是当前科技变化对科幻的影响，会导致科幻理论形成一个跟学科重叠的重要方向。这个方向不但朝向科技发展，也朝向伦理和消费与社会文化的发展。最后是在研究方法方面，科幻理论的研究可能更多结合当代信息科技、人工智能科技，并且逐渐从博物学走向演化学。对所有这些方面的研究，我觉得都必须围绕中国科幻本身的问题来进行。在中国的世界地位逐渐改变、中国文学的世界影响力逐渐发展的状态下，科幻文学的中国性和世界性方面的相关研究可能会形成一个热点。

在《科幻产业的未来版图》一书中，主编张峰（笔名三丰）博士先是梳理了科幻产业这一概念的生成，认为科幻产业的核心部分是一个以科幻创意为内核的文化创意产业的子集，即"科幻文化产业"，而它的延伸部分是与旅游、教育、制造业、城市建设、科技创新等产业融合形成的"科幻＋"新业态，称为"科幻相关产业"。科幻文化产业和科幻相关产业共同构成了科幻产业体系结构。随后，他回顾了中国科幻产业发展的历史，并分析了近年来人们对科幻产业的讨论以及我们征集到的重要文章的观点。张峰认为，狭义的科幻产业，至少包括科幻内容创作、科幻休闲娱乐服务、科幻生产服务、科幻生产装备制造、科幻消费终端制造五个部分。此外，科幻可以分别跟旅游、教育、制造行业、城市建设、科技创新相互叠加，形成"科幻＋"形式的产业拓展。文集中的文章来源于各个产业方面的从业者以及这一领域的研究者，他们多数是在这样的划分方法之下针对某个独特方向进行了未来发展的分析。这些思索和分析常常配合着作者的数据统计或职业亲历，具有很强的说服力。

我们认为，科幻是具有广泛跨界性的文学艺术甚至产业类型，这种存在本身具有无限的广延性，也受到多重因素影响，可能产生多种不同的走向。我们提供的文章大多数只是一些灵感或持续关注后得到的思考结果，方向和深度差异很大。如果这样的文集会对中国科幻文学、文化和产业的发展具有一定的促进作用，我们就已经非常高兴。

本文集是在南方科技大学人文科学中心领导和同事们的帮助下完成的。中心主任陈跃红教授鼓励我接受了这个课题，并在各个时段给我许多指导。他也欣然同意我们将这套著作放入南科人文学术系列。

科学与人类想象力研究中心的刘洋、张峰在得到主编任务的时候，都欣然接受，没有任何怨言。他们用自己的努力和学术信誉，征集到了许多重要作家和学术工作者的参与。

人文科学中心的管理人员参加了项目的各个时期的管理。冯爱琴老师参加了图书项目的前期谈判。重庆大学出版社的张慧梓老师自始至终对我们的项目给予绝对的支持，并参与文稿的编辑。在此项目结题的时刻感谢大家。

在本书编辑之际，《流浪地球2》走红影院，获得了超过40亿票房。国家电影局和中国科学技术协会组织我们到安徽物质科学研究院调研中宣部电影局"科幻十条"对科幻电影发展的影响。我们相信，在未来的几年，中国的科幻事业会像本书中预测的那样，在多个方向走出自己的全新道路。

C O N T E N T S

# 目 录

# 产业融合背景下的科幻产业理论建构

三 丰

　　科幻产业是一个近年来出现在中国的新颖词汇。这个词汇既标出一个正在发展中的产业新兴领域，也标出某种独特的研究空间。2017 年，吴岩在中国科幻大会发布《中国科幻产业报告》，将这种仅仅在尝试性探讨文章中出现的词汇用于现实，第一次将科幻产业的形式投射到文化和服务产业。虽然整个社会已经开始逐渐接受这一观念，但有关科幻产业的诸多理论问题仍然有待进一步回答。

　　我们认为，科幻产业的核心部分是一个以科幻创意为内核的文化创意产业的子集，即"科幻文化产业"；而它的延伸部分是与旅游、教育、制造业、城市建设、科技创新等产业融合形成的"科幻＋"新业态，称为"科幻相关产业"。科幻文化产业和科幻相关产业共同构成了科幻产业体系结构。

　　《科幻产业的未来版图》一书就是依据该结构组织编写而成的。本书分为两大部分，科幻文化产业篇和科幻相关产业篇。篇中的每一章都针对科幻产业的某一个板块或业态，在充分梳理和理解近期国内外这一领域发展现状的基础上，做了深入思考和总结，并为中国科幻产业的发展提出了有见地的意见和建议。这些篇章并没有涵盖科幻产业全貌的企图，而是以专题切入或案例解析的方式聚焦于产业各个板块发展过程中出现的新特征、新趋势、新问题或新动向，力图提供有价值的洞见。编者希望本书成为科幻产业研究的一个新的坐标系和新起点，激励更多的学者和同仁进入这个新兴的领域，进行更为深入的学术研究。

## 一

文化与科技的融合发展是近几年文化和相关产业发展研究的热点领域。有关文化和科技融合的内涵，主流的理解是"文化科技化"，就是以文化内涵为核心，运用现代科学技术，充分展示和创新文化的内容和形式，创新文化服务方式和提升文化体验，提升文化产品的创作力、感染力、表现力、传播力和影响力。[1]另外，也有学者提出"科技文化化"，即在科技为主的产业链当中，文化为科技注入内核，提升科技品位，甚至促进科技创新。文化与科技融合发展是科幻产业蓬勃发展的宏观背景。

根据知名美国科幻学者盖瑞·韦斯特福尔的调查研究，"科幻产业"一词（Science Fiction Industry）最早出现在科幻之父雨果·根斯巴克1953年的一篇杂志文章中。根斯巴克敏锐地发现在科幻传统的二维空间（文字和影像）之外，第三维度也已经出现，那就是玩具、游戏和各类科学工具。他所指的"科幻产业"与我们今天的理解相当接近，都是科幻创意在各个文化产业中的拓展。韦斯特福尔在文章中延续了根斯巴克"科幻产业"概念，并从这一角度考察了在美国盛行的科幻剧集《星际迷航》中的文化和产业问题。[2]

将科幻产业嵌套在本国文化产业的门类中，在今天已经成为普遍的国际现象。[3]然而，目前为止国际上尚没有哪个国家将"科幻产业"列入官方公布的产业目录中。由于"科幻产业"概念没有得到西方产业界和学术界的普遍认可，因此有关研究凤毛麟角。在中国，近年来科幻产业的提法得到了广泛接受。

---

[1] 崔木花：《文化与科技融合：内涵、机理、模式及路径探讨》，《科学管理研究》2015年第1期，第36-39页。

[2] Gary Westfahl, "Where No Market Has Gone Before: 'The Science Fiction Industry' and the Star Trek Industry", *Extrapolation* 37, No.4（1996）：291-301.

[3] 金韶：《科幻产业的范围界定和路径创新》，光明网2021年9月11日，访问日期：2022年1月9日。

以"科幻产业"为关键词检索读秀的"报纸"数据库，我们发现，在 2011 年之前这个词仅有零星的检索记录，而自 2012 年开始检索记录有了飞速增长，至 2020 年已有 1 500 多条记录。

从现在发掘的资料看，科幻产业在中国报刊中出现最早见于 2002 年，张映光采访韩松、尹传红、姚海军等科幻界人士，提出"科幻产业是一个十分系统的产业"，中国科幻产业尚未形成，各个链条上均有很大的缺失。[1]2008 年，代明、郑军、刘琳撰文指出，创新型城市需要科幻文化和科幻产业，而深圳具备发展科幻文化与产业的比较优势，并认为可以从科幻文学、科幻影视、科幻动漫、科幻风投、科幻旅游、科幻制品、科幻会展、科幻研究等八个方面，将深圳打造成"中国科幻文化与产业中心"。[2]2013 年，王春法曾撰文阐述发展科幻产业的重要意义。[3]2014 年，吴苡婷发表《科幻产业的发展瓶颈问题剖析》一文，认为人才培养体系、与消费者互动的创作理念缺乏，以及原创作品缺乏文化号召力是制约中国科幻产业发展的三大瓶颈。[4]同年，《中国科幻产业发展研究》一书出版。作为中国科学技术协会软科学研究课题成果，书中首次将科幻产业明确定义为："是指科幻作品创作、科幻产品生产、科幻商品交易和传播各环节个人与组织、承载行业和关联行业所构成的行业集群和产业系统。"[5]该书还尝试从产业视角对科幻产品、科幻商品、科幻市场和科幻产业发展等进行区分并做了一些开拓工作。2015 年，三丰对科幻文化产业链做了初步理论探索，认为广义的科幻文化产业链以科幻概念和构思在各部门流通，具有很高的耦合性。[6]2019 年，刘珩等延续了三丰关于"科幻产业链"

[1] 张映光：《中国科幻产业"链条"的缺失？》，《文化月刊》2002 年第 1 期，第 57-61 页。

[2] 代明，郑军，刘琳：《科幻文化、科幻产业与创新型城市建设》，《科普创作通讯》2008 年第 3 期，第 14-16 页。

[3] 王春法：《培育发展科幻产业 提升民族创新能力》，《科协论坛》2013 年第 12 期，第 7-10 页。

[4] 吴苡婷：《科幻产业的发展瓶颈问题剖析》，《科技传播》2014 年第 6 期，第 177-178 页。

[5] 敖建明、黄竞跃、邹和福：《中国科幻产业发展研究》，中国文史出版社，2014 年，第 12 页。

[6] 三丰：《2014：中国科幻文化产业链元年？》，《中国图书评论》2015 年第 2 期，第 56-61 页。

的理论思考，对武汉科幻产业发展战略作了探讨，提出了"科幻产业人才培养体系、科幻原创作品培育体系、科幻骨干企业孵化体系"三个体系建设思路。[1] 2021年，金韶将科幻产业定义为"文化科技融合的新兴产业，是以现代科技尤其是前沿科技为驱动，以科学精神和想象力文化为内核，以工业化设计、生产和制造为支撑，以超现实叙事、视听体验、沉浸式场景等为载体，提供科技传播和文化消费服务的新型业态"。[2] 根据她的划分，科幻产业包括科幻内容产业、科幻休闲旅游产业、科幻科技支撑产业、科幻设计和场景营造产业和科幻运营服务产业五大子类。同年，刘健发表《科幻产业及其对城市产业经济转型升级的影响》一文，指出科幻产业是以科幻创意（IP）的创造与运营为核心的一种文化创意产业类型，具有横向产业的属性。在当前形势下，发展科幻产业是特大型或超大型城市从供给侧结构性改革入手，实现城市产业经济转型升级的一条可行路径。[3] 上述文章对我们理解科幻产业具有积极作用。

将科幻产业从理论探讨变成一种对当前经济实践过程的探索，是由吴岩团队率先展开的。这项工作在2017年之前主要于北京师范大学开展，参加者包括姚海军等。2017年之后，该团队从北京师范大学转移到南方科技大学，并更新了团队成员。新团队包括三丰、王垚等。2017年，该团队发布了第一份《中国科幻产业报告》。从2019年起，中国科协下属的中国科幻研究中心也加入进来，新成员包括王挺、陈玲、姚利芬等，报告逐渐由两个单位合作完成。《中国科幻产业报告》的正常发布时间是每年9月的中国科幻大会。报告除了会发布全国科幻产业的年度科幻总营收，还会详细给出阅读、影视、游戏、衍生品等方面的产值数据。作为一份具有评估性和指导性的研究报告，报告还尝试提出年度科幻产业发展的总趋势，以便给决策者和市场提供有价值的信息。

当前，我国科幻文化发展势头迅猛，政府、资本、消费者对发展科幻产业

---

[1]　刘珩、刘强、汪潇、许南茜、刘玉涛：《武汉市科幻产业发展战略的思考与建议》，《科教导刊（中旬刊）》2019年第8期，第151-153页。

[2]　金韶：《政策赋能下科幻产业的新界定和发展路径》，《中国科技财富》2021年第9期，第33-34页。

[3]　刘健：《科幻产业及其对城市产业经济转型升级的影响》，《南京航空航天大学学报（社会科学版）》2021年第4期，第39-44页。

均有相当大的需求和广泛的认可。科幻产业无论是在学术层面，还是在实践层面，都是一个崭新的课题。因此建立科幻产业的理论体系，并以此指导科幻产业的发展，加强对这个领域的研究，是一项刻不容缓的工作。

## 二

狭义的科幻产业，是将文化产业中具有较强科幻元素的部分剥离出来所形成的文化产业子集，这个子集包含着为直接满足人们的精神需要所进行的科幻文化产品创作、制造、传播和展示等生产活动。

参照《文化及相关产业分类（2018）》的框架，我们大致可将科幻文化产业作如下分类。

第一是科幻内容创作。这个方向主要包括阅读类、影视类、游戏类、表演类等四个门类。阅读类包括科幻图书、杂志、有声小说、电子书等产品。影视类包括科幻动漫、电影、电视等产品。游戏类包括桌面游戏、电子游戏、真人实景游戏、虚拟现实（VR）游戏等产品。表演类包括科幻戏剧、歌舞、音乐等产品。内容是科幻产业的基础，也是现阶段科幻产业中市场规模最大的部分之一。

第二是科幻休闲娱乐服务。这个方向主要包括两个门类，一是科幻主题的室内和室外休闲娱乐服务活动，包括游乐园、主题公园、剧本杀、密室逃脱、沉浸式演出等休闲娱乐项目；二是科幻主题的景区游览观光服务。这个方向与旅游产业有着十分紧密的融合。

第三是科幻生产服务，是指辅助科幻内容生产和再生产过程的各类服务。这个方向包括版权运营、会议展览、软件开发、科研培训等。比如，科幻动漫、影视和主题公园的内容制作均需要不断更新的、有较高科技含量的软件支撑。

第四是科幻生产装备制造，是指辅助科幻内容创作生产的设备制造活动。这个方向包括印刷设备、广电设备、演艺设备、游艺设备等的制造。科幻文化内容生产和传播所需的硬件设备通常具有较高的技术含量，比如科幻主题游乐园中的游艺设备等。因而这方面的产业业态也需要文化与科技较高的融合水平。

第五是科幻消费终端制造，是指辅助科幻内容消费的设备制造活动。这个方向包括视听设备、文具玩具等科幻衍生品、智能文化设备（可穿戴设备、虚拟现实设备等）等。其中，围绕科幻创意 IP 的衍生品的许可、研发、制造、销售的价值链总和可称为"科幻周边产业"。

我们认为，上述五个产业板块共同构成了科幻产业的核心区，它们基本上对应了文化产业分类中的相关板块。将中国科幻研究中心和南方科技大学科学与人类想象力研究中心联合发布的《2021 中国科幻产业报告》中重点考察的科幻产业部门与上述五个板块进行对应分析[1]，科幻阅读产业、科幻影视产业和科幻游戏产业很明显属于第一个板块"科幻内容创作"，科幻周边产业属于第五个板块"科幻消费终端制造"，这四个产业门类在 2020 年度共同创造了 551.09 亿元收入。即将进入 2022 年报告重点考察的科幻文旅产业属于第二个板块"科幻休闲娱乐服务"，预期将较大提升科幻产业的总收入。

虽然《2021 中国科幻产业报告》已经囊括了三个板块五个产业业态，但相比我们所列出的科幻文化产业的五大板块，依然有一大片没有进入考察视野的空白，比如科幻内容创作板块中的表演类产业，以及科幻生产服务、科幻装备制造和科幻消费终端制造这三个板块几乎没有在报告中涉及。未来科幻产业的分板块统计和研究要针对这几个部分做更多的工作。

三

科幻文化产业是科幻产业的核心，具有较高的渗透性和融合性，可与多个相关产业和科技融合发展。而科幻相关产业恰好是这种核心的拓展。拓展的方式是"科幻+"或"科幻赋能"，即科幻的符号、理念、创意向其他相关行业渗透，嵌入相关产业的创意策划、研发设计与品牌营销等高端价值链环节，形成新的产业业态，赋能相关产业的创新式发展。一些有代表性的科幻相关产业如下。

### 科幻 + 旅游

旅游产业是凭借旅游资源和设施，专门或者主要从事招徕和接待游客，并

---

[1] 中国科幻研究中心和南方科技大学科学与人类想象力研究中心：《2021 中国科幻产业报告》，中国科普研究所网 2021 年 9 月 30 日，访问日期：2021 年 12 月 25 日。

为其提供交通、游览、住宿、餐饮、购物、文娱等六个环节的服务综合性行业。《"十四五"旅游业发展规划》纲要提出，推动文化和旅游融合发展，坚持以文塑旅、以旅彰文，打造独具魅力的中华文化旅游体验。科幻与旅游产业的融合发展，可以将科幻文化的符号、内容、故事和理念融入旅游资源，提升旅游的科学性和未来想象性的文化内涵。法国南特将"科幻小说之父"儒勒·凡尔纳作品中的世界观与南特岛的船舶制造业以及当地特色巨型木偶剧相结合，形成"科幻＋产业园区＋主题公园＋展会"的商业文旅发展模式。此外，四川省自贡市正在形成的恐龙主题旅游、海南省文昌市正在形成的航天主题旅游、贵州省临近 FAST 望远镜区域即"中国天眼"周围正在形成的天文旅游等都非常具有创新性和启发性。这个方向与前文提到的"科幻休闲娱乐服务"方向有一定的重合，但它更强调科幻文化融入旅游资源，为一个地区的旅游业提升价值。

### 科幻＋教育

教育产业，或教育培训及相关产业，是指国家学校教育制度系统和非学制系统有计划、有组织地为社会公众提供各种教育培训及相关产品的生产活动集合。科幻文化赋能教育产业，将为面向不同年龄、层次人群的科学素质教育产业发展提供新的突破点。事实上，在国家统计局最新的《教育培训及相关产业统计分类（2020）》中，科幻教育活动已被列入"科学素质教育"子类。一个典型的案例是少儿编程教育头部品牌"编程猫"，它以故事的方式设计课程和进行教学，而所有的故事都建立在一个"源码世界"的科幻世界观上。这个案例有力地说明了科幻创意在赋能青少年科技教育产业方面所具有的巨大潜力。

### 科幻＋制造业

制造业是指机械工业时代利用某种资源（物料、能源、设备、工具、资金、技术、信息和人力等），按照市场要求，通过制造过程，转化为可供人们使用和利用的大型工具、工业品与生活消费产品的行业。这里所说的制造业是除了文化产业本身的文化装备制造和文化消费终端制造之外的传统制造业和先进制造业。文化产业与制造业的融合，主要是在制造业的创意策划、研发设计与品牌营销等高端价值链环节发挥作用，赋予产品文化内涵，提升制造业的文化附加值，构成所谓的以广告和设计为主体的生产性文化服务业。而诞生于工业革命的科幻文化蕴含着独特的科学性和想象力，与制造业有着天然的文化亲和性，可以有效地参与到产品的设计和营销过程中。比如媒体上出现越来越多的"脑洞大开"的科幻创意广告，其核心意旨正是在于向受众传播产品的科技感、未来感和创新感。

## 科幻＋城市建设

城市建设行业的主要任务是针对复杂城市系统的物质空间进行统筹式的规划、建设和管理，包括建筑设计、城市规划、建筑业、地产业、市政工程等行业部门。这是一个十分需要前瞻式想象力的行业。城市代表人类文明的未来，而科幻是关于人类未来的想象，因而大胆想象城市未来的科幻创意和理念可以融入未来城市设计和空间规划的过程，成为城市更新和智慧城市建设的想象力助推器。从表层来说，科幻文化的符号和内容能为城市空间营造独特的未来感氛围，提供丰富的想象力创意文化内涵空间。而更深层次的科幻文化与城市建设行业的融合在于，科幻式的想象力打破了人们关于未来城市发展的固有思维模式，在这个复杂性远超过去的时代，提供了从"科幻想象到空间实现"的可能路径。从这个意义上讲，思考城市发展方向的时候应具有科幻思维和理念。长期关注科幻产业的学者金韶也指出"科幻场景创造和城市更新方向"是中国科幻产业三大创新路径之一。[1]

## 科幻＋科技创新

起源于熊彼特创新理论的科技创新是原创性的科学研究和技术创新的总称，是指创造和应用新知识和新技术、新工艺，采用新的生产方式和经营管理模式，开发新产品，提高产品质量，提供新服务的过程。我国"十四五"规划再次明确了坚持科技创新在我国现代化建设全局中的核心地位，把科技自立自强作为国家发展的战略支撑。

而在科技创新的各个层面，拥有科学和人文双重基因的科幻文化都可以发挥重要的作用。中外学者很早就关注到科幻对科技创新促进关系这一课题。比如，2007年中国科协"科幻与民族自主创新能力开发"课题组通过文献综述、问卷访谈得出结论，即科幻作品能够激发民族想象力，提升智力和创造力，为

---

[1] 金韶：《科幻产业的范围界定和路径创新》，光明网2021年9月11日，访问日期：2022年1月9日。

国家自主创新人才的早期培养提供帮助。[1]我们大致可以总结科幻促进科技创新的四条路径如下。

首先，科幻可以孕育科技创新的概念萌芽。科幻是有其科学合理内核的幻想，其合理内核来自于它总是以一定的客观现实基础、必要的科学知识为根基，以科学的推理为内容展开的逻辑。因此，科学幻想总是或多或少具有转化为现实的可能性。因而科幻就可以成为科技思想生成和发展过程中的胚胎和萌芽，孕育科技创新的新概念、新思想。比如，英国国家科技艺术基金会（英国nesta）组织的 2013 年报告《科幻与创新的互相影响》总结了 280 个科幻文本中的概念与真实世界创新互动的案例，充分展示了科幻孕育创新概念的潜力。

其次，科幻可以培育青少年的创新性。有很多成功的科学家和科技创新者，在其成才过程中都曾经得益于科幻的推动和启导。甚至许多科学家直言便是受到了科幻小说的启发，走上了科研道路。青少年个人创新性的提升将为其从事科技创新工作打下坚实的基础。

再次，科幻可以极大促进创新在大众中的扩散。创新在大众中的扩散都有一个过程，特别是早期阶段，大众对创新产品和服务有可能需要较长时间才能接受。面向大众的科幻作品，可以促进大众对创新的接受程度，有效地缩短创新的扩散时间。奥地利机器心理学家玛蒂娜·玛拉领导的团队通过心理学实验发现科幻小说可以帮助减轻人们对"类人机器人"的厌弃感。[2]也就是说，通过阅读科幻小说，人们可以更快地接受类人机器人这样的创新产品。

最后，科幻可以直接帮助科技创新进行原型设计。科幻拥有独特的推想逻辑和叙事模式，使得它可以直接用于创新原型设计的过程。2011 年前英特尔公司首席未来学家布莱恩·大卫·约翰逊首次提出"科幻原型设计"（Science Fiction Prototyping）方法论，主要是利用科幻叙事描述或探索特定未来科技的应用以及它对社会结构的影响。现在已有很多科技公司在其创新的研发过程中采用"科幻原型设计"的方法。比如英特尔、耐克等公司重金聘请科幻作家，

---

[1] 吴岩、金涛：《科幻与自主创新能力开发》，《科普研究》2008 年第 1 期，第 50-54 页。

[2] Appel, M., Krause, S., Gleich, U., & Mara, M, "Meaning through fiction: Science fiction and innovative technologies", *Psychology of Aesthetics, Creativity, and the Arts, 10*, No.4 (2016): 472-480.

让他们预测未来科技形式，并参与具体创新产品的原型设计。硅谷已经有"科幻原型设计"方法论的新兴咨询公司出现。在这个新业态中，科幻创作者已经直接实质性地参与到企业的科技创新设计过程中。

以上列举的是科幻相关产业的五个主要方向。除此之外，"科幻＋农业""科幻＋金融业"等各种新的融合发展方向也存在着一定的可能性。但这些方向尚未真正地凸显出来，需要研究者进行更多的理论探讨和实践检验。

# 四

综合上述关于科幻文化产业和科幻相关产业的论述，我们将科幻产业的整体结构展示如图 1 所示。

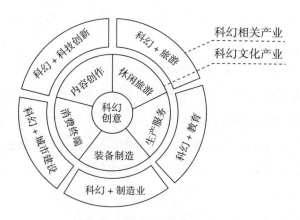

图 1 科幻产业结构图示

其中，科幻产业的核心是科幻创意，这是整个产业得以维系的基础。科幻文化产业位于内圈的部分，它是文化产业的一个子集，包含与文化产业分类相对应的五个板块。位于外圈的则是科幻相关产业，这是科幻文化与相关产业和科技融合的产物，最为突出的几个板块就是科幻与旅游、教育、制造业、城市建设和科技创新等的融合发展。

在这些科幻相关产业的板块中，有一些新的产业业态可以被清晰地辨析出来，比如以科幻创意为核心元素的科技教育、工业设计、广告营销、城市设计、建筑设计、科技创新咨询等新兴业态，这些背后都有实际的产业案例作为支持。

但更多的情况是，科幻文化持续在相关产业和国民经济领域以显性和隐形的方式进行着渗透和融合，不断产出创新性的产业实践成果，而这些实践有待于产业研究者去辨析、整理和总结。

以下是科幻产业分类表（见表1）。

表 1　科幻产业分类表

| 大类 | 板块 | 业态 |
|---|---|---|
| 科幻文化产业 | 科幻内容创作 | 科幻阅读产业、科幻影视产业、科幻游戏产业、科幻表演产业 |
| | 科幻休闲娱乐服务 | 室内娱乐、游乐园、沉浸式演出、餐饮休闲、休闲观光等 |
| | 科幻生产服务 | 版权运营、会议展览、软件开发、科研培训等 |
| | 科幻装备制造 | 印刷设备、广电设备、演艺设备、游艺设备等 |
| | 科幻消费终端制造 | 科幻周边产业、视听设备、智能文化设备（可穿戴设备、虚拟现实设备）等 |
| 科幻相关产业 | 科幻＋旅游 | 主题公园、影视基地、特色小镇等 |
| | 科幻＋教育 | 青少年科技教育、科普教育 |
| | 科幻＋制造业 | 工业设计、广告和品牌营销 |
| | 科幻＋城市建设 | 建筑设计、城市设计和空间规划 |
| | 科幻＋科技创新 | 创新设计咨询、创新扩散 |

## 五

本书是为了研究科幻产业的当前状况和未来发展而编写的。虽然这个领域的一切工作都才刚刚展开，但已经开始有人聚焦在某个侧面进行深入的研究。书中的部分章节是对科幻产业某一板块较为全面的纵览，其他部分则聚焦板块中某些具体的问题。本书结构的特征是点面结合，力图在宏观表述中插入观点，并提出未来发展的方向和可能性。

全书按照科幻文化产业和科幻相关产业两大类组织总体结构。居于核心圈层的科幻文化产业，我们邀约到了如下文章。

在科幻出版方面，冯溪歌的文章《国际科幻出版行业发展变化趋势（2010—2020）》重点关注过去十年世界科幻出版产业的变化趋势。他发现，2010年以来，传统出版业不断面临一些新的机遇与挑战，新的元素在不断重塑出版业，而科幻出版行业对于这些新元素的反应尤为灵敏。他列举了《羊毛战记》和《火星救援》所创造的"自出版"案例，以便展示即便在传统的科幻产业领域，创新也是重要的方向。文章还提出，应该重视数字阅读和有声读物的兴起，重视更多相关产品的出现。

科幻影视方面有两篇文章。过去十多年间，全球科幻影视产业最耀眼的明星当属以"漫威宇宙"和"DC宇宙"为代表的美漫超级英雄电影，每一部美漫超级英雄电影上映都能收割天量的全球票房以及拓展衍生品市场价值。高胤丰和赵力科的文章《"漫威模式"在IP元宇宙中的适用性与本土化启示》首先定义了所谓的"漫威模式"，即基于原作科幻超级英雄漫画形成全产业链上下游联动的开发模式，并总结了这一模式内部互文叙事和外部粉丝运营的两大特征。文章重点指出，"漫威模式"十分适配即将到来的IP元宇宙发展，其IP价值有望获得飞跃式提升。

黄鸣奋的文章《产业视野下的中国科幻电影》开宗明义指出："在我国，科幻电影的本土化是在科幻和电影互动下实现的。"文章梳理了中国科幻的自觉化、产业化、信息化的进程，并在产业发展的视野下，从正反两方面探讨中国科幻与电影的互动关系。

在科幻游戏方面，方舟的文章《不被定义，无限可能：中国科幻游戏产业新版图》将科幻游戏分为线上和线下两个部分。在简要介绍了全球科幻游戏发展的概况后，文章重点考察了游戏和影视双向联动的产业模式，这一部分凸显了科幻IP的产业链特征。文章后半部分在分析中国科幻游戏产业发展现状的基础上，提出了产业未来发展路径，其中有关如何植入科幻元素和利用中国资源的讨论值得我们重点关注。

在科幻文旅方面，王嘉诚的文章《当代科幻主题乐园产业发展研究》是一篇针对北美、欧洲和亚太三个区域的科幻主题乐园产业发展特征和趋势的综合性考察文章。两个贯穿全文的关键词值得读者思考——科技和IP。我们自己的科幻主题乐园要发展，不仅需要软硬件技术的创新开发，更离不开本土化科幻 IP 的深度打造。

在科幻内容生产服务板块，有如下一些文章。

赵文杰和李思雪的文章《国内外科幻会展发展现状初探》研究了国内外重要的科幻会展活动，考察了科幻会展的社会与经济带动效应，并提出了我国科幻会展行业的发展建议。作者提出，科幻会展既是文化创意交流的平台，也是经济发展的舞台，其带动效应和发展前景不可低估。

金韶、林玉娜和褚婉宏的文章《虚拟现实技术在科幻电影中的应用及影响》考察的虚拟现实技术，是一整套制造仿真、交互、沉浸的虚拟环境的软硬件技术集成，它既可以用于科幻电影的创作和制作，也可用于科幻电影的播映和消费。因此，它可归属于科幻文化装备制造和文化消费终端制造两个板块。根据文章的分析和预期，VR 技术对科幻电影产业的未来带来变革性影响，将带动 VR 电影、未来影院和视觉消费经济的繁荣。文章设想了 VR 技术将促成未来影院、VR 展览等新业态的诞生和繁荣，这是颇具前瞻性的预言。

科幻周边产业是典型的文化消费终端制造板块新业态。姚利芬和柯昊纯是《2021 中国科幻产业报告》中科幻周边产业部分的撰稿人。他们的文章《崛起的科幻"副产品"：全球科幻周边产业发展初探》将视野放在国外科幻周边产业，考察了科幻周边产业的三个纵向环节和两个横向开发类别。

居于外圈层的科幻相关产业，我们纳入了如下文章。

魏然和王心怡的文章《近年 STEM 教育和科幻教育的发展、趋势与启示》详尽评述了科幻教育和 STEM 教育的理论与历史，重点考察了国内外科幻教育与 STEM 教育融合发展的趋势。

《科幻赋能城市工业遗产复兴的理论与路径》一文的作者顾宗培有着科幻作家和高级规划师的双重身份。她在文章中一针见血地指出，科幻面向未来的创新属性与当下文化建设和城市更新需要高度契合。文章以法国南特市和北京新首钢高端产业服务区为例，探讨科幻文化赋能城市工业遗产复兴的主要方法路径和需要聚焦的重点问题。这两个成功案例无疑是"科幻＋城市建设"板块最好的展示。

金韶在《浅析科幻产业和元宇宙的融合和发展》一文中，紧紧抓住元宇宙与科幻产业的融合关系，提出几项针对融合发展的建议，包括"加强对科幻产业和元宇宙的顶层设计"，"以科幻产业为先导，完善元宇宙生态"，以及"将'科幻场景'和'城市大脑'结合，建造元宇宙城市"。在元宇宙的大框架下，科幻产业的融合性发挥到极致，科幻创意和思维模式对于人类文明走向也许将起到不可估量的影响作用。

王侃瑜和河流的文章《国际科幻行业交流趋势扫描》回顾了过去几年在翻译出版、行业活动、粉丝交流、电影展映、教育学术等多方面的中外科幻交流。据他们观察，世界范围内的科幻交流正在逆势上扬。其背后的原因在于，面对曾经的殖民、种族、性别等方面的压迫，"无论是市场还是受众都在寻找更多元更丰富的声音"，而科幻作为书写"他者"的文类，可以帮助许多原本位于边缘地位的创作者发出振聋发聩的声音，铸造属于自己的未来。这篇文章并不针对某个具体的科幻产业子板块，但它揭示出作为科幻产业核心的科幻创意所具有的文化共通性和国际性，预示着中国科幻产业在全球布局发展的良好前景。

本书力图为中国科幻产业研究建立起一个新的坐标系和新起点。在这篇序言中我们首次提供了一个科幻产业的分类框架，将科幻产业分为两大类十个板块。本书的各章节基本对应某一个子板块或业态。作者们在充分梳理和理解近期国内外这一领域发展现状的基础上，做了深入地思考和总结，并为中国科幻产业的发展提出了有见地的意见和建议。这些章节并没有涵盖科幻产业全貌的企图，而是以专题切入或案例解析的方式聚焦于产业各个板块发展过程中出现的新特征、新趋势、新问题或新动向，力图提供有价值的洞见。包括《浅析科幻产业和元宇宙的融合和发展》在内的部分章节也体现出作者较强的前瞻能力。毕竟新兴的科幻产业正处在急速发展变化的过程当中，需要学者们独具慧眼带领我们窥见未来的一角。

当然，我们在编写本书时也难免留下一些遗憾。首先，仍然有许多重要的科幻产业的板块和业态没有能在这部书中得以体现，比如内容生产板块的中国科幻影视产业和科幻表演产业，内容服务板块的版权运营，科幻与制造业的融合，科幻对于科技创新的影响等。其次，大部分章节缺乏对相应科幻产业板块的全面阐述，这恐怕还是受限于资料和数据的缺失。因此读者难以对该领域做总体性的把握。再次，大部分章节的作者并非产业经济领域的学者，因此文章基本上还处于就事论事的阶段，很少能从产业和国民经济的角度出发，作出更富有理论性和洞察性的论述。这些缺憾都反映出科幻产业研究是一片亟待开垦的处女地，从理论建设到实证研究方面，均有着广阔的空白需要研究者发力填补。我们期待这部书能启迪和激励越来越多来自各相关专业的学者进入这个全新的学术领域，产出更加丰硕的成果，深化我们对于科幻产业的理解，引领着中国科幻产业走入一个光辉而灿烂的美丽新世界。

**作者简介**

　　三丰，南方科技大学科学与人类想象力中心访问学者，深圳科学与幻想成长基金首席研究员。

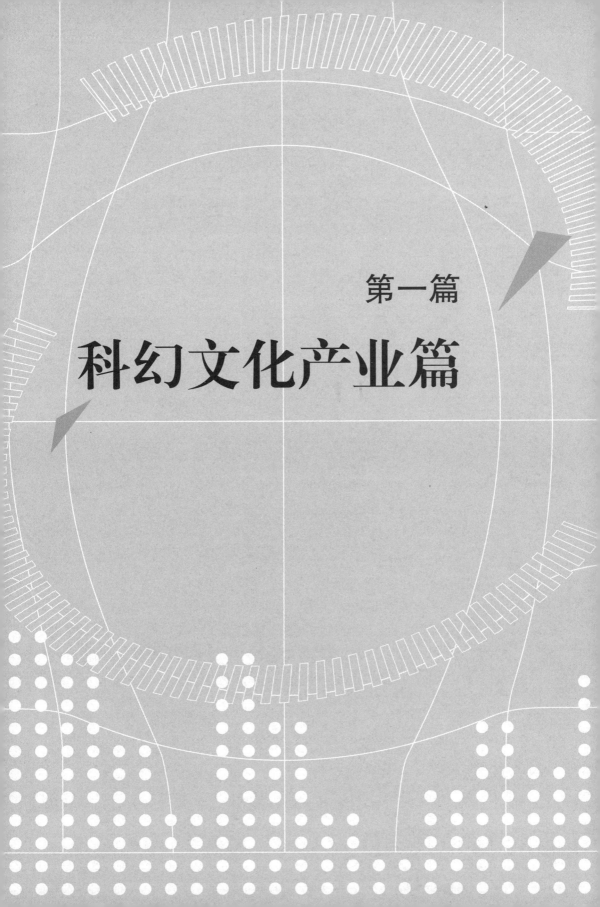

第一篇

# 科幻文化产业篇

# 第一章　国际科幻出版行业发展变化趋势（2010—2020）

冯溪歌

　　本章重点关注 2010 至 2020 年国际科幻出版行业的发展变化趋势。这十年里，传统出版行业遭受来自数字技术和媒介的剧烈冲击，整个行业主动或被动地进入变革期。电子书、有声读物、自出版、按需印刷等非传统出版方式正在给出版行业带来全新改变。而这些新元素与科幻之间存在着天然的联结，如果对新的出版业态缺少关注，便有可能低估了大众对于科幻的喜爱程度，也小觑了科幻产业在未来的发展潜力。比如数据显示，2017 年美国的科幻、奇幻类图书中有 48% 的非传统出版图书销量未被纳入一般性的行业统计。而在科幻与奇幻小说类别下，自出版电子书占比 37%，有声书占比 15%，比例远远超过了其他类型的小说。[1]

　　此外，国际出版界对非英语语种科幻作品的关注和引进预示了世界科幻出版的新格局。回顾近年来世界科幻革新背景下的出版行业的发展演变趋势，不仅能为中国科幻产业蓬勃发展的当下带来启示，也能够增进人们对未来出版业与未来科幻的理解与认识。

---

[1]　练小川：《自费出版占领美国科幻小说市场》，国际出版周报，2018 年 7 月 9 日第 3 版。

# 第一节　数字阅读：科幻出版的电子化趋势

一般认为大众出版行业的转变主要来自社会与经济因素的驱动，但 20 世纪 80 年代中期后，技术革新在这一转变中所做出的贡献越发凸显。90 年代末部分传统出版商开始逐渐大力投资电子出版项目，并致力于将文本内容数字化。[1]虽然不断有专家预警传统出版市场在电子书的冲击之下正处于危机边缘，然而行业统计数据结果却显示电子书的销量一直起起伏伏，电子书全面压倒纸质图书的预言并没有发生，想象中的数字革命并未发生。较大的改变发生在 21 世纪 10 年代前后，亚马逊公司于 2007 年推出了第一款电子阅读器金斗，此后美国出版商协会公布的数据显示电子书的市场规模从 2007 年的 3 170 万美元增长到 2013 年的 32.4 亿美元，电子书销售额占出版商高峰时期总销售额的 24%。[2]不过近年来，国际电子书市场再次降温，呈现低速增长甚至负增长的趋势。2019 年，美国电子书销售收入约为 19.4 亿美元，同比下降 4.9%，2015—2019 年下降 30.7%。[3]

虽然在纸质书与电子书的博弈中，电子书的前景并不明朗，但值得注意的是，这场电子化浪潮给不同类型的图书出版带来的改变程度是不同的。在电子化的过程中，通俗小说和类型小说的转变尤为巨大，美国的几大传统出版商推出的电子出版线几乎全部专注于类型小说，比如兰登书屋旗下的电子出版线分别主打科幻、奇幻与恐怖小说、悬疑小说以及言情小说。

在电子化的浪潮之下，传统的科幻出版商不断尝试新的出版与销售方式。早在 1999 年，贝恩出版社便采取了电子化出版战略，将"数字版权管理"（DRM）的书籍发布在网站上，让读者可以自由地阅读和下载各种格式的电子书。[4]2014 年，美国西蒙与舒斯特出版公司成立了一个新的成人科幻作品出版线——"西蒙 451"。他们认识到，"就科幻和幻想小说而言，电子书和网

[1]　约翰·B. 汤普森：《文化商人 21 世纪的出版业》，张志强等译，译林出版社，2016，第 249 页。

[2]　Li, H., "Are e-books a different channel? Multichannel management of digital products", *Quant Mark Econ*, No.19（2021）：179-225.

[3]　魏玉山：《国际出版业发展报告 2020 版》，中国书籍出版社，2021，第 5 页。

[4]　无机客：《电子书浪潮与科幻出版》，《新科幻》2011 年第 5 期，第 45-47 页。

络社区正成为人们阅读和发现的最主要渠道"，[1]因此便首先以电子形式出版作品和原创电子书，通过电子书和网络社区吸引更多的新作者。同年，美国最大的科幻出版商托尔出版公司也成立了一条全新的电子出版线——Tor.com，主推中篇、连载和短长篇等科幻小说，在亚马逊等电子平台出版电子版，同时也提供有声版和借助按需打印（POD）方式的纸版。[2]

电子化趋势的另一影响是通过经典的科幻绝版作品来唤起老读者的情怀和新读者的兴趣，英国影响力最大的科幻小说出版商戈兰茨书业将经典的科幻小说做成电子书出售，让封面依旧保留老读者熟悉的"戈兰茨式的黄"，通过电子化经典作品让被历史遗忘的绝版书重新找到新读者。[3]数字革命不仅没有扼杀科幻的纸质书，反而延长了许多经典作品的寿命，赋予了科幻新的生命。

国内早在 2009 年豆瓣平台上的科幻话题小组便有过关于科幻杂志电子化的讨论，也有如《新幻界》等科幻爱好者自发编辑出版的网络电子杂志。如今，随着数字产业的纵深发展，科幻有望进一步培养和扩大阅读群体。根据《2020年度中国数字阅读报告》，中国数字产业规模近年来在不断扩大，2020 年中国数字阅读产业规模达 351.6 亿元，增长率高达 21.8%，数字阅读用户规模达4.94 亿。数字化阅读接触率也在逐年攀升，由中国新闻出版研究院组织实施的第十八次全国国民阅读调查显示，数字化阅读方式（网络在线阅读、手机阅读、电子阅读器阅读、平板阅读等）的接触率为 79.4%。其中网络文学作品中的科幻类型便是一支新的有生力量，在 2021 年的《中国科幻发展年鉴 2021》中，三丰指出科幻网络文学的市场规模增长速度高于平均水平，并估算 2020 年中国网文中科幻类型的市场规模约为 7.5 亿元，较 2019 年的 6 亿元同比增长了25%。[4]《2021 科幻网文新趋势报告》显示自 2010 年起，网络文学中科幻类主题越来越丰富，截至 2021 年 8 月，在起点平台的月票榜前十名中，科幻题

［1］ 音希：《美国西蒙与舒斯特出版公司成立科幻出版社》，中国新闻网 2014
年 1 月 29 日，访问日期：2021 年 11 月 20 日。

［2］ 三丰：《【SF 资讯】Tor 出版社推出新出版线 Tor.com》，豆瓣网 2014 年
5 月 30 日，访问日期：2021 年 11 月 17 日。

［3］ 大卫·莫伊尔，晓坤：《拿什么方式拯救科幻小说》，《全国新书目》
2012 年第 10 期，第 15 页。

［4］ 三丰：《年度科幻阅读市场发展报告》，载《中国科幻发展年鉴 2021》，
吴岩、陈玲主编，中国科学技术出版社，2021，第 50 页。

材便占据了四部。网络文学中也有一些科幻作品引发了广泛的讨论，具有较高的热度。同时，从国际整体趋势来看，数字技术的不断发展也导致行业内部的差异加剧，畅销书以及个别爆款作品的势头猛烈，未来中国在科幻的数字阅读领域仍需要让更多优质的内容和更多的科幻作家走上前台。

# 第二节　有声读物：多感官的科幻"阅读"

近年来国际出版业的最大趋势之一便是有声书市场的迅速增长，有声书不再仅是数字阅读的细流分支，而逐渐成为继电子书之后增长最快的一大新兴出版物。进入 21 世纪 10 年代后，有声书被出版界寄予了厚望。在 2018 年 4 月的伦敦书展上，有声书成为数字论坛的中心。英国的尼尔森图书调查公司公布的数据报告显示，2012—2017 年，英国的有声书销售额增长了一倍，其中科幻小说是有声书中的热门题材。在 2019 年的法兰克福书展上，有声平台作为新的主题展区出现，同时书展还召开了一次专门围绕音频领域的法兰克福有声峰会，有声书是书展上格外引人瞩目的焦点。十年前在书展上受到如此优待的是电子书，然而与并未带来期待中巨大影响的电子书不同，有声书市场在现实中的确在飞速增长。[1]

据德勤咨询公司发布的报告，2020 年全球有声书市场增长了四分之一，累计销售额超过 35 亿美元，全球有声书听众约 5 亿人，到 2023 年有声书收入有望超过电子书。[2] 目前有声书的最大市场在美国，2020 年美国音频出版商协会发布的数据显示自 2012 年以来，美国有声书收入已经连续九年以两位数百分比的速度增长，2019 年有声书种类达到了 7.1 万种，较 2018 年增长了 39%。在有声书的所有类型中，最受欢迎的便是奇幻、惊悚和悬疑类题材作品。

---

[1]　张申：《这类读物在法兰克福书展上大受追捧》，新浪网 2019 年 10 月 19日，访问日期：2021 年 11 月 18 日。

[2]　邓健：《有声阅读市场前景广阔》，新浪网 2021 年 4 月 15 日，访问日期：2021 年 11 月 18 日。

有声书在 21 世纪 10 年代后的迅猛增长与科技进步带来的生活方式转变不无关系，传统以视觉为主的阅读已不能完全满足人们对效率的追求和多感官的刺激。有声书，一般指以实物存储或数字存储形式公开发行和销售的有声出版物。[1]美国最早的有声书出现于 20 世纪 30 年代，起初只是为了满足视觉障碍者的阅读需求，到 20 世纪 80 年代部分出版公司开始尝试涉足有声书市场。1986 年美国成立了世界范围内第一个有声书出版商协会，但由于当时制作成本高昂，人们对有声书的发展前景并不看好。但随着时间的推移，局势很快出现了变化，2010 年后美国的几大传统出版商先后将有声书纳入其主要业务范围，哈珀·柯林斯出版社、麦克米伦出版公司、西蒙与舒斯特出版公司分别建立了哈珀有声、麦克米伦有声、西蒙与舒斯特有声等有声书的专门出版平台，企鹅兰登书屋于 2013、2014 年先后在有声书制作部门的基础上新增了 6 个有声书制作部门。[2]

美国有声书的急剧增长与其灵活便捷的出版模式有关。有声书出版大概可分为三种模式：传统出版商出版模式、第三方平台出版模式以及作者或版权人自助出版模式。[3]但并非所有的书都适宜以有声书的形式出版，不过科幻题材与有声书却格外地相契，在众多类型中十分受欢迎。比如 "Audible" 作为美国最大的有声书制作与销售平台之一，除为有声书提供制作和销售功能之外，还积极参与科幻有声书的原创内容生产领域。他们购买了如《异形》《X 档案》等科幻原著的版权以及科幻小说家约翰·斯卡尔齐的短篇小说，依据经典科幻作品的背景创造了新故事作为平台的原创内容推出。[4]

许多畅销的科幻小说最早便通过有声书传播，在获得热度后才以纸质书的形式出版。比如美国科幻小说作家斯科特·西格勒业余热衷于制作播客，他同

［1］ 童云：《沉浸的故事：增强现实技术有声书的内容创新》，《中国广播》2018 年第 4 期，第 21-23 页。

［2］ 李清越：《美国有声书历史发展途径及对我国的启示》，《视听》2020 年第 2 期，第 183-185 页。

［3］ 庄廷江：《美国有声书出版与发行模式探析》，《出版发行研究》2017 年第 2 期，第 89-92 页。

［4］ Andrew Liptak, "Audible is giving members two free original audiobooks each month", https://www.theverge.com/2018/9/7/17831310/audible-originals-members-subscription-free-books，访问日期：2021 年 11 月 20 日。

时是美国出版界率先推出播客的作家之一。他的科幻恐怖小说《感染》起初以连续有声书的形式通过播客每两周更新一次，免费提供给读者收听，吸引了足够的读者后方才付梓出版。此后先以有声书形式发表后再与出版公司签约发行图书成为他几乎默认的创作方式。[1]

中国科幻产业在有声书出版领域具备广阔的发展前景，2020 年的法兰克福书展上公布了一份全球有声书市场报告，名为《席卷全球的有声书》。报告显示目前有声书规模最大的两个国家是中国和美国，占据了全球四分之三的市场份额，并且预测预计到 2022 年，如果按照目前的增长速度，中国将超过美国成为全球有声书市场第一大国。[2]根据艾媒咨询公司 2019 年发布的《2018—2019 中国有声书市场专题研究报告》，2019 年中国有声书市场规模高达 9.12 亿美元，并且增速自 2016 年起已经连续三年超过 30%。

相较传统阅读而言，有声书利用富于变化而又令人充满想象空间的声音作为载体，与高度依赖想象力的科幻存在天然的默契。中国的有声产品平台近年来陆续推出了科幻题材的有声书、广播剧，并积极打造与科幻迷互动的社交平台。2021 年，喜马拉雅平台与出版社开展合作，推出了专门的科幻精品有声剧场"类星体剧场"，打造了《沙丘序曲》《超新星纪元》《星之继承者》《银翼杀手》《高堡奇人》等经典科幻作品的系列有声剧，截至 2021 年 11 月，《沙丘序曲》在喜马拉雅科技类排行榜中排名第二。目前在喜马拉雅平台上共有各种泛科幻类的声音 5.6 万条，数字还在不断增长中。2021 年，读客文化出品的《三体》有声剧在懒人听书平台上线，不足 20 天便跃升懒人听书的文学榜榜首。科幻刊物也在积极开拓有声市场，2020 年 6 月《科幻世界》推出了"有声科幻杂志"业务，以《科幻世界》和《科幻世界·少年版》期刊中的内容为基础打造多人有声剧，让众多科幻爱好者能够"闭上双眼，聆听未来的故事"。

---

[1] 斯科特·西格勒、伊丽莎白·麦克劳里·卢因：《我的播客我的书——斯科特·西格勒谈社会化媒体、播客图书和出版前景》，《译林》2009 年第 4 期，第 148-153 页。

[2] 陆云：《中国 2022 年将成为有声书第一大国》，《中国出版传媒商报》2020 年 8 月 14 日第 6 版。

# 第三节 自出版与按需印刷：科幻出版的新兴业态

自出版（Self-Publishing）通常是"自助出版"的省略，是指在没有出版商参与的情况下，由作者主导图书出版的一种新的出版业态。[1]事实上，自出版的历史可以追溯到专业出版机构诞生之前，由作者借助有形载体直接进行文化内容传播的活动都可以被视为一种广义上的自出版活动。如今随着时代的发展，日新月异的技术革新为自出版创造了全新的历史语境。

进入 21 世纪 10 年代后，随着出版业数字化转型的深入，自出版所占比重在全出版行业中不断增长。在英美等国家，自出版图书已成为数字出版业的重要分支，并成为出版行业中不容忽视的重要组成部分。2008 年，美国自出版图书种类在历史上首次超过了传统出版社出版的图书。[2]2010 年 1 月，亚马逊推出了数字自出版平台，到 2012 年亚马逊最畅销书排行榜中线上自出版图书在亚马逊的畅销书排行榜上榜图书中占到了 25%。

美国最大的国际标准书号数目信息服务提供商鲍克公司在 2014 年、2018 年先后发布了两份美国自出版发展报告，呈现了 2008—2013、2012—2017 年的美国自出版图书的发展趋势。报告显示 2007 年至 2012 年，美国自出版的书籍数量呈现爆炸式增长，截至 2012 年全美共有自出版图书 39.1 万种，相比较 2007 年，数字增长了 3 倍之多。从 2012 年到 2017 年，自出版书籍量进入稳定增长期。面对自出版平台带来的威胁，传统出版商也积极通过合并等方式开拓了自出版业务，比如美国企鹅出版公司较早地涉足了该领域。他们在 2011 年推出了一个作者可以自己上传类型小说的社交网站"图书国"，为有意自费出版的作家按照不同收费标准提供不同服务，并从销售收入中抽取 30% 的佣金。[3]2012 年，企鹅出版公司还通过收购自出版平台"作者解决方案"顺利拥有了自己的自出版部门。

---

[1] 刘蒙之：《美国图书出版业"自出版"现象初探》，《编辑之友》2012 年第 7 期，第 123-125 页。

[2] 孙赫男：《自出版在传统与数字出版业态中的发展状况及对策分析》，《出版广角》2013 年第 21 期，第 23-26 页。

[3] 雷茜：《美国出版业数字转型及其案例分析》，《出版发行研究》2016 年第 3 期，第 81-83 页。

值得关注的现象是，自出版图书中科幻作品占据了相当的比例。依据作者收入网站 2017 年在第八届年度数字图书世界大会中所发布的报告中显示的数据，在美国，32% 的青少年科幻、奇幻、魔法类型图书是自出版渠道出版的。[1] 2018 年，《国际出版周报》中的一篇文章指出，自 2010 年以来，美国的科幻与奇幻小说的销售增加部分主要来自亚马逊平台出版和自出版的电子书，2017 年近一半的科幻与奇幻类电子书销售量来自非传统出版渠道，即亚马逊平台出版和自出版渠道。[2] 英国的情形与之类似，2013 年上半年英国自出版电子书图书中主要以大众读物为主，犯罪、科幻、言情、幽默这几种类型占据了全部电子书市场的 20%。[3]

除了一般性的数据统计之外，还有一些科幻作家通过自出版获得成功的典型案例。科幻小说家马尔科·克劳斯在 2011 年时还曾对自出版抱有成见，声称永远不会尝试自出版，但两年之后，他尝试传统出版屡次碰壁，最后还是将小说放在了亚马逊的自出版平台上出版了，很快他的小说在军事科幻排行榜中排名第二，这次成功的经历让他对自出版的看法大为改观。英国剑桥大学社会学学者约翰·汤普森在新书《图书战争：出版业的数字革命》中介绍了科幻小说家安迪·威尔从一位热爱写作的程序员通过自出版变为知名作家的经历。最早安迪只是在自己的网站上发表自己的科幻小说，每发表新的章节便给网站注册用户发送邮件。作品完成后读者反映通过浏览器阅读小说十分不便，建议他制成电子书，接着又有读者说不知道如何将小说导入金斗中阅读，他便将小说上传至亚马逊书店。没想到他的小说迅速登上了科幻类排行榜的头名，并获得了出版巨头兰登书屋和电影导演的垂青。[4]

美国科幻作家休·豪伊凭借《羊毛战记》一书也从自出版中获益良多。他

[1] Porter Anderson: "DBW 2017 Opening Themes: The Trade, Its Resilience, and Its Data", https://publishingperspectives.com/2017/01/dbw-2017-opening-day-industry-themes/，访问日期：2020 年 11 月 25 日。

[2] 练小川：《自费出版占领美国科幻小说市场》，《国际出版周报》2018 年 7 月 9 日第 3 版。

[3] 宋嘉庚：《美国自出版的现状、问题及发展趋势》，《出版参考》2019 年第 3 期，第 16-20 页。

[4] 康慨：《五百年来最重要的一场图书大战》，《中华读书报》2021 年 8 月 25 日第 4 版。

创立的"作者收入"网站曾先后发布《亚马逊7000报告》《尼尔森报告—纸质书与电子书》《亚马逊50000报告》等分析报告。报告显示：与传统出版相比，自出版为作者提供了更多的机会和发展空间，畅销书作者收入也高于传统出版，并仍有进一步增长的空间。[1]同时，一些自出版平台通常搭配有按需印刷服务，如俄罗斯最大的自出版平台"Rideró"网，该平台创办于2013年，不仅支持网络作家在线创作，设计制作排版、线上销售，并且提供按需印刷服务、线下出版等功能。[2]

# 第四节　英语出版市场对非英语科幻作品的引进：科幻出版新风向

在过去很长一段时间里，英美科幻一直占据世界科幻文学的主流，出版界也较少在译介非英语科幻作品方面投入过多。曾经在英美的出版市场中，翻译文学的出版份额所占极少，并一度难以突破3%的天花板，而仅有的3%中又往往被一些好莱坞力量所推动的商业虚构作品占据。事实上部分母语为非英语的国家并非没有好的科幻本土作品，但语言的限制使得它们很难得到国际的广泛关注和认可。这与以英语为母语的国家的文化霸权之间存在联系，这种霸权不仅使得许多非英语母语国家的科幻作品很难走出国门被更多的读者所熟知，也在一定程度上形塑了人们对于科幻的传统认知。

美国科幻作家詹姆斯·莫罗在一次访谈中曾以德国、法国、波兰等欧洲国家为例来表明当时的局面，他指出法国的科幻圈发展得同样很好，但没有哪些文学经纪人将这些科幻作品翻译成英语，而波兰的科幻出版社并未把主要精力放在鼓励本土作家创作大量作品上，反而致力于翻译和引进美国科幻小说。然而近年来，这种旧有格局已渐渐被动摇。在世界科幻文学的舞台上，非英语语种的科幻作品以及去殖民化的科幻文学受到了越来越多的关注。

---

［1］　练小川：《豪伊报告（三）》，《出版参考》2014年第11期，第18-19页。

［2］　张洪波、陆云：《年度国际出版趋势报告·俄罗斯/加拿大分报告》，《中国出版传媒商报》2018年8月21日第15版。

仅就中国科幻小说的英译情况而言，曾有学者专门做过统计并进行了发展阶段的划分。在 2010 年以前，中国科幻英译作品仅零星出现，在 2000—2010 年仅有 5 篇科幻小说获得了英译出版。2011 年中国出版界开始主动向外推介本土科幻小说，五年后中国科幻小说的英译数量已经基本能保持在每年 20 种以上，并逐年稳步增长。2015 年到 2020 年，共译介长篇小说 9 部，中短篇小说 141 篇。[1] 其中，最典型的便是刘慈欣的《三体》系列英译版的破冰推出。2013 年美国科幻出版社托尔出版公司购买了《三体》的英文版权，并邀请了同样是科幻作家的美籍华人译者刘宇昆进行翻译，一经推出便受到热烈欢迎。除此之外，《三体》在国际市场上亦有突出表现，目前已经发行了英语版、德语版、法语版、西班牙语版、意大利语版等多个语种版本，兰登书屋德国分公司旗下历史最悠久的科幻出版品牌海恩出版社、土耳其最大的科幻奇幻出版机构伊莎基出版社等出版社都参与其中。[2] 与此同时，刘慈欣的其他作品以及其他中国科幻作家的作品也得到了国际社会的关注和发掘。

相较传统出版商，电商巨头亚马逊在很早便捕捉到了英美出版市场在世界文学方面的空缺。2010 年，亚马逊创建了翻译文学的出版平台——"亚马逊跨文化事业部"，专门上线非英语语种的图书，累计译介 29 个国家、19 种创作语言的图书达 200 余部，先后把贾平凹、陈忠实等中国作家列入其出版计划，并重金邀请韩斌、葛浩文等汉学家加入翻译团队。不过格外引人注意的是，相对中文的纯文学作品而言，中国的科幻小说在亚马逊平台反而更加畅销。[3] 有学者曾考察过中国文学作品被译为英文后的关注与接受情况，其中一个重要指标便是这些译作在世界各地图书馆的收藏情况，在其统计的排行榜中，《三体》位居第一。[4] 曾一度被视为边缘文类的科幻文学在当代已成为世界了解中国的一扇窗。

[1] 高茜、王晓辉：《中国科幻小说英译发展述评：2000—2020 年》，《中国翻译》2021 年第 5 期，第 57-64 页。

[2] 吴攸、陈滔秋：《数字全球化时代刘慈欣科幻文学的译介与传播》，《上海交通大学学报（哲学社会科学版）》2020 年第 3 期，第 33-45 页。

[3] 凌岚：《西风不识字：翻译文学在英美的艰难变局》，《花城》2019 年第 1 期，第 217-222 页。

[4] 孙会军、盛攀峰：《从欧美三大图书采购平台看现当代中国文学英译本出版情况（2006—2016）》，《国际汉学》2020 年第 3 期，第 77-85，202-203 页。

# 第五节　结语：对中国科幻出版行业的启示

对中国科幻出版行业而言，未来的机遇与挑战将长久并存。从横向的角度看，英美科幻一家独大的世界格局已被逐渐撼动，以《三体》为代表的中国科幻作品的亮相以及去殖民化的科幻文学的兴起正带来新的气息。但相较对科幻作品本身的关注而言，我们对国际科幻出版行业的动态以及这一行业内部如何运转又如何嵌入不同的社会、文化背景之中仍然缺少足够的了解。21世纪10年代以来，新的元素在不断重塑出版业。在新的变化中，科幻类型出版物对这些出版行业的新元素的反应尤为灵敏。传统的科幻出版行业需要及时地关注世界出版业的最新发展并探索出一条适应我国本土国情的转型之路，方能释放科幻文学在未来的潜在价值和更大魅力。

除此之外，在转型背景下也需对出版方、作者、译者、读者等多主体之间的关系给予更多关注。除聚焦出版本身的形式之外，需要更好地保护和协调主体各方的权益，注重培养和储备优秀的科幻作者、译者等科幻专门人才，通过开办科幻图书节、科幻晚会等多种方式形成并维护科幻文化群体的线上与线下社区，为吸引更多的受众读者打造良好的氛围和环境。

从纵向的角度而言，最大的发展趋势莫过于科技重塑和刷新了人们对于阅读和出版的传统定义。作为科幻作品的传统媒介之一，出版是一个古老的行业。在科幻史上，它不仅见证了第一部科幻杂志的问世，也默默陪伴着许多部经典科幻小说的流传。然而在最近的一段历史时期内，数字出版的迅速兴起、有声书的强势增长、自出版的潜在冲击，都为整个出版业在业态、结构、板块、功能等方面带来一些新的变化，这些新变化都需要我们对出版业进行新的认识、反思与总结。[1]或许正如美国科幻作家布鲁斯·斯特林所言："我们今天的世界事实上正是科幻小说中描绘的世界。"[2]当注意力成为互联网时代格外宝贵的资源，传统的纸质科幻小说在与影视、游戏、短视频的较量中并不占优，

---

[1] 周蔚华：《重新理解当代中国出版业》，《出版发行研究》2020年第1期，第5-15页。

[2] Wong Kin Yuen, Gary Westfahl and Amy Kit-sze Chan: *World Weavers: Globalization, science fiction, and the cybernetic revolution* (Hong Kong University Press, 2005)，p.8.

虚拟现实技术、可穿戴设备也预示着科幻阅读在未来的多种新的可能性，人类获取信息和联结世界的方式必将发生革新。如何在新的形势下重新定义"阅读"，需要出版业勇敢地探索印刷之外的多种形式，并促进印刷与音频、视频、互动体验等媒介间的融合。

　　未来的科幻出版产业仍然存在许多不确定与多种新的可能，正如豪伊所言，"出版行业的潮流变化如此之快，在新潮流面前我们都是平等的专业人士。"[1]期望在未来，出版业能以不断更新的形态持续创造新的科幻增长点，令中国科幻在世界科幻出版舞台上扮演越来越重要的角色。

**作者简介**

　　冯溪歌，清华大学人文学院科学史系硕士研究生。

---

[1]　凯西：《科幻小说作者走上自出版道路 传统出版商受冷落》，中国作家网 2013 年 3 月 21 日，访问日期：2021 年 11 月 27 日。

# 第二章

# "漫威模式"在 IP 元宇宙中的适用性与本土化启示

高胤丰　赵力科

本章从 IP 元宇宙建设的角度出发，论证好莱坞"漫威模式"的适用性，并讨论这一模式对建设本土科幻 IP 元宇宙的启示。IP 元宇宙的布局是当前互联网风口的重要议题，亟须寻找一条有效的进路。"漫威模式"作为一个相对完整而自足的艺术生产和消费体系，在元宇宙的建构中依然有着借鉴意义，特别是它在故事内容、人物角色、粉丝社群等方面有其独到之处。然而，本土化的科幻 IP 元宇宙的构建不能直接照搬挪用"漫威模式"，还应当思考如何挪用并重构漫威"超级英雄"模式，充分开发具有中国文化特色的科幻原创题材并形成"中国学派"，以及在开放世界中如何完成跨文化的协商与对话。

## 第一节　绪　论

1992 年在尼尔·斯蒂芬森的科幻小说《雪崩》中提出了元宇宙的概念，提出了现实人类与虚拟社会共融的超前概念。伴随数字媒体技术的发展与成熟，曾经的"未来构想"正被不断实现。"元宇宙"的概念再度被重提，并爆发出无限的想象力与执行力，成为跨圈层、跨领域的年度话题，大众对于沉浸式的

"元宇宙"也有着诸多憧憬。

元宇宙（metaverse）一词由超越（meta）以及宇宙（universe）组成，指一个平行于现实世界，又独立于现实世界的虚拟空间，是影射现实世界的在线虚拟世界，通过与现实社会的互动，提升其真实性、实时性、在场感。元宇宙邀请不同的参与者以自己的方式进入并进行虚实融合的展演，又在此过程中不断发展、丰富其内涵。

当元宇宙作为一个具有"仿真＋拟态"特征的超真实社会真正嵌入人们的日常生活时，影视、游戏等大文娱媒介形态也将继续发挥重要的社会功能。目前，腾讯等互联网公司已经开始布局自身品牌的"IP 元宇宙"，更关注项目间的互动。在"IP 元宇宙"布局初期，互联网公司对内容主体依然有着较高的要求。在资本竞逐的媒介市场中，具有高 IP 转换力的产品才能更快获得用户的认同，抢占未来蓝海。笔者认为，"漫威模式"对于"IP 元宇宙"的建设布局具有极强的适用性。因此，本章着重分析"漫威模式"的特征，探讨该模式何以能够挪用到"IP 元宇宙"的构建，并对"漫威模式"在本土化 IP 元宇宙的开发与应用进行反思。

# 第二节　"漫威模式"与 IP 跨媒介叙事

## 一、"漫威模式"的内涵

漫威影业是美国迪士尼集团下的一个电视和电影工作室。基于漫威的漫画角色，制作了由一系列电影、电视剧构成的架空世界，形成多元的漫威电影宇宙，并且不断更新、拓展。虽然每部超级英雄电影的主角与情节各有不同，但是他们的故事都有所关联，共享着一套世界观，甚至输出的价值观也有所类似。在庞大的时空宇宙中，既能以不同叙事方式讲述各自独立的个体故事，又能相互联系展开群像团体的描述，共同构成了充满想象又无限延展的虚拟世界，其内核也与"元宇宙"的价值观有着相似之处。

"漫威模式"是指漫威工作室首创的一个相对完整而自足的艺术生产和消

费体系。基于原作漫画，"漫威模式"形成全产业链上下游的联动。一方面，通过电影、电视剧的改编，对漫威故事进行二次创作，并且以通俗化的视听语言获得更广泛受众群体的关注；另一方面，与企业达成影视作品衍生品合作关系，进一步拓展和发掘商业价值，如打造周边商品，包括玩具、音像制品、图书、电子游戏、服饰等。每个媒介都对文本故事起着不可替代的作用，形成势能极高的超级跨媒介叙事的模式。

詹金斯认为跨媒介叙事的模式反映了媒体整合的"协同效应"。[1]跨媒体传播品牌，扩大经营范围也已成为趋势。"漫威电影宇宙"现已在艺术范式与市场效益上超越了传统的"系列电影"模式，成为国际电影界一个"世界级"的现象，塑造了独特的"超工业化景观"。[2]目前，全球电影总票房前10的电影中，漫威作品便独占5席。其中，2019年上映的第23部漫威电影《复仇者联盟4：终局之战》全球累计票房高达27.978亿美元，打破了《阿凡达》垄断10年之久的单片最高票房纪录，成为世界电影史上新的票房冠军。Statista[3]数据显示，截至2021年8月，"漫威宇宙"全球跨媒体收入列表排名第10位，累计盈利353亿美元。

## 二、"漫威模式"的特征

### 1. 内部关联：叙事体系的互文

"漫威模式"下的内容生产极其注重内部叙事的关联度，在人物、情节等方面相互关照，具有极强的互文性。用户可以随意挑选任意一部进行观看，完全不影响其观看体验，但总能发现隐藏的"彩蛋"信息。而理解这些信息则需要用户通过浏览更多的文本，才能逐步地解码。这个过程也在不断引导用户进入并沉浸漫威营造的跨媒介的奇观世界。

---

[1] Henry Jenkins，"Transmedia Storytelling 101"，http://henryjenkins. org/blog/2007/03/transmedia_ storytelling_101.html，访问日期：2021年11月13日。

[2] 赵宜：《"漫威模式"："电影宇宙"生态下的超工业化景观》，《电影艺术》2018年第4期，第108-115页。

[3] Statista是一个领先的全球综合数据资料库，所提供的数据覆盖世界主要国家和经济体。

漫威电影叙事体系间的衔接，更注重对过往细节信息的巧妙运用，一些熟悉人物、一些经典台词、一些通用概念的出现使得用户能够更好地适应并接受全新的故事。例如，"尚气"电影化时，其角色与其他以欧美为主要出身背景的复仇者联盟众人大不相同，漫威便在片中加入大家熟悉的配角——亚裔法师王，来作为叙事衔接的桥梁。给不熟知尚气故事的观众进行心理预设的搭建，从而缩短从"陌生"到"熟悉"的过程。在一个又一个的彩蛋中，在"惊喜人物"的出现中，漫威完成了数个小 IP 间的互文叙事，最后整合成为"漫威宇宙"一个强大而丰富的 IP，同时不断加深原有粉丝对漫威宇宙的忠诚度。

### 2. 外部联动：粉丝社群的运营

漫威形成了强大的粉丝社群。粉丝社群是指基于相同旨趣而产生的特殊社会关系网络。基于跨媒介叙事的文本，粉丝成为"法医式的粉丝""业余的叙事学者"，[1]试图通过与文本的交锋产生共鸣。社群圈层中，每一个粉丝又都能够通过表达、评论、对话等参与形式，与自我及群体进行意义的构建。

"超级英雄"的概念本身便不是某种曲高和寡的精英文化，无论是孱弱的"二战"士兵化身美国队长，还是被蜘蛛咬一口后变身蜘蛛侠的普通高中生彼得·帕克，超级英雄在"英雄"外的一个身份，更多的是"大众""普通人"。在这一个个人物形象中，观众可以看到自己的影子，并在其伴随下不断成长。这些人物成为几代人的青春记忆。因此漫威也注重粉丝社群在互动参与中形成的对漫威价值的认同感，最大限度回馈于大众。例如，在漫威《神盾局特工》中特工科尔森的角色设定便是美国队长的粉丝，从而唤起许多用户的共情。

同时，漫威鼓励粉丝进行二次创作，剪辑文本、粘贴人物、重设情节进行内容输出，并在社群或相关话题中传播、转载。在一次又一次粉丝"为爱发电"中，实现了 IP 跨媒介的拓展，达到多次传播的效果。

---

[1]　J. Mittell, *Complex TV: The poetics of contemporary television storytelling*（New York: New York University Press, 2015）, p52 & 288.

# 第三节 "漫威模式"在 IP 元宇宙中的适用性

## 一、故事内容

元宇宙布局的初级阶段正在逐渐展开。在技术基础相当的格局下，故事的 IP 将成为用户选择接入世界的重要衡量标准。故事 IP 具有两层含义：第一，内涵价值情感，提出自身的价值主张及社群理念；第二，内容情节设计，为元宇宙的建构提供场景架构的蓝本。

"漫威模式"便是设置故事 IP 的典型案例。漫威的故事叙事并不复杂：先天具有或是后天获得某种超能力，整体上品质优良，并在灾难来临时肩负重任拯救世界。虽然各个角色的身世各有不同，但故事叙事模式大同小异，在故事最后，世界得到新生，主角回归平静；与此同时，电影所输出的价值观得到大多数人的共情。

元宇宙是沉浸式、参与式的，但元宇宙也是碎片化、节点化的。漫威发散式的故事将为 IP 元宇宙提供多元叙事方式。漫威的剧情设置中，涉及多元宇宙、平行世界、时间跳跃等理念，架构了较为庞大的"世界格局"，为元宇宙的开发建设提供了创意基础。前期影视剧作及电子游戏的数字建模内容，从场景、建筑等大型装置到各类道具、皮肤等小件物品，均能够在技术改造完成后应用在元宇宙空间中并进行挪用，成为数字资产。

## 二、人物角色

漫威宇宙打造的人物角色形象在 IP 元宇宙中也具有极强的适用性。在元宇宙互文叙事的建构下，人物角色也将具有更为丰富的可塑性。人物角色既能够为元宇宙的建构提供合理性与合法性的支撑，也能为用户参与提供主体与客体的视角，将故事叙事及人物塑造的主动权交给用户，满足用户对角色的情感。

漫威角色的魅力，除了能力设定上超越了人类已知物理世界的规则，符合人们对未知与超现实的想象，更重要的是其本身所具备的宏大叙事及政治意味。无论是承载有北欧神话的"雷神"索尔，种族平等的黑人英雄"黑豹"特查拉，还是女性主义集大成者"惊奇队长"卡罗尔，都独立且鲜明，不完全流俗于工业化电影叙事的套路,角色形塑与故事内容相得益彰,也更易于发挥 IP 的功能。

在元宇宙开放世界保障主线故事按序推进时,可以不设置主角角色的比重,如同真人一样每个角色都有属于自己的故事线,如何发现及塑造也需要用户发挥其主观能动性。用户则可以通过自己的选择触碰不同节点,探索"是其所不是"的虚构世界,从而挖掘出存在的多种可能性,获得更丰沛的观感及情感的体验。

## 三、粉丝社群

元宇宙的展开,会彻底改变我们的社交方式,社交网络会从注重效率的即时通信变为注重体验的场景化社交。用户们通过激活不同场景、开拓社交领域,并且在共同的时空中开启即时互动,成为元宇宙集合的早期成员,获得虚实结合的体验。

与此同时,伴随着时空的逐渐稀缺,不同社交场景的门票将具有社交圈层的价值。漫威旗下的每位超级英雄都已经成为一个符号化的 IP,并且具有自身的"拥趸"。用户将更加深度探索元宇宙中的主题社区,例如虚拟现实聊天室、元宇宙主题狂欢节等,为开拓粉丝社区的数字商业模式打开了探索空间,重构文本,再创叙事,重新建立粉丝与内容的连接。

粉丝社群的情感价值也将被充分开发。跨媒体的粉丝都是一个狂热的正统的消费者、收藏家和完整主义者。[1] 在开源的元宇宙中,粉丝基于社群互动贡献创意、捐赠资金、协同制造、主动消费,开发新的生产、消费及创新场景,获得沉浸参与的满足感与效能感,从而也拓展了粉丝参与 IP 运营的深度与广度。

# 第四节 "漫威模式"对本土科幻 IP 元宇宙的启示

## 一、超级英雄模式的挪用

漫威模式的成功基于庞大的漫威漫画素材库以及漫威所根植的为美国人民

---

[1] S. Scott, "Modeling the Marvel everyfan: Agent Coulson and/as transmedia fan culture," *Palabra Clave 20*, No. 4(2017):1042-1072.

所喜爱的大众文化。许多漫威英雄的存在即代表了社会上一个相对应的群体，自有其普适性的存在。因此，在我们借鉴"漫威模式"，讨论"漫威模式"是否可以在中国本土化成功时，我们首先要思考的是此模式的重要因素：超级英雄。纵观目前电影发展的成效来看，有两类群体能够通过对超级英雄的挪用与重构为本土科幻 IP 元宇宙提供丰富素材。

其一是传统神话的 IP。中国神话，是我国上古时期传统文化的产物，反映了早期华夏儿女淳朴的思想以及古代人们对自然现象及社会生活的原始幻想，并通过超自然的形象和幻想的形式，用一种不自觉的艺术方式加工的反映自然和社会形式本身的故事和传说。在千年历史长河中，从民俗故事到创世传说，并传承至今，自然是有着自身不灭的生命力与吸引力。从目前中国电影的铺陈架构来看，较为出色的是彩条屋影业的"封神宇宙"，自 2019 年《哪吒之魔童降世》后，该片票房、口碑双丰收，票房破 50 亿，一度成为中国电影票房总榜第二名。该片讲述了哪吒"天生为魔"但保持其本性，抗天而为的故事。整部电影贯穿了"我命由我不由天"的斗争精神。因"反英雄"的英雄特质反而被无数人所喜爱。紧随其后的作品《姜子牙》，作为一个拧巴的神，姜子牙在人物画像上与美国队长呈现的形象类似，由于处理不当，《姜子牙》终难复制"哪吒"的神话，但也为封神宇宙下一步的铺陈奠定了基础。彩条屋的"封神宇宙"打破常规正统的神话角色，使他们有了人欲，有所挣扎、有所期待，在打破传统禁锢后才能有所成长。彩条屋影业的"封神宇宙"的走红与漫威的"反英雄"系列有所类似，或可成为"封神宇宙"未来成功之路。

当传统神话 IP 与科幻题材产生碰撞时，将有许多新的火花涌现。对原有素材的结构以全新叙事重组，可以带来全新的体验。例如，对月球元素的开发，通过嫦娥角色与月球探测器进行对话，以传统文化为基，以硬科幻元素为核，实现跨界的合作，也将在传播上促进二次创作与多级传播。

其二是"战狼"式主旋律英雄。中国传统主旋律电影向来以塑造毫无畏惧、自我牺牲、舍小我为大家的道德楷模式的"英模"人物为范式，更多突显的是人物"螺丝钉"式的"物性"特质。吴京导演的《战狼》则以反传统化的英雄塑造路径，重塑了有血有肉、可亲可信的英雄形象。到了《战狼 2》，依旧延续了《战狼》中人物塑造的丰富性与感性，但英雄形象却进一步升级，中国式

"超级英雄"被成功首塑。

中国的英雄电影，经历了由"十七年"的"英模"电影到以《集结号》《战狼》为代表的"英雄"电影的嬗变。《战狼2》被贴上了"动作/战争"的标签，起到了以"类型"引导观众欣赏的作用，获得了相当高的市场认可度。以类型片入手，使得观众"有迹可循"，再于作品中，彰显创作者的心意与巧思。我国新主流的超级英雄与美国个人主义、精英主义的超级英雄在培育的文化基因上便有不同，因此也不必担心市场的同质化以及内涵的西方化。

## 二、本土原创题材的开发

故事本身是叙事类型电影的核心，人物形象塑造也应是叙事类型电影的关键。然而"讲故事"三个字看似简单，却不易实现。目前，许多本土科幻影视作品一味追求短时间经济效益最大化，没有挖掘更深处的文化内涵，这也使得作品很难获得受众的认同。没有开发出精品化、系列化的作品，令中国科幻IP元宇宙成为无本之木。

"漫威模式"的成功依托于其大量的漫画原著，并且在现代化的视角下进行元素的重组。《黑豹》中对种族平等的讨论与探究，《黑寡妇》中对女权的讨论等，这些故事内容无一不紧跟时代，引发人们的深刻思考。

我国历史悠久，有着取之不尽的素材库，为优质的原创故事提供了丰厚的资源。从敦煌壁画遇见飞天，到山海经青丘九尾，从封神一榜众神排位，到红楼一梦木石情缘……中国从来不缺少素材、不缺少好的故事，而是缺少真正使用的人。上海美术电影制片厂早期对于极具风格化的民族动画创作的探索，开创了动画的"中国学派"，达到艺术追求与文化传播效果的统一，找到了中华传统文化的视觉叙事结合的落脚点。[1]《天书奇谭》4K修复版的上映，又一次唤起了广大受众的记忆。

近年来，我国影视动画产业正不断求索、创作具有中国特色的作品，寻找文化价值与商业价值的平衡点。《西游记之大圣归来》《哪吒之魔童降世》《白

---

[1] 吴炜华：《文本重构中的新时代镜像——试论"新动画电影"的文本创新与话语变迁》，《艺术评论》2019年第11期，第62-69页。

蛇：缘起》等改编于传统民间神话故事元素的作品获得票房、口碑双丰收，也印证了当前受众的心理满足与新时代本土原创作品开发的可行性。

科幻题材的本土化创新同样能够从上述作品中得到灵感。在东方美学表达与西方艺术风格的碰撞中，在历史文化与科学技术的激荡中，形成具有本土特色与文化特质的科幻题材，形成跨界的联动。科幻IP元宇宙的建构也需要在"人与宇宙的融合，主体与客体的融合，个人与社会的融合，人类与自然的融合"[1]中凸显文化自信，彰显中国风格，建立中国学派。例如《白蛇2：青蛇劫起》解构传统文本，融入废土朋克场景，在互文中形成新的科幻风格，打造新的世界观。2021年10月31日，"会捉妖的虚拟美妆达人"柳夜熙在抖音平台发布首条视频后，便收获大量关注。柳夜熙的东方面孔、中国风的妆容与捉妖师的身份契合了当下盛行的国潮风尚，同时妆容中荧光元素的运用、充满科幻感的特效与赛博朋克风格的后期色调又迎合了Z世代年轻人的喜好，这是打造本土IP元宇宙的有益探索，也是"漫威模式"本土化创新的重要实践，其未来发展值得进一步关注。

## 三、跨文化的冲突与协商

漫威电影宇宙贯穿了一种英雄主义与个人主义的主题，而这种主题又混合在美国中心思想与人类宇宙意识的交错之中。漫威电影宇宙是以宇宙中发生的善与恶的较量过程为故事内容，其中表现出一种普遍的宇宙意识和人类意识，这是漫威电影思想主题中最为显眼的。在漫威电影宇宙中，战胜邪恶拯救宇宙的壮举主要是由美国和美国式的英雄完成的。美国中心思想和人类意识、宇宙意识是三位一体的，前者往往就是通过后者反映出来的。

漫威电影极力拓展所涉及的文化版图，但是也在这个过程中试图传递西方的话语与价值。在2021年线上上映的《尚气与十环传奇》，主人公尚气其父在原著中为"傅满洲"——一个典型的西方"他者化"视角凝视下，充满"黄祸论"之说的一个人物角色。尽管漫威在电影化时做了完全删改，但是在国内

---

[1] 吴炜华：《文本重构中的新时代镜像——试论"新动画电影"的文本创新与话语变迁》，《艺术评论》2019年第11期，第62-69页。

市场未掀起波澜。看上去这是一次漫威向中国市场的示好失败，但究其原因是两种文化的对立与冲突。

随着元宇宙的逐渐展开，经济全球化、文化多元化的速度愈加快速，各国文化产业也将加大接触。面对着不同的文化语境，一边是与各国文化交好、从中获利，一边是倨傲一方、文化歧视，精明的漫威其实早就做好决定。在元宇宙的发展中，应当进一步加强跨文化的交流与协商，求同存异、美美与共，在乌托邦式的开放场域中建立平等的对话机制，真正促成全球化的人类命运共同体的实现。

# 第五节　结　语

5G 的民用化带来更便捷、更完善的网络环境，虚实交互设备的普及为漫威 IP 多次创作提供了更多可能性。随着"元宇宙"的逐渐铺设，不难想象漫威在 IP 元宇宙的建构中又会如何乘风而上。漫威模式在 IP 元宇宙的建构中有着极强的优势，漫威法则也会在"元宇宙"时代下继续拓展。在"元宇宙"的建构中，我们借鉴"漫威模式"的同时仍要寻找到创新性的路径，在技术演进的进程中形成跨时空、跨文化的重构性文化，生动展现对当下的理解及对未来的构想，在元宇宙中传达出具有重磅力量的中国话语。同时，在元宇宙即将成为时代风潮的当下，以"漫威模式"为例的科幻影片，在中国化的过程中如何落地、如何实施，甚至中国科幻电影能否更具普适性，仍待思考与解决。

**作者简介**

高胤丰，北京联合大学应用文理学院讲师。

赵力科，北京联合大学应用文理学院 2020 级新闻学本科生。

第三章

# 产业视野下的中国科幻电影

黄鸣奋

在我国，科幻电影的本土化是在科幻和电影互动下实现的。"中国科幻"在狭义上专指中国科幻文学；在广义上则是我国所出品的科幻文学、科幻音乐、科幻美术、科幻戏剧、科幻影视、科幻游戏和周边产品等的总称。作为中国科幻的重要组成部分，科幻电影以科幻文学为先导而产生，经历产业化、信息化，在国人期待、失望、再期待的进程中发展，到2019年终于迎来了真正意义上的高潮（以根据刘慈欣小说改编的《流浪地球》公映为标志）。事实证明：中国科幻对于作为其要素的科幻电影具有支持作用，反过来，科幻电影在充当先锋的意义上对中国科幻具有引领作用。

## 第一节　中国科幻的由来与演变

我国现代意义上的科幻已经有100多年的历史。它产生于西学东渐的背景之下，在本土化的历程中为思想启蒙和科学普及做出了重要贡献，同时也孜孜不倦地探索自己的应有定位（即"自觉化"）。从比较纯粹的精神产品到步入文化市场，我国科幻逐渐通过产业化实现自己的使用价值和交换价值。受以计算机为龙头的第五次信息革命的影响，中国科幻逐渐将其生产、流通与消费纳入了新媒体的轨道。

## 一、中国科幻的自觉化

虽然我国古代典籍不乏有关科技的想象（如《列子·汤问》讲述了偃师献歌舞机器人给周穆王的故事），但近代意义上的科幻是在西方兴起的。像英国玛丽·雪莱《弗兰肯斯坦》这样的小说，不是作为寓言或轶闻，而是有意识进行虚构，表达作者对科技的看法，在逻辑上自洽，具备开创性意义。像法国作家儒勒·凡尔纳那样在科学畅想的框架里编织出众多生动故事，更是我国古代所缺乏的。正因为如此，鲁迅在1903年将凡尔纳的《从地球到月球》翻译成汉语出版，并在序言中阐述了科幻小说的妙处："盖胪陈科学，常人厌之，阅不终篇，辄欲睡去，强人所难，势必难矣。惟假小说之能力，被优孟之衣冠，则虽析理谭玄，亦能浸淫脑筋，不生厌倦。"[1]他从科普的角度把握科幻要旨，切合了当时中国社会革故鼎新的启蒙需要，由此产生了很大影响。1904年荒江钓叟在《绣像小说》杂志连载所著《月球殖民地小说》，写主角乘气球寻找失散的妻儿，为我国的原创科幻文学开了先河。1908年上海小说林社出版长篇军事科幻《新纪元》，作者碧荷馆主人在开篇中说："编小说的意欲除了过去现在两层，专就未来的世界着想，撰一部理想小说。因为未来世界中一定要发达到极点的，乃是科学，所以就借这科学，做了这部小说的材料。"他既从未来给出定位，又声明所著小说并非"科学讲义"，这种观点是符合科幻要旨的。[2]在字里行间，我们隐约可以看到：科幻小说是以科学为本位"假小说之能力"，还是以小说为本位"借这科学"做材料，存在明显分歧。

上述分歧在新中国成立之后有关论争中以更清晰的方式表现出来。改革开放之前的科幻是在以文学为主导、以科普为使命的总体格局中发展的。青年发明家张然的《梦游太阳系》1950年由天津知识书店出版。这是新中国成立后第

［1］ 鲁迅：《〈月界旅行〉辨言》，载吴岩、姜振宇主编《中国科幻文论精选》，北京大学出版社，2021，第2页。

［2］ 碧荷馆主人：《〈新纪元〉开篇》，载吴岩、姜振宇主编《中国科幻文论精选》，北京大学出版社，2021，第7页。

一部科普型科幻小说。次年由三联书店出版的《宇宙旅行》也是同类小说，作者薛殿会是大连科普作家。在新时期，童恩正率先指出：与"科普作品"不同，"科学文艺"并不以介绍科学知识为目的。对它来说，科学知识是"为展开人物性格和故事情节的需要而充当背景的"。[1]他的观点引发了热烈的讨论，其影响之一是许多科幻作家逐渐将关注的重点由科普转移到对人性和现实的思考上来。郑文光对科幻小说中硬科幻、软科幻加以区分，认为前者的情节、人物、场景都围绕科学幻想构思展开，后者却是将科学幻想组织到作为社会小说的整体构思中去。即使是前者，亦非科普读物，也不能称为"科普性科幻"。[2]刘慈欣试图用"三形象说"将上述分歧统一起来。他认为科幻文学有三种特有的形象，即种族形象、世界形象和科学形象。[3]

中国科幻的自觉不仅体现在将自身与科普区分开来，而且还表现在内部流派的分化上。韩松指出："科幻并不过多地选择批判现实，而是选择了逃离现实"，"不管怎样，科幻成为我们的生活方式，成了我们自我解嘲的艺术——如果我们不能自我解嘲的话。"[4]陈楸帆倡导作为话语策略的科幻现实主义，认为："科幻用开放性的现实主义，为想象力提供了一个窗口，去书写主流文学中没有书写的现实。"[5]吴岩则发表《科幻未来主义宣言》，提出："真正的未来需要建构性的写作。要为人类打开脑洞，为迷途的羔羊折返自由的宇宙而写作。"[6]他们的观点明显有别，但所使用的范畴有时因令人产生有关西方对应流派的联想而未能彰显自己的立意。尽管如此，上述见解都体现了中国科幻领军人物的反思精神，可以供科幻电影研究参考。

[1] 童恩正：《谈谈我对科学文艺的认识》，《人民文学》1979年第6期，第110页。

[2] 郑文光：《科幻小说两流派》，载吴岩、姜振宇主编《中国科幻文论精选》，北京大学出版社，2021，第170-171页。

[3] 刘慈欣：《从大海见一滴水——对科幻小说中某些传统文学要素的反思》，载吴岩、姜振宇主编《中国科幻文论精选》，北京大学出版社，2021，第232页。

[4] 韩松：《自嘲的艺术——当代中国科幻的一些特征》，载吴岩、姜振宇主编《中国科幻文论精选》，北京大学出版社，2021，第260页。

[5] 陈楸帆：《对"科幻现实主义"的再思考》，载吴岩、姜振宇主编《中国科幻文论精选》，北京大学出版社，2021，第267页。

[6] 吴岩：《科幻未来主义宣言》，载吴岩、姜振宇主编《中国科幻文论精选》，北京大学出版社，2021，第272页。

## 二、中国科幻的产业化

如前所述,我国科幻诞生于 20 世纪初,以肩负启蒙使命的科幻文学先行,但相关作品也显示出娱乐读者的倾向。电影在我国兴起之后,科幻被进一步纳入产业轨道,服务于作为消费者的观众。当时科幻电影的生产者主要是民营企业。新中国成立后,经过对私改造,我国科幻在以公有制为主导、以科普为主要使命的总体格局下发展。不论科幻作家在什么报刊上发表小说、诗歌、散文或剧本,这些报刊的编辑部都属于事业单位。不论是由哪个导演牵头拍摄科幻电影,剧组都是属于国营电影制片厂的。新时期以来,中国科幻开始沿着有别于科普的轨道发展,标志性事件是以《科学文艺》和《奇谈》为前身的《科幻世界》杂志的出版(1979)。该刊以四川省科学技术协会为主管单位和主办单位。这在一定程度上说明科幻仍然从属于科普。不过,既然以"科幻"(而非"科学文艺")为名,就有了与世界接轨新的可能性。1991 年世界科幻协会年会由《科幻世界》杂志社承办,这是一个标志性事件。

在这一时期,华谊兄弟传媒集团(1994)等企业开始进军电影行业。国营电影制片厂则在改革过程中走上了集团化道路。新世纪以来,中国科幻文学加快发展步伐。2010 年,世界华人科幻协会成立,并设立了全球华语科幻星云奖。2015 年,刘慈欣的《三体》获第 73 届世界科幻大会颁发的雨果奖最佳长篇小说奖,为亚洲首次获奖。在电影界,国有企业发展相对缓慢,中影、上影等直到 2016 年才陆续登陆 A 股。民营企业则活跃得多,拍摄了不少科幻影片。上述两种不同所有制的企业既相互竞争,又彼此合作。2013 年以来,混合所有制经济呈现出强劲的发展势头。新时代以来,在科幻电影领域国企与民企的合作取得硕果。中国科幻电影的代表作《流浪地球》(2019)就是由中国电影股份有限公司、北京京西文化旅游股份有限公司、北京登峰国际文化传播有限公司、郭帆文化传媒(北京)有限公司出品的。

科幻生产(狭义)是精神生产的重要分支,科幻产业就是在科幻生产的基础上形成的。它包括六个分支:(1)科幻创造业。职能是通过饱含情感的想象活动实现人类对精神自由的追求,可根据创造活动的性质细分为科幻创作业

（原创）、科幻表演业（二度创作）、科幻鉴赏业（三度创作）。（2）科幻制造业。任务是实现科幻作品的物态化。可根据制造的过程细分为科幻设计业、科幻用具制造业、科幻产品制造业。经过科幻制造业的加工，作为人类精神活动成果的科幻作品转化成为具有一定物质形态的科幻产品。（3）科幻传输业。使命是实现科幻信息的传播。可根据大规模传输的性质细分为科幻印刷业（诉诸视觉媒介）、科幻摄录业（诉诸电化媒介）、科幻广播业（诉诸无线载波）。经过科幻传输业的加工，科幻产品扬弃了自身的本真性，成为依托大众媒体不胫而走的信息流。（4）科幻营销业。功能是保证科幻为生产性消费和生活性消费服务。可根据服务的性质细分为科幻娱乐业、科幻销售业、科幻中介业。由于科幻营销业起作用的缘故，科幻产业直接作用于物质生产的发展，并与消费者建立密切联系。（5）科幻养成业。它负责为整个社会的科幻活动培养与输送人才，并保证科幻之社会价值的实现。可根据活动的性质分为科幻教育业、科幻竞技业、科幻出版业。由于科幻养成业起作用的缘故，科幻产业具备了独特的社会效益。（6）科幻管理业。它负责根据一定的社会规范调节全社会的科幻活动，可根据管理主体／管理对象的角色关系而区分为科幻部门管理业、科幻社团管理业、科幻场馆管理业。由于科幻管理业起作用的缘故，科幻产业在社会许可与鼓励的范围内活动，服务于既定的社会目标。在我国，目前上述六个分支都有不同程度的发展。

## 三、中国科幻的信息化

19 世纪以来，世界经历了以电磁波为标志的第四次信息革命、以计算机为标志的第五次信息革命。这两次信息革命都对中国产生了巨大影响，也给 20 世纪兴起和发展的中国科幻产业打上了烙印。至今为止，我们已经见证了如下变化：

一是电视业的兴起。中国电视业形成于 20 世纪 50 年代末，标志性事件是中央电视台成立（1958）。由于国家层面的主管单位不同等原因，中国电影业和电视业的融合发展比较迟缓，其表现之一是电视电影不发达。尽管如此，在科幻领域仍有值得一提的成果。例如，1987 年，央视一套播出以超能机器人为主角的国产儿童科幻电视剧《神奇的贝贝》。2005 年，中国教育电视台一套播出科幻电视剧《非常 24 小时》。它以网络少年破解密码程序进入卫星授时系统为引子，描绘因时间错乱而引发的矛盾冲突。新世纪以来，我国政府致力于扶植动漫产业。以此为背景，广电总局陆续推荐了不少优秀国产电视动画片，其中包括 2009 年第四批推荐的京禹田文化艺术有限责任公司出品的《魔角侦探》（52 集，每集 11 分钟），2010 年第二批推荐的厦门利根思动漫有限公司出品的《毛毛王历险记》（26 集，每集 12 分钟）、北京卡酷动画卫星频道有限公司出品的《卡酷漫游记》（52 集，每集 11 分钟），2011 年第一批推荐的福建省子燕动漫科技有限公司出品的《燕尾侠》（26 集，每集 11 分钟），2018 年第三季度推荐的完美鲲鹏（北京）动漫科技有限公司出品的 3D 版《宇宙护卫队》（104 集，每集 12.5 分钟），等等。2019 年，在国家广电总局指导下，江苏卫视、爱奇艺、抖音联合出品了国内首档天文科幻科普节目《从地球出发》。

二是信息业的兴起。中国信息业形成于 20 世纪下半叶，标志性事件是中国互联网开始建设（1989）。汉语网络文学在 20 世纪 90 年代初首创，被台湾大学生蔡智恒创作的小说《第一次的亲密接触》（1998）取得的成功所鼓舞，1998 年以后在中国大陆勃兴，不仅发展成为庞大产业，而且为科幻电影提供了源源不断的创意。影视数字化通过制作片与特效、生产数字动画片和网络剧等途径推进。我国最早的科幻影视网络剧可能是北京东方飞云国际影视股份有限公司出品的"穿越时空"系列。它以天才科学家李斯坦为主人公，由四部电影构成，即《穿越时空之明月郡主》《穿越时空之灵格格》《穿越时空之大清宫祠》《穿越时空之来客》。这个系列作品既在辽宁卫视首播（2010），又在腾讯视频播出，因此兼有电影、电视剧、网络剧等多重身份。其后，主要供网站播放（或由互联网企业出品）的科幻网络剧层出不穷，如 2014 年的《高科技少女喵》《你好外星人》，2015 年的《发明大师》，2016 年的《爱情公寓外传之开心原力》《梦境规划局》《薛定谔的猫》，2018 年的《海克星》《同学两亿岁》《火星女孩》《时空侠》，2019 年《彗星来的那一夜》《爱上北斗星男友》《非常 Y 星人》，2020 年《失踪人口》《只好背叛地球了》《总裁的机械情人》，等等。2020 年，优酷推出《谁偷了我的 WIFI》。它包含 7 种不同的结局，是互动电影的尝试。

三是动漫游戏业的转型。通常所说的动漫游戏业涵盖漫画、动画、电子游戏等产品的生产。漫画起源于文艺复兴时期的意大利，清末传入中国。在日本，漫画始终占据科幻的中心位置。在美国，DC 漫画（1934）、惊奇漫画（1939，即漫威漫画公司）等企业在科幻领域颇为知名。在我国，科幻漫画是科幻美术的重要品种，虽然出现得比较晚。20 世纪 80 年代，《幽默大师》（1985）杂志中开辟"拍脑袋发明"栏目，为科幻漫画提供了印刷平台。在数字化过程中，科幻漫画拥有了新平台，即电信运营商和移动运营商提供的在线空间。科幻题材的科幻动画也迎来了新机遇，如有妖气原创动漫梦工厂出品了壁水羽的网络动画《端脑》（2014）。电子游戏原先以模拟技术为主，如电视游戏、投币游戏等。在电子计算机兴起之后，陆续出现了单机游戏、网络游戏、手机游戏等新品（同名游戏可能又分别适用于单机、网络和手机的不同版本）。科幻题材的国产电子游戏有目标软件开发的即时战略游戏《铁甲风暴》（1998），金洪恩开发的全 3D 即时战略游戏《自由与荣耀》（1999），祖龙工作室开发的机器人第一人称射击游戏《大秦悍将》（2002），幻羽科技开发的科幻沙盒动作冒险游戏《幻》（2017），杭州点力网络制作的基因题材第三人称射击类游戏（TPS）《基因雨：风塔》（2020）等。腾讯游戏天美工作室群开发并运营的多人联机在线竞技游戏《王者荣耀》（2015）获得了巨大的成功，2018 年获得第 29 届阅文杯"中国科幻银河奖"游戏奖。

经历 100 多年的发展，中国科幻逐步实现了自觉化、产业化、信息化，不仅在科学启蒙、解放想象力、引导公众思考和定位未来等方面做出自己的贡献，而且开始带动周边产品的发展。根据姚利芬的分析，目前科幻周边产品开发主要围绕产业上游的畅销科幻作品展开，形式有舞台剧、游戏、有声书等。[1]

# 第二节　中国科幻对电影的支持作用

陈军指出："电影《流浪地球》的走红，不仅得益于国人当下某种'大国焦虑'的暗中助力，同时也是刘慈欣小说加持的结果。"[2]刘慈欣的小说是

---

［1］　姚利芬：《年度科幻周边产品的发展》，载吴岩、陈玲主编《2020 中国科幻发展年鉴》，中国科学技术出版社，2020，第 116 页。

［2］　陈军：《卷首语》，《戏剧与影视评论》2019 年第 2 期，第 1 页。

中国科幻文学的佼佼者，电影《流浪地球》便是根据其同名原作改编的。这一事例说明中国科幻文学所取得的成果可以转化为科幻电影发展的重要条件。不仅如此，中国科幻（不限于文学）从整体上是为激发观众的想象力服务的，其繁荣有利于电影（首先是科幻电影）产业的振兴。下文从科幻文学、科幻艺术和科幻评论的角度予以论述。

## 一、中国科幻文学是电影创意的泉源

之所以说中国科幻文学是电影创意的泉源，主要有如下三个原因：1. 虽然我国大部分科幻电影的创意直接来自本土的编剧、导演与制片人（有时一身多任），但是主创人员在成长过程中几乎都受过中国科幻文学的熏陶。2. 虽然无脚本拍摄是我国科幻电影编导可能的选择之一，但有脚本拍摄更为流行，因为它可以提供文本上的质量保证。这些脚本是用文字写成的，可视为创意写作的产物，实际上本身就是中国科幻文学的组成部分。3. 虽然直接改编自中国科幻文学（主要是科幻小说）的影片数量不是很多，但它们仍然可以成为文学创意启迪电影编导的例证。在大陆出品的科幻影片中，《十三陵水库畅想曲》（1958）改编自田汉同名话剧，《珊瑚岛上的死光》（1980）改编自童恩正的同名小说，《危险智能》（2003）根据张之路小说《非法智慧》改编，《海洋之恋》（2016）改编自阿兰的同名长篇小说，《异能学姐》（2017）根据悬疑作家赵家三郎的小说《亡灵编程》改编，《流浪地球》（2018）根据刘慈欣同名小说改编，《上海堡垒》（2019）根据江南同名小说改编，《时空救援队》（2019）根据涤心（本名李娜）《替代者2050》改编；在我国香港出品的科幻影片中，《卫斯理传奇》（1987）改编自倪匡同名小说，《那夜凌晨，我坐上了旺角开往大埔的红VAN》（2014）改编自"Mr. Pizza"的同名小说。当然，这不是说外国科幻文学就不能成为中国科幻电影创意的来源。譬如，《太空营救》（2001）根据罗杰·蒙迪、凯瑟琳·洛的原著改编，《巨齿鲨》（2018）根据美国作家史蒂夫·艾尔顿的同名小说改编。

吕哲认为："只有当故事片诞生的时候，现代电影工业才算是真正开始成型，而种类繁多的小说就成了电影拍摄的'天然题材库'，由此电影改编，或

者说是电影故事片对长短篇小说的'译写'就成了电影工业一个重要环节";
"然而，从小说到电影，必然要经历情节和人物的取舍，环境、空间元素的强化，以及场景与对白由风格化向情景化的转变等。"[1]就文学改编成电影而言，值得关注的问题首先是：什么样的作品适宜改编成电影？对此，刘健的看法是值得参考的。他提出如下四条标准：第一，原作者及被改编的作品都需要有较高的知名度；第二，篇幅在五万字以内；第三，背景内容简洁，叙事结构清晰，人物关系简单，情景设置易于实现。第四，有较大的改编余地。好莱坞科幻电影已经形成了自己成熟的叙事模式，因而在电影改编时，他们往往只是借鉴了科幻小说中的创意点或基本的"科学性"设定，至于剧本编写则是完全按照好莱坞的工业化流程进行。[2]

其次，在将文学作品改编成电影的过程中，应当注意哪些问题？鲍远福归纳出如下注意事项：1. 拍摄制作的技术条件与电影生产的电影工业规范标准的限制。2. 社会文化环境对科幻电影类型化的制约。3. 文学和电影之间的符号表意机制的差异。他认为影视改编者在改编过程中需要将科幻小说中天马行空的想象拉到可以触及的现实生活经验层面，将它们具体化。[3]张琰琳认为电影《流浪地球》对刘慈欣原作进行了出色改编，主要经验有两条：一是举要删芜，打造"中国叙事"世界观；二是再创造，塑造具有"中国气质"的人物。该片只选取科幻的空间设定，所体现的人物关系依然是当代中国社会人际关系的再现——不是为了个体幸福在战斗，而是为了家和家园的未来在战斗。[4]

再者，文学作品在被搬上银幕的过程中，会发生哪些变化？卓芽的下述见解值得参考："电影与小说是两种相对独立的艺术形式，两者的区别是无法回避的。小说家通过纸张上的文字表现形式将某种程度上支离破碎的隐喻勾勒出抽象的思想概念；而电影是直观的形象艺术，其无法展现出形象与概念交错相

---

[1] 吕哲：《当科幻小说遇上光影魔术（代前言）》，载《源代码：从科幻小说到电影经典》，百花文艺出版社，2015，第1-2页。

[2] 刘健：《王晋康科幻小说改编电影潜力漫谈》，《中国电影报》2019年6月12日，第7版。

[3] 鲍远福：《从〈流浪地球〉的成功看科幻小说的影视改编》，《中国艺术报》2019年2月27日，第3版。

[4] 张琰琳：《中国式科幻内核创造——浅谈〈流浪地球〉电影改编》，《大众文艺》2020年第11期，第167-168页。

连的意识流。因而在改编过程中改编者应有一定抗衡的魄力,运用电影中的空间意识、运用意识、摄影意识、蒙太奇意识以及声音意识思维对原作进行独立完整的电影构思,使用电影艺术手段,在原作的土壤上进行大胆创造。"[1]

最后,以什么标准衡量改编的成败得失?诚如李叶、马俊锋所言,"影片的成功,即是小说改编的成功。影片《流浪地球》并未完全按照原著,《疯狂的外星人》更是对小说动了'大手术',说面目全非也不为过。电影史上许多成功的改编电影也并非都是遵照原著,刘慈欣认为,'电影与小说是两种不同艺术形式,不必完全遵照原著',拍得好看就是成功。"[2]

## 二、中国科幻艺术是电影繁荣的沃壤

在我国,赵士林早在1985年就从未来学角度论证科幻艺术是"新神话"的观点。他认为当代艺术家在运用想象以征服、支配自然力方面和古代神话有共同之处,不过,他们总是遵循着清晰可辨的理性轨道,焕发着科学的威力,在表现人与自然的关系时,注意揭示人类宇宙观、人生观、道德意识、情感生活——文化心理结构的新变化。[3]他对科幻艺术的前景持乐观态度。

所谓"科幻艺术"在狭义上是指科幻文学之外的各种以科幻为题材的艺术样态的总称,在广义上则将科幻文学视为科幻性语言艺术而被包括进来。本段所说的主要是前者。科幻电影本身也属于科幻艺术。它可以从同属这一艺术家族的兄弟姐妹那儿汲取营养,当然也可以为整个艺术家族的发展做出贡献。从目前的情况看,我国科幻艺术有了一定程度的发展。例如,在视觉艺术领域,以科幻插画、科幻漫画为代表的科幻美术获得了青少年的喜爱。"科幻建筑"被作为电脑美术的分支进行创作。在听觉艺术领域,由伍佰(本名吴俊霖)担任主唱兼主音吉他手的摇滚乐团"中国蓝(China Blue)"在2008年推出专辑《太空弹》。在视听综合领域,广东省佛山市顺德区2014年推出以环保为核心的

---

[1]  卓芽:《新时代我国科幻小说影视改编的策略研究》,《电影评介》2020年第3期,第91页。

[2]  李叶、马俊锋:《赋予温情 坚守希望——〈流浪地球〉从科幻小说到电影的改编》,《新疆艺术(汉文)》2019年第3期,第97页。

[3]  赵士林:《从未来学的角度看艺术》,《未来与发展》1985年第1期,第63页。

大型科幻音乐剧《星球密码》。艺画开天、哔哩哔哩在 2019—2020 年联合出品原创网络动画剧《灵笼》。

科幻电影的繁荣昌盛与科幻艺术的百花齐放是相辅相成的。我国科幻电影已经在一定意义获益于其他科幻艺术，漫改剧即为一例。它指的是根据漫画改编的影视剧。1949 年，上海昆仑影业公司推出根据张乐平同名动画摄制的《三毛流浪记》，为国产漫改剧开了先河。我国科幻领域的漫改剧始于香港。例如，科幻电影《力王》（1991）改编自日本猿渡哲也漫画，《黑侠》（1996）根据利志达同名漫画改编。它们的反响都不错。在大陆，科幻电影《只好背叛地球了》（2020）改编自"抽纸小 jin"的同名漫画。上述作品只能说是初步尝试。若将它们置于近年来国产漫改剧大热的背景下加以考察，那只能说科幻题材在改编成影视方面远远落后于其他题材。若与美、日、韩等国家比较，那这方面的差距就更大了。若与文学改编相比较，那么，动漫改编成电影遇到了特殊问题，即漫迷比小说迷更要求改编后的电影忠于原著。

科幻剧（包括舞台剧、广播剧、电视剧、网络剧等）都有使科幻深入人心的作用。它们和科幻电影都属于叙事艺术，完全可能相互转化，而且已经形成科幻剧集这类中介形式。而科幻电子游戏与科幻电影的区别较大。付亚康就此指出："电子游戏的剧情化和参与感同电影一样是建立在视听语言的基础上的，但相比之下，电子游戏由玩家控制剧情进行网络社交活动，而电影只能让观众被迫接受预先设置的剧情，电子游戏明显让玩家有更深的参与感。"[1] 不过，二者之间也已经形成交互电影这类中介形式。此外，游戏有降低科幻门槛的作用。[2]

## 三、中国科幻评论是电影定位的参照

从主体的角度看，所谓"中国科幻评论"是以国内人士对科幻发表的意见

---

[1] 付亚康：《数字媒介视野下影视与电子游戏的交互影响》，《今传媒》2020 年第 1 期，第 100 页。

[2] 张映光：《游戏使科幻的门槛降低》，《文化月刊》2002 年第 17 期，第 35-36 页。

为主。吴岩、姜振宇所主编的《中国科幻文论精选》（北京大学出版社 2021 年版）收录了自鲁迅先生以来关于科幻文学最有代表性的见解。论者的身份主要是科普作家、科幻作家，同时还有科学家、翻译家、理论家、出版家、文学家、高级工程师等。是他们的主张引导着民众对于"科幻"的看法，促成了中国科幻的自觉。其中，特别值得一提的是郑文光。正如王卫英所说，"中国科幻理论的形成完全来自科幻作家们的实践摸索，郑文光就是其中的代表。他从自身科幻创作实践中总结出来的、不断发展与完善的理论思想，不仅引导当代中国科幻创作走向深入，而且还将继续指导未来中国科幻发展的方向。他的科幻理论探索也清晰地勾勒出中国当代科幻创作的理论发展轨迹。"[1]

从对象的角度看，所谓"中国科幻评论"包括但不限于对中国科幻电影的评论。其中，对中国科幻文学（特别是中国科幻小说）的评论有助于电影界遴选适合改编的作品，有关科幻电影的评论则有助于促进公众与业界的沟通。例如，江晓原具有科幻迷、科学家和影评人的三重身份，所著《江晓原科幻电影指南》"在科幻观、科学素养、影评人的独立立场以及科学、文学、哲学的三层批评体系这四个方面都有建树。"[2]

从中介的角度看，其他国家的人士也有可能对中国科幻感兴趣，其见解可以帮助我国电影界人士开阔眼界。例如，白丽芳、李朋飞对英文媒体有关我国科幻电影《流浪地球》的报道加以研究，指出其关注热点包括影片的票房和意义、内容和制作及对好莱坞的影响。这些报道"肯定了这一科幻大片的商业成就、开创意义及制作中的工匠精神"。不过，各类报道对情节的评论褒贬各半，对主题意义则以肯定为主，认为影片最大的亮点在视觉效果，最大的不足为角色塑造。有媒体认为："影片以中等的投入，获得丰厚的回报，且视效逼真，角度独特，对好莱坞大片构成了一定的挑战。"[3]

---

[1] 王卫英：《中国当代科幻小说创作的理论建设——论郑文光的科幻理论探索》，《山西师大学报（社会科学版）》2012 年第 4 期，第 106 页。

[2] 肖康亮：《科幻迷、科学家、影评人：三重身份的文本交互——评〈江晓原科幻电影指南〉》，《出版广角》2016 年第 17 期，第 90-91 页。

[3] 白丽芳、李朋飞：《基于语料库的〈流浪地球〉英文报道研究》，《海南大学学报（人文社会科学版）》2021 年第 1 期，第 71 页。

# 第三节 电影对中国科幻的引领作用

如果将中国科幻比作由众多兄弟姐妹组成的群体的话，那么，中国科幻电影便是其中最为帅气的成员。它不是老大，却为老大（科幻文学）的智慧所濡染；它也不是老幺，却又像老幺（科幻游戏）那样朝气蓬勃。孟君指出："科幻电影具有三重属性，它既是一种追求商业价值的类型电影，也是具有哲学意味的艺术电影，还是凝聚社群的想象共同体。因此，科幻电影的发展状况取决于电影工业的成熟度、科幻想象的自由度和当下社会的发达程度，正是这三个因素的保障促使中国在 2019 年开启了科幻电影的全新阶段。"[1] 反过来，科幻电影的发展又能够为中国科幻以至于整个中国社会的发展做出什么贡献呢？循着这一思路，下文依次探讨三个命题，即电影工业是中国科幻的引擎、电影作品牵动中国科幻舆情、电影教育事关中国科幻未来。

## 一、电影工业充当中国科幻引擎

中国科幻是在西方已经爆发工业革命、本土民族工业起步不久的历史条件下登上历史舞台的。它从一开始就不是纯粹观念或想象，因为其书面形态的传播有赖于印刷工业的支持，至于其电子形态的传播，更离不开电力、电光、电子、电信等技术所打造的平台。中国科幻的繁荣不仅依靠想象力的放飞，而且仰仗相关技术的进步、相关工业的发展。若就科幻文学、科幻音乐、科幻美术、科幻戏剧、科幻电影、科幻电子游戏和科幻衍生品加以比较的话，那么，它们都依赖于媒体科技，但科幻电影和工业的关系更为密切，原因之一是院线电影依托工业所提供的高端放映设备。不仅如此，电影工业还充当了中国科幻发展的引擎。对此，可以从以下三方面认识：

一是电影机械工业的带动作用。电影机械工业以生产电影拍摄、制作、放映等所需设备为己任，相关企业和研究机构不断进行技术革新，既是为了改进电影的视听效果，也是为了在激烈的同行竞争中胜出。因此，桑振指出，"科

---

[1] 孟君：《电影工业、想象力与社会基础——论中国科幻电影的驱动因素》，《长江文艺评论》2019 年第 3 期，第 29-35 页。

幻电影和工业设计是一个发展共同体。科幻电影是一个区域的工业设计水平的反映，先进的工业设计是优秀科幻电影的基础平台。"[1]电影机械工业的进步客观上带动了科幻电影技术水平的提高，进而带动了整个科幻产业的发展。这一趋势在世界各国都是如此，中国也不例外。

二是电影制片工业的吸引作用。电影制片工业通过拍摄、制作、放映具体影片以满足市场需要。什么是电影工业？郭帆从导演的角度理解，认为它就是将写出来的和脑海里想象的东西实现到银幕上的一套系统，是一套思维逻辑、管理方式以及工具的集合体。[2]他看到了中美电影工业在这方面的差距。夏一杰也看到了中美电影工业的差距，但其所论范围更宽，涵盖制作资金、电影市场、特效渲染团队、观影粉丝等方面。[3]电影制片工业面向市场进行生产，市场的需要就是它发展的动力。中国市场欢迎科幻电影。观众越是为缺乏国产科幻电影感到遗憾，中国电影工作者越是有可能将观众的期待转化为自己朝这方面奋斗的动力。尽管制作科幻电影的难度很大，但一旦取得成功，圈粉并激励整个中国科幻业的可能性也很大。

三是电影衍生工业的拉伸作用。这一分支以生产电影的各种衍生品（从广告、纪念品到主题公园等）为己任，并和电影以外的其他科幻产品关联。电影工业所取得的进步不仅直接使科幻电影受益，而且间接惠及其他科幻产品，表现为整个社会上对科幻文学的兴趣提高、科幻作家"触电"的机会增多，科幻电视剧、科幻网络剧有了更精彩的片头和特效，科幻影游融合的质量提高，科幻衍生品的销路大增，等等。

## 二、电影作品牵动中国科幻舆情

中国科幻文化是由科幻文学、科幻音乐、科幻美术、科幻戏剧、科幻影视、

[1] 桑振：《论"科幻电影——工业设计共同体"》，《电影文学》2012年第17期，第44页。

[2] 郭帆：《从〈流浪地球〉谈"中国科幻"和电影工业》，《中外企业文化》2019年第4期，第77页。

[3] 夏一杰：《好莱坞科幻电影工业与中国科幻电影的比较研究——对比制作、市场、技术等方面》，《风景名胜》2019年第1期，第217-218页。

科幻游戏和科幻衍生品等构成的整体。其中，科幻文学最早诞生。它以书籍报刊为载体，凝聚文学界、翻译界、出版界等的智慧，筚路蓝缕，贡献不菲。不过，其影响主要在知书识字的文化人当中。科幻电影诉诸图像与声音，因此得以将其影响扩大到普通老百姓。继起的科幻电视剧和科幻网络剧虽然可以有更大的容量，但其播映效果受制于作为其终端的电视机、个人计算机和手机等设备，因此很难与在大屏幕展现出的丰富多彩的科幻院线电影媲美。科幻游戏可以将掌机、手机、街机、电视机等多种设备当成自己的终端，让人玩得尽兴，玩得入迷。不过，因为有"玩物丧志"的古训告诫，加上关于沉溺症的案例提醒，因此，电子游戏（即使是科幻题材）始终无法成为公众（特别是家长）普遍认可的主流文化产品。在这样的背景下，科幻电影（特别是科幻大片）成为科幻文化的代表，牵动着舆情。

科幻电影与舆论的关系至少包括如下含义：1.舆论通过激浊扬清制约科幻电影的发展，肯定性评价成为激励其前行的正反馈，否定性评价成为延缓其步伐的负反馈。2.科幻电影自身是制造舆论的工具，可以用来移风易俗、针砭时弊，也可以用来显示科幻界或电影界的实力，影响观众对科幻或电影的印象。3.科幻电影为赢得经济效益与社会效益，有意识通过舆论工具为自己鼓与呼。

西方有过《星球大战》带来的"银河热"，也有过《星际穿越》刮起的"科幻风"。在我国，电影作品从多种意义上牵动科幻舆情：1.每当进口科幻大片刮起旋风、收割票房时，舆论经常慨叹中国怎么没有可以和它们相提并论的影片，进而从文化、教育、政策等多种角度寻找原因、出谋献策。2.每当国产科幻电影（特别是大片）取得突破的时候，舆论总是给以爆棚般的赞赏，不止一次地宣称"科幻元年"到来，给人以从此中国科幻将顺风顺水的感觉，当然也不乏比较辩证的观点、比较深入的思索。2019年开春《流浪地球》成为热点之后就是如此。3.每当国产科幻电影未能达到预期效果的时候，舆论又会迅速下挫。2019年初秋《上海堡垒》成为痛点之后就是如此。

## 三、电影教育事关中国科幻未来

吴苡婷列举制约中国科幻产业发展的三大瓶颈，将人才培养体系放在第一位，其次是与消费者互动的创作理念缺乏、原创作品缺乏文化号召力。[1]中国科幻电影要实现高质量发展的目标，不能不重视人才培养。不仅如此，中国科幻电影要为提高整个民族的文化素质服务，也必须重视人才培养。因此，电影教育与科幻教育成为值得关注的问题。

电影教育和科幻教育是相辅相成的事业。电影教育在我国由来已久，最初是为培养电影产业所需要的人才服务的（即电影职业教育），其后发展为利用电影宣传社会规范、普及科学知识（即电影公共教育），并致力于培养电影师资和研究型人才（即电影学科教育）。2007年，时任国务院总理温家宝同志批示国家有关部门要重视和支持在中小学开展影视教育工作。自那时以来，电影教育逐渐成为我国基础教育的重要内容。与电影教育相类似，科幻教育可以理解成旨在培养科幻创作人才的教育、利用科幻进行的教育和培养科幻研究人才的教育，相当于科幻职业教育、科幻公共教育和科幻学科教育。不过，我国科幻教育远不如电影教育发达，总体上是以业余教育为主的。不论是职教或普教，都没有对应的本科生专业。在研究生层面，北京师范大学文学院2003年率先成立科幻专业。作为中国科幻研究的领军人物，吴岩2011年在北京师范大学牵头成立科幻与创意教育研究中心，2017年在南方科技大学牵头成立科学与人类想象力中心。他不仅以编纂《中国科幻发展年鉴》的方式关注整个中国科幻前进的步伐，而且编写科幻教材，给所在城市的中小学教师做培训。黄丹斌考察国内外科普现状和发展，归纳出以下十大科普活动宣传类型：科学成就展示型、自然科学博览型、实用技术普及服务型、科技交流洽谈类型、科幻旅游娱乐型、技术市场推广转让型、新闻媒介传播型、科普创作和科幻产业、科普示范榜样型、科普沙龙活动型。其中，对科普创作和科幻产业有如下介绍："例如美国的《科幻世界》编辑部、北京师范大学的'科幻评论与研究'课程，都是拓荒元勋和创新者，对公众及青少年一代的启迪、创新进取有着很好的开导作用。"[2]

电影教育和科幻教育相互渗透，有可能形成"科幻电影教育"。这一术语兼指培养科幻电影创作人才的教育、利用科幻电影进行的教育和培养科幻电

---

[1] 吴苡婷：《科幻产业的发展瓶颈问题剖析》，《科技传播》2014年第6期，第177页。

[2] 黄丹斌：《科普宣传与科普产业化——促进科普社会化雏议》，《科技进步与对策》2001年第1期，第106-107页。

影研究人才的教育。在第一层意义上,遍布全国各类学校的科幻社团是科幻电影教育的业余形态,相关企业科幻电影团队通过具体项目实施的传帮带是科幻电影教育的职业形态,相关职校则是二者的中介。在第二层意义上,像《银河补习班》(2019)那样借科幻外衣探索当下家庭教育,或者像《流浪地球》那样引发教育行业以诠释其中所包含的丰富自然科学知识为特色的一波"硬核操作",都是很好的例子。在第三层意义上,我国高校相关专业已经培养出科幻电影研究人才。其中,吴岩所指导的博士姜振宇、张凡,以及留学生彩云等都已经取得可喜成果。

2002 年,张映光率先著文探讨中国科幻产业。他认为中国人写过科幻作品并不意味着中国人懂得用科幻去创造价值。[1]这种遗憾或许可以通过腾讯所实践的"泛娱乐""新文创"之类运营模式所弥补。21 世纪以来,我国科幻产业在科幻文学、科幻影视等领域取得重大突破,科幻产业研究也取得显著进展。例如,陈玲、李维运用可视化文献分析软件(CiteSpace)对我国科幻产业进行了文献计量研究,绘制出战略坐标图。[2]王大鹏、李赫扬运用同一软件分析 2000 年以来我国学者在科幻领域的研究重点与研究方向,生成可视化图谱。[3]他们的研究表明:我国的科幻产业方兴未艾。以此为依托,只要群策群力,我国科幻电影产业必定拥有光明的未来。

[本章原发于《艺术探索》2022 年第 1 期,国家社科基金艺术学重大项目"比较视野下中国科幻电影工业与美学研究"(21ZD16)阶段性成果]

### 作者简介

黄鸣奋,厦门大学人文学院中文系教授,博士生导师。

[1]  张映光:《中国科幻产业"链条"的缺失?》,《文化月刊》2002 年第 17 期,第 57-61 页。

[2]  陈玲、李维:《基于文献计量的科幻产业领域战略坐标分析》,《齐齐哈尔大学学报(哲学社会科学版)》2020 年第 11 期,第 25-31 页。

[3]  王大鹏、李赫扬:《基于文献计量的科幻产业领域知识图谱分析》,《齐齐哈尔大学学报(哲学社会科学版)》2020 年第 11 期,第 32-36 页。

<table>
<tr><td>第四章</td><td>不被定义，无限可能：<br>中国科幻游戏产业新版图</td></tr>
</table>

方　舟

　　科幻游戏是"科幻"的载体之一，能够达到科幻电影的视觉化效果，实现科幻小说中关于想象的场景，游戏本身的交互性又增强了对科幻内核的塑造，延伸了小说与电影的幻想边界。随着电脑、手机等硬件配置的不断提升，全球科幻游戏市场产值逐年攀升，科幻游戏产业链不断完善。

　　科幻游戏产业主要由线上部分与线下部分组成，线上部分一是科幻游戏本身，这是科幻游戏产业最核心部分；二是围绕科幻游戏进行的视频直播、电子竞技比赛，围绕科幻 IP 制作的相关影视剧等，这是科幻游戏扩大知名度与影响力的重要手段。线下部分一是科幻游戏衍生的一系列周边，既包括模型、手办（未来可能包括 NFT[1] 形式）等文化创意产品，也包括以科幻游戏为核心举办的活动和演出；二是与科幻游戏相关的实体空间，如产业集聚区、主题公园、电竞酒店等，这是科幻游戏进一步面向大众、开拓市场的主要方式。

　　中国的科幻游戏产业目前处于上升阶段，面临新的发展格局，需要优化发展路线、创新发展理念，创建健康、良好的发展环境，形成具有中国特色和中

[1]　NFT，全称为 Non-Fungible Token，指非同质化通证，实质是区块链网络里具有唯一性特点的可信数字权益凭证，是一种可在区块链上记录和处理多维、复杂属性的数据对象。

国风格的科幻游戏产业，推动中国科幻产业高质量发展。

# 第一节 全球科幻游戏概括

真正意义上的第一款科幻游戏是 1978 年由日本太东公司发行的《太空侵略者》。这是一款像素类太空射击游戏，一经发售便取得了巨大成功，一年之内在日本国内带动了 6 亿美金的收入，进入欧美市场后，两年之内总销售额近 10 亿美金。这款游戏在风靡全球的同时，其中的外星生物形象演变成电子游戏行业的代表性符号之一，逐渐成为一种流行文化元素，出现在部分相关产品上，因此可以将《太空侵略者》的发售与流行看作科幻游戏产业化的雏形。之后随着计算机技术的飞速发展，游戏市场中出现越来越多高品质科幻游戏，科幻游戏也成为游戏市场中的重要组成部分。近年来几款科幻游戏大作《控制》《死亡搁浅》《赛博朋克 2077》等陆续发售，它们或具有独特的奇诡氛围，或开创出全新玩法，或对科幻概念进行充分打造，都在游戏市场引起了不小的热度。正是"科幻"本身具有的无限想象，使得科幻游戏的种类之多是其他任何游戏都无法比拟的。现基于市场上有代表性的科幻游戏，将其分为四类，所依据的分类逻辑虽不能穷尽全部科幻游戏，但尽可能将大部分游戏囊括其中（年代较为久远的科幻游戏不在此范围内）。需要注意的是，若一款游戏符合不止一种分类标准，便按照其在发行之后最为游戏市场所接受的科幻元素进行归类。

## 一、太空、星际类科幻游戏

这类游戏又可以分为两个子类目。一是以宏大太空为游戏背景的类似于"太空歌剧"的游戏，包括太空星舰对战、即时战略、建造等系列。具有代表性的有《星战前夜》《戴森球计划》《第二银河》《群星》。玩家在游戏中置身浩渺的宇宙，通过挖掘、建设、交易、扩张等方式建立属于自己的领地，不断拓展对宇宙的认知边界。

二是发生在太空具体星球或领地的单人游戏。既包括《无人深空》《异星探险家》这类以探索为主题的生存类游戏，该类游戏的战斗要素较低，以星球探索和星际生存为主，致力于打造异星社会结构和个体生活模式；也包括《光环》《命运》《泰坦陨落》《毁灭战士》《质量效应》《星际战甲》《星球大战》等单人角色扮演游戏（RPG）或者单人射击类游戏，这类游戏的战斗要素突出，游戏背景以星际文明冲突为主，游戏中的高科技装备与武器、重型机甲等元素是最大特点。太空类游戏经久不衰，具有无与伦比的魅力，一方面玩家遵循"宇宙法则"，无论是太空战役、星际旅行、空间站建造，还是在太空中进行观测都拥有史诗般的体验，感受到时间的无穷与空间的纵深；另一方面玩家更加深刻地感受到自身的渺小，这种强烈的对比无限放大了屏幕前作为"人"的玩家个体。换句话说，太空类科幻游戏具有无尽的包容和张力，既能让玩家充分体会到宇宙的宏大，也能使其从人文主义视角审视自身，推动玩家在游戏的交互中充分发挥"人"的主观能动性，实现想象力的不断延伸，实现对宇宙奇观的无限探索。

## 二、异化人类和生物类科幻游戏

第二类是以后人类（包括变种人、进化人类）和异化生物为主的，涉及超能力、生物体变异以及对生物体进行改造的科幻游戏。这类游戏中有以《赛博朋克2077》《底特律：化身为人》《控制》《方舟：生存进化》《尼尔：机械纪元》等为代表的随着科技进步，人类大脑、躯体发生进化、改造，出现"类人""异人"或主角自身拥有超能力的科技感浓厚的近未来游戏。游戏中人与机器高度融合，包括机械生命体、脑机接口、义体植入、意识重组、肉身互换等。也有以《生化危机》《死亡搁浅》《生化奇兵1》《生化奇兵2》《辐射》等为代表的，或由于病毒入侵，或由于灾难过后生物体变异所导致的整个世界的异化，使得人类需要对抗异类生物的"灾难类"科幻游戏，这类游戏的科幻要素主要体现在人类基因的改变、物种的变异以及生化武器上。从内容来看，后人类与变种生物的游戏涉及重构社会秩序、重组社会框架与机构、建立新的人机关系模式等，更多以"人"或"类人"为观照对象，有关于生与死的终极探讨，生命的价值与存在形式的思考等，部分游戏中玩家的选择面临道德伦理层面的考验。

## 三、具有科幻精神内核的游戏

第三类是在玩法上具有科幻精神内核的游戏,类似于科幻小说中的"软科幻"。这类游戏有《奇异人生》《生化奇兵3》《死亡循环》《传送门》《时空幻境》《量子破碎》等。之所以称这类游戏具有科幻的"精神内核",在于其所要突破的是时间与空间的限制,涉及时间的重新排列、空间传送、时间与空间的双重循环等,虽然部分游戏包含其他科幻类游戏中的高科技元素,但游戏中时间与空间的破碎、重构是核心玩法,也是游戏最大的亮点。这类游戏中,推动时间或空间出现扭曲的,一是游戏剧情,如《奇异人生》这种以电影叙事模式为主的剧情类游戏,玩家在时空回溯后需要通过不断的选择对主角的人生进行重构,以改变故事的结局;《死亡循环》需要玩家在不断地死亡中获得更多线索,随着线索的增多,玩家的选择也会发生改变,因此游戏的剧情随之不断地重复向前推进。二是解谜元素,如《时空幻境》,玩家在游玩过程中需要通过关卡之间的重新排列来获取对整个事件的了解,游戏中时间因子对物体的干涉产生了特殊的效果,玩家在横版过关游戏的途中经历着时间的顺流与逆流,在解谜的同时充分感受到时间本身的谜题。此类游戏既有3A[1]级别的大制作,也有来自独立工作室的作品,也就是说,与其他科幻游戏相比,该类游戏注重对科幻概念的打造,强调对科幻理念的输出。

## 四、架空类科幻游戏

这类游戏主要是将背景设定在一个虚构的空间中,游戏的世界观具有一定科幻性,武器、装备等也富有未来感,但是科幻体验较弱,更强调玩法或者游戏风格。从游戏发行端来看,游戏厂商在发行之初便为其加上"科幻"的标签,从玩家的角度来看,则更愿意从玩法特征对其进行定义,例如《无主之地》主打的是"寻宝",爽快的战斗体验加上部分谜题都让这款游戏在游戏市场中具有一席之地,游戏别具一格的废土风也为玩家们津津乐道;《堡垒之夜》在一

---

[1] 关于3A游戏,游戏行业并没有明确标准,通常指的是制作成本高,游戏体量大、内容丰富,品质高的一类游戏。

众大逃杀类游戏中加入了建筑元素，而游戏中的其他娱乐元素，如大量的舞蹈单人表演（SOLO）以及与众多知名度高的IP进行联动等，都成为游戏的特色，增加了游戏的可玩性。

严格来讲，很难对这类游戏进行评判，如果按照科幻属性与玩法之间的平衡作为标准的话，无法对其进行量化，即难以判断在怎样的程度上科幻属性超越了玩法属性；但这样的标准设置好处在于，关于游戏的评判由发行端转移到了玩家端，在游戏发行一段时间后，通过玩家的反馈筛选出一批不符合预期的"伪科幻"游戏，但这种筛选机制是否能够拥有确切的正向效应尚无定论。因此，科幻游戏未来怎样平衡科幻属性与玩法，既让玩家感受到科幻元素的存在，同时具有较强的可玩性和娱乐性，保持玩家忠诚度和黏性，还有很多需要细化和深究的地方。

# 第二节　科幻游戏与影视的联动

在全球科幻游戏产业发展的过程中，除了游戏本身带来的收入，另一大产值来源于游戏与影视的联动，为科幻IP的打造与推广起到了一定的作用，延长了科幻游戏的生命力，激发出新的活力。这是一种双向联动，既包括将科幻剧集改编成为游戏，也有科幻游戏的影视化呈现，最终实现了IP的立体化，增加了内涵的丰富性，为科幻产业的内部融合起到了积极作用。

## 一、科幻剧集改编为科幻游戏

具有代表性的一是《星球大战》系列，该系列是全球范围内最知名、最成功的IP之一。来自Fandom[1]的星球大战百科全书显示，《星球大战》类游戏超过50个，有的是参照剧本进行的改编，力图还原影视中的剧情和场景，有的是在星战背景和框架下展开新的故事，还有的是借用星战相关元素。虽然

---

[1] Fandom是一个大型的娱乐、游戏社区，旨在为某一个领域的爱好者提供翔实的资料与服务。

游戏公司 EA 通过该系列游戏已经收入超过 30 亿美金，但是从游戏的角度来看，星球大战系列还没有一款游戏被主流游戏界所认可。全球知名游戏媒体公司 IGN 选出了《星球大战》系列最出色的十款游戏，在这份榜单中，仅有排名第 6 位的《星球大战绝地：陨落的武士团》（2019）是 20 世纪第二个十年之后的作品，其余都集中在 20 世纪 90 年代和 21 世纪第一个十年，换句话说，围绕星球大战打造的一系列科幻游戏并没有随着游戏画质的改善、特效技术的进步而获得游戏品质的提升。随着卢卡斯影业的重组，以及 EA 关于星球大战的独占协议到期，《星球大战》游戏已经开始重新谋划未来发展路径，游戏开发商育碧软件公司旗下的 Massive 工作室正在制作一款全新的星球大战游戏。作为全球顶级的 IP 之一，星球大战承载了无数科幻迷关于太空世界的想象，未来新鲜血液的注入能否为该系列游戏带来新的生机值得全世界游戏迷和科幻迷的共同期待。另一个具有代表性的影视改编是超级英雄系列科幻电影，不论是《复仇者联盟》中的钢铁侠、美国队长、黑寡妇，还是《正义联盟》中的蝙蝠侠、神奇女侠、超人等，都具有极高的人气，而以超级英雄为主角的电影也很适合改编为游戏。虽然长期以来漫改游戏和 IP 改编游戏不被游戏市场看好，"IP 加游戏"几乎成为失败的代名词，往往被贴上"噱头""赚快钱"的标签，但还是涌现出了几款优秀的科幻游戏。一是《蝙蝠侠：阿卡姆》三部曲。该系列游戏背景取材于蝙蝠侠漫画，游戏在对"蝙蝠侠"的精髓把握到位的基础上，搭配出色的游戏叙事和行云流水的战斗系统，一经发售便取得了不俗的销量，在各大游戏平台都获得了较高的评分。二是索尼出品的《漫威蜘蛛侠》游戏。如果说有一款能与《蝙蝠侠：阿卡姆》相媲美的漫改科幻游戏，无疑是漫威旗下的《漫威蜘蛛侠》。这款开放世界类游戏大作的故事发生在纽约市，精良的游戏画面对整个城市进行了高度还原，玩家可以操纵彼得·帕克自由穿行于曼哈顿的高楼大厦之间。而游戏通过蜘蛛侠自带的蛛丝开发出摆荡系统，这套系统运用在战斗中带来了意想不到的效果，成为游戏的亮点之一。这两组科幻作品改编而来的游戏都立足于原作的精神内核，高度还原主角的特质，加上丰富的剧情设计、精致的画面以及出色的战斗系统，足以成为科幻作品改编为游戏的成功案例。

## 二、科幻游戏改编为影视剧集

全球电影和电视剧市场向来不缺由游戏改编而来的作品，既有商业经典系列如《古墓丽影》《生化危机》，也有《刺客信条》《魔兽争霸》《波斯王子：时之沙》《怪物猎人》等单独电影，近期推出的《巫师》（2020）以及《双城之战》（2021）均获得了极佳的口碑，其中《巫师》带动《巫师3》同期销量急速攀升，《双城之战》则带动《英雄联盟》下载量和在线人数达到高值。在一众游戏改编的影视作品中，不乏科幻作品的影子，在此以电影《生化危机》系列和动画电影《双城之战》为例进行探讨。《生化危机》是日本游戏厂商卡普空旗下一款围绕病毒变异展开的末世生存类科幻游戏，涉及生化武器、丧尸等元素，自初代《生化危机》发售以来，已经有超过九款正传作品，以及部分重制版、移植版和衍生类游戏。截至 2020 年 6 月，游戏出货量超过 1 亿套，成为该公司首个突破 1 亿套的游戏。《生化危机》于 2002 年首次被改编为电影搬上大银幕，第一部作品便以 3 300 万美元的成本获得了超过 1 亿美元的票房，接下来又陆续推出5 部作品，六部电影的全球总票房已经超过 12 亿美元。虽然游戏和电影的部分系列作品口碑有起伏，但是从商业化角度来看，总体来说《生化危机》是成功的。新近上线的英雄联盟动画《双城之战》，该动画最终在 IMDb 评分 9.2，烂番茄新鲜度 96%，爆米花 98 分，[1] 在 IGN 收获满分 10 分的好评，在全球 38 个国家收视率登顶。英雄联盟作为一款运营多年的多人线上竞技游戏，在全球范围内拥有众多玩家，这次伴随 S11 全球总决赛推出的《双城之战》由奈飞出品，上线至今被称为最成功的一次游戏改编动画，吸引到大批非游戏玩家群体观看，拉动了同期游戏下载量与在线人数。

从以上科幻游戏与影视联动的成功来看，除了《星球大战》的粉丝具有极高的忠实度，能够为很多作品无条件购买外，其他几款游戏都具有同一个特点——作品本身的科幻元素不够"硬"，不论是漫威旗下的蜘蛛侠还是 DC 旗下的蝙蝠侠，虽然都拥有较高知名度，但整体科幻氛围不强，"超级英雄"系列在科幻作品内部甚至处于边缘化地带；生化危机具有同样的特点，虽然整个

---

[1]　IMDb、烂番茄、爆米花均为全球线上影视聚合平台，主要提供影视相关数据、评论和评分。

游戏充斥着大量的病毒变异体和生化武器游戏，但玩家更愿意按照题材对其进行归类——"丧尸类游戏"；英雄联盟游戏本身的玩法和娱乐性不容置疑，其承载的科幻元素来源于作品中具有未来科技感的人物和武器，但游戏中更多呈现出的是科技与魔法的相互交织。其他科幻游戏与影视的联动都不尽如人意，究其原因，在于市场对于高品质和娱乐性的追求。换句话说，每种类型的优秀作品都不在少数，想要打开现有市场，推出跨界作品，首先需要高品质作为基础，其次便是作品所属类型的受欢迎程度和本身的娱乐性。超级英雄、"丧尸"等题材都拥有很高的市场高关注度和娱乐性，一旦具有上乘的质量，获得成功并非难事。而英雄联盟作为一款多年来保持良好运营的游戏，热度居高不下，加上不可多得的高品质改编动画，自然吸引到整个市场的目光。也就是说，科幻作品在其所属产业内，拥有固定的忠实受众群，一旦与其他行业产生联动，作品的质量、题材的受欢迎程度和娱乐性将占据很大的因素，至于科幻元素在作品中的呈现特征与方式反而是次要的。

# 第三节　中国科幻游戏产业发展现状

中国的科幻游戏市场随着几次科幻热的兴起处于上升阶段，从《中国科幻产业报告》提供的数据来看，2018 年中国科幻游戏产值为 195 亿元，2019 年在新的评价体系中，部分游戏被归类为科幻游戏纳入其中，2019 年和 2020 年产值分别达到 430 亿元和 480 亿元，占据整个科幻产业相当大的比重。从产值来看，当前中国科幻游戏产业处于稳定上升阶段。具体来看，中国科幻游戏产业发展呈现出以下几个特点：

## 一、个别游戏对科幻游戏产业贡献较大，头部效应明显

当前中国游戏厂商中，腾讯游戏处于领先地位，这种优势同样体现在科幻游戏中。从游戏本身来看，腾讯游戏旗下的手游《王者荣耀》和《和平精英》在新的科幻游戏评价体系下贡献了大部分的游戏产值，这两款游戏自发行以来

长期位于手游下载榜单前列，在整个行业中处于绝对的领先地位。从电竞行业与直播行业来看，与科幻游戏相关的比赛视频和直播视频同样集中在《王者荣耀》和《和平精英》上，观看人数与其他游戏相比具有相当大的优势。从线下活动来看，《王者荣耀》举办了多场线下演出，在明星演职人员带动下视频播放量大，传播力和影响力广，反过来推动了游戏内购买次数和购买力度。除腾讯之外，另外几家较大的游戏厂商如网易、完美世界等旗下各自有几款具备一定知名度的科幻手游，网易游戏代理的手游《星战前夜》作为 PC 版《星球大战》的移植版，致力于打造"高端太空手游"，《量子特攻》《机动都市阿尔法》《漫威超级战争》等则在海外市场取得不俗表现。完美世界出品的《幻塔》作为一款轻科幻开放世界手游，正式发行前的预约量已达 1 800 万，2021 年 12 月 14 日预下载阶段开启 6 小时登顶 iOS[1] 免费榜，不出意外未来将成为完美世界的又一代表性游戏之一，该公司旗下还有《代号棱镜》以及《代号 R》等科幻游戏。在头部游戏厂商持续布局科幻游戏赛道的局面下，一方面带动中国科幻游戏产业整体发展，为游戏行业带来引领作用；另一方面中小厂商想要实现对现有局面的突破，获得一定的市场关注度面临极大的困难与挑战。

## 二、科幻游戏市场以手游为主，电脑端和主机端发展较为迟缓

中国当前游戏市场以手机游戏为主，一方面手机硬件配置不断提升，手机本身的便携性使得其能够适应几乎所有的社会场景，游戏内容的即时性符合当代人碎片化、快节奏的生活方式，较低的游玩难度降低了准入门槛；另一方面，手游市场的火爆催生了一批爆款游戏，玩家人数众多，黏性大，免费下载搭配游戏内付费购买，形式多样的"氪金"模式大大增加了游戏收入，加上手机端游戏易于推广的特点，反过来加深了厂商对手游的开发力度。在游戏市场整体以手机游戏为主的情况下，大部分科幻游戏同样集中在手机端，具有代表性的手机科幻游戏除了前面提到的几款，还有《战双帕弥什》《第二银河》等。电脑游戏市场中，《戴森球计划》在 2021 年异军突起，而三大主机平台——索

---

[1]　iOS，苹果公司开发的移动操作系统。

尼 PlayStation[1]、微软 Xbox[2] 以及任天堂，几乎未见中国游戏厂商踪影，中国厂商未布局主机端既有政策原因，也出于市场规范化考虑。对比来看，电脑游戏、主机游戏具有手机游戏无可比拟的沉浸感、氛围感，大部分游戏的画面质量、操作手感也是手机游戏暂时无法达到的水平，但是玩耍时所占用的大量时间，要求发生在拥有设备的特定空间以及购买游戏电脑、主机设备和游戏本身所需要的金钱无形中提高了游戏的门槛。从游戏开发商角度，制作一款大型电脑科幻游戏需要的人力、物力、财力是手机游戏无可比拟的，加上较长的开发周期，后期宣传的投入以及盈利的未知性，都在一定程度上降低了游戏开发的动力。综合来看，电脑和主机大型科幻游戏在供应端和需求端都设置了一定的门槛，使得该市场在我国仍处于不饱和状态，这对科幻游戏未来发展既是挑战也是机遇。

## 三、产业化规模有待提高

科幻游戏产业的规模化既包括将线上线下活动进行结合，发挥线上线下联动的优势，也包括与科幻小说、科幻影视进行合作，通过有效组织进行资源整合，共同推出面向市场，满足消费者精神文化需求的产品。当前我国科幻游戏产业出现的局面是，线上线下联动较少，内部外部缺乏合作。从科幻游戏产业线下部分来看，随着手机端游戏玩家群体的不断壮大，科幻游戏产值不断攀升，产值的主要部分来自科幻游戏和电竞比赛、直播，因此厂商的关注度集中在线上环节。线下部分对科幻游戏产值贡献有限，市场拓展相对缓慢。稍有知名度的线下游戏即使在一些展览中推出科幻游戏展区，以及部分线下活动沙龙等，玩家内部也获得了较好的口碑，却并未打造成为有知名度的品牌。从科幻游戏产业外部来看，近年来我国出现的几次科幻热无不是由科幻小说或科幻电影所带动的，这种热度具有很强的即时性，随着时间的推移逐渐降低。由于中国的整个科幻市场当前还不甚成熟，除了一批原有的科幻爱好者群体之外，市场对科幻的关注度主要由重点小说、电影拉动，呈现出波动起伏的态势，很难维持固定热度。在这种周期性科幻热下，中国的科幻游戏厂商并未适时抓住机遇同

---

[1] PlayStation：简称 PS，是日本索尼公司的著名游戏机系列，中文意为"游戏站"。
[2] Xbox 是由美国微软公司开发的一款家用电视游戏机。

科幻小说、科幻电影进行联动，延长科幻热度，而是选择继续在原有的生产周期工作。这就造成了科幻游戏突破圈层的困难，或许能赢得一定的口碑，但传播和影响力有限，甚至部分作品只能达到科幻迷的期待，无法在游戏市场中占据一席之地。

# 第四节　中国科幻游戏产业未来发展路径

当前我国科幻产业步入新的发展阶段，随着游戏行业的规范化、标准化，科幻与游戏的结合成为文化与科技融合的一部分，中国科幻游戏产业需要在保证自身健康、有序发展的同时，助力整个科幻产业稳步前行。针对中国科幻游戏产业现状，未来可从以下几个方面探索发展路径。

## 一、丰富现有科幻游戏内容，植入更多科幻元素

我国现有的大部分科幻游戏面临的最大的问题便是科幻元素不够突出，部分游戏过于强调玩法上的优势，将科幻"架空"，属于"科幻"伪玩法。因此中国的科幻游戏处于玩家众多，产值居高不下，但口碑一般的略显尴尬的境地。具有代表性的是《王者荣耀》，其作为当今中国科幻游戏，甚至整个游戏市场中产值最高的一款游戏，因在2018年获得中国科幻银河奖最佳科幻游戏，而引起了不小的争议。争议主要集中在《王者荣耀》的"科幻游戏"分类，根据腾讯游戏提供的官方资料，《王者荣耀》的背景设定在距现实世界数千年后的"王者大陆"，故事围绕究极力量宇宙之心展开，因此其世界观架构中确实有科幻元素，但是玩家在游玩体验中对于"科幻"的感知很弱。《和平精英》作为另一款科幻重头游戏，游戏本体同样缺乏科幻元素，但是在后续更新中不断增强科幻元素，资料片《重启未来》不论从游戏发生的场景、剧情、玩法还是游戏内武器装备上，都极具科幻感，推出后在游戏界和科幻界都获得一致好评。未来中国的科幻游戏应丰富游戏的科幻内容，围绕科幻打造世界观，增强科幻在游玩体验中的存在感，突出科幻元素在推动游戏进程中的作用，做到科幻元

素与玩法之间的平衡，而不是简单地将科幻作为游戏的背景设定。

## 二、打造科幻游戏产业集聚区、科幻主题公园

当前我国科幻产业集聚区正处于建设阶段。2021年9月，以工业遗址园区为载体的首钢园科幻产业集聚区成立，首钢科幻园区当前已成为科幻业的新地标，致力于打造"三中心一平台"——科幻国际交流中心、科幻技术赋能中心、科幻消费体验中心和科幻公共服务平台。电竞产业园选址在金安桥区域和工业遗址区域，致力于通过首钢园区特色的电竞IP来吸引顶级战队入驻，打造集文化交流、传播、教育于一体的全国高级电竞产业平台。其他城市如成都、重庆、深圳等也在积极规划相关科幻产业园区建设。在主题公园建设上，我国贵阳市现有一座"东方科幻谷"科幻主题公园，利用VR技术打造出多个虚拟现实景点。园区自主研发了一款对战手游《星与心愿》，游戏中的虚拟场景与园区实景同步叠加，为玩家带来丰富的沉浸式游玩体验。除此之外，腾讯游戏与北京环球度假区达成合作意向，预计《王者荣耀》《和平精英》等IP未来将在北京环球度假区季节性活动中亮相。科幻主题公园是科幻游戏产业，同时也是整个科幻产业发展的重要着力点，能够有效地将资源从线上转移到线下，从虚拟世界转化为现实世界，延长游戏IP生命周期，拓展产业格局。

## 三、合理利用中国资源，推出具有中国特色的科幻游戏

从中国整体游戏市场来看，与中国元素相关的神话、历史、魔幻类游戏的认可度和受欢迎程度较高，这不仅与游戏本身有关，更是玩家在无意识中对于熟悉的文化环境、历史环境和生活环境的选择，属于一种文化现象和文化心理学。中国科幻界一直没有停止对中国文化资源的挖掘，近年来涌现出一批优秀的中国特色科幻小说，例如钱莉芳的历史科幻小说《天意》《天命》中涉及韩信、苏武等中国历史人物以及"伏羲""玄女"等中国古代传说，以一种科幻的方式对历史进行想象与重构；陈楸帆的《荒潮》《巴鳞》等作品中对其故乡潮汕的书写，提供了一种工业信息化时代的乡土科幻小说类型，"乡土"与"科幻"

这两个元素在他作品中的融合展现出一种另类的美学体验,既有后未来风格,又极具中国故土特色;郝景芳的《北京折叠》聚焦于现代化大都市北京的未来生存空间以及居民生活方式,写出了中国现代化进程中超体量大都会的内部隐患和矛盾……将中国文化与科幻游戏相结合是未来整个科幻产业发展的必经之路。当前中国文化在年轻一代中的认可度逐渐提高,"国潮"在年轻人中正值盛行,激发出新的活力。中国游戏厂商可以立足于中国场域,围绕本土文化资源和优秀科幻作品推出具有中国气派、中国风格的科幻游戏。2020 年一款名为《黑悟空》的游戏宣传片便成功突破游戏圈层。这款还在制作中的游戏以孙悟空为主角,几分钟的视频展示出了精良的细节、流畅的画面和华丽的战斗,一经推出便引起整个互联网的热烈讨论,所有人都开始期待一款中国风的 3A 大作。可以预见的是,科幻游戏与中国文化资源的结合,从游戏本身来看,完全有可能突破既有科幻游戏发展框架和发展思路,为科幻游戏产业提供中国经验;从游戏受众来看,在 IP 原有影响力的带动下,通过"点—线—面"的模式,在保证游戏质量的前提下,既吸引科幻迷和游戏迷,更能吸引年轻一代国风迷的关注。

来自《2021 年中国游戏产业报告》[1] 的数据显示,2021 年中国游戏市场实际销售收入 2 965.13 亿元,其中移动游戏市场实际销售收入 2 255.38 亿元,客户端游戏和主机游戏总收入 613.8 亿元。未来科幻游戏厂商应针对中国游戏市场制定发展战略,提高内生驱动力,推出符合中国玩家偏好,适应文化消费场景的科幻游戏,并融合线上线下资源,加强科幻产业不同板块内部联动,从而带动整个科幻产业的发展。

**作者简介**

方舟,武汉大学国家文化发展研究院教师,主要研究方向为文化发展、科幻小说等。

---

[1]　2021 年 12 月 16 日,2021 年度中国游戏产业年会上,中国音数协游戏工委与中国游戏产业研究院共同发布《2021 年中国游戏产业报告》。

# 当代科幻主题乐园产业发展研究

第五章

王嘉诚

 

 

"科幻主题乐园产业"是指建立在较为完整的科幻产业链条之上，以科幻IP内容为基础和核心，以地产、文化金融等为经济依托的娱乐产业类型。作为科幻产业中的重要组成部分，科幻主题乐园产业承接科幻IP转化、发展与丰富科幻实体产业等作用，其内容有别于其他文化旅游项目，主要具有科技属性、文化属性、经济属性与意识形态属性等，[1] 以促进旅游经济、为消费者进行科普教育、提高消费者科学幻想能力、完善消费者审美能力为旨归。在经济全球化的基础上，当代科幻主题乐园以跨国协作形式、文化交互形式、科技融合形式等主要方式进行发展，成为科幻产业的支柱之一。

笔者认为，2015年是全球主题乐园发展趋势变化最强烈的一年，原因在于，以上海迪士尼落地为标志，中国成为全球最大的主题乐园市场，全球主题乐园市场出现东移的趋势。因此本章将以2015年为基准，研究2015—2020年世界科幻主题乐园的发展趋势，同时提出关于中国科幻主题乐园产业的发展对策。

---

[1] 敖建明、黄竞跃、邹和福：《中国科幻产业发展研究》，中国文史出版社，2014，第2页。

# 第一节　当代各国科幻主题乐园发展新趋势

根据全球科幻主题乐园地理分布现状，将全球科幻主题乐园的分布分为三大地区：北美地区，欧洲地区，以及亚太地区，并据此对当代科幻主题乐园产业进行分类与统计。

## 一、北美地区

北美科幻产业发展拥有成熟的科幻产品生产、消费的产业链条，形成了规模性、连锁型的主题乐园园区。通过分析 2015—2020 年间北美主题乐园的发展数据，本章认为北美科幻主题乐园呈现出以下特点：大型娱乐综合体进行 IP 深度开发与转化，形成科幻主题乐园聚集模式。据"美国主题娱乐协会"（TEA）统计，2015 年北美排名前 20 位的娱乐 / 主题乐园游客人次为 1.463 亿人次。[1] 以迪士尼集团与环球影城旗下的乐园主导北美科幻主题乐园的发展，包括迪士尼未来世界、迪士尼好莱坞影城、环球影城、环球影城冒险乐岛、好莱坞环球影城 5 个富含科幻性质的主题乐园。

其中，迪士尼未来世界可以被视为典型的科幻主题乐园，共分为未来世界与展览两大区域，其主题主要集中在科技发明、自然历史、地质变化、生命探索、太空探索、能源探索等科普娱乐类型。2015 年迪士尼乐园收益部分达到 109 亿美元，占据北美主题乐园总增长收入的 57%。其中迪士尼科幻主题乐园总收益约为 18 亿美元，占北美迪士尼乐园总收益的 16.51%。值得注意的是，2015 年迪士尼对"星球大战主题园区"进行规划，其中包含星球大战景点、星球大战角色互动等项目。

环球影城是继迪士尼后第二大北美主题乐园，其科幻娱乐项目依托环球影业公司的文学、电影等 IP 内容。其中，好莱坞环球影城具有代表性的科幻项目有"哈利波特魔法世界""世界知名的影城之旅""金刚 360 度 3D 历险""神

---

[1]　美国主题娱乐协会（TEA）、ACOM 经济资讯团队：《2015 年全球主题公园和博物馆报告》，https://aecom.com/theme-index/，访问日期：2021 年 10 月 31 日。

偷奶爸小黄人虚拟过山车""侏罗纪乐园——激流勇进""变形金刚3D虚拟过山车""水世界"。2015年，环球影城开设机车竞技类新项目"速度与激情——超动力"，拓展机车类科幻主题项目。2015年环球影城主题乐园净收入达到31亿美元，[1]其中科幻主题乐园总收益约为10.33亿美元，占2015年环球影城主题乐园总收入的33.32%。2015年迪士尼与环球影城的科幻主题乐园净收入共计28.33亿美元，占北美地区主题乐园总收入的15.48%，几乎囊括了北美科幻主题乐园所有内容。

纵观2016年北美科幻主题乐园市场，迪士尼集团与环球影城旗下的科幻主题乐园仍占据前十名。其中，环球影城2016年的游客在整个美国的客流量增加了7.4%，主要因为环球影城引进新的IP，增设多种项目。AMC（美国电影院线）美剧《行尸走肉》于2010年开播后，形成了较大的市场反响。2016年环球影城与AMC联合建立"行尸走肉"永久性日间景点，为游客提供末日生存的游戏体验。同时环球影城在奥兰多乐园增设了冒险岛项目，成了吸引游客的一大亮点。冒险岛乐园集合了漫威超级英雄主题项目、金刚大战怪兽项目、探险项目等。值得注意的是，六旗集团在2016年的游客量较去年提高了5%，[2]在于采取了与迪士尼、环球影城相同的开发模式，积极引进相关科幻知识产权与增设骑乘设施，如六旗集团与DC漫画达成引进协议，开发大都会之战、小丑、哈莉·奎茵疯狂火车等娱乐项目以及周边等，形成了IP开发与转化向大型娱乐综合体的聚集。

2017年的科幻主题乐园市场实际延续了2015年以来的聚集趋势，以迪士尼集团、环球影城等娱乐龙头企业为主要发展动力，同时，大型科幻IP的深度开发与正在兴起的数字技术相结合，形成数字、虚拟、沉浸式的新型发展模式。迪士尼于2017年推出了"潘多拉·阿凡达的世界"主题项目，获得TEA颁布的主题娱乐奖项。[3]该项目包含"阿凡达飞行通道""纳美河之旅""潘多拉游骑兵"等娱乐内容，增加了3D飞行模拟器、全息图影、移动装备等虚

---

[1] 美国主题娱乐协会（TEA）、ACOM经济资讯团队：《2015年全球主题公园和博物馆报告》，https://aecom.com/theme-index/，访问日期：2021年10月31日。

[2] 同上。

[3] 同上。

拟现实与增强现实等技术的应用，成功推动迪士尼主题乐园收入的整体增长。同年，迪士尼好莱坞影城开设的"反斗奇兵大本营"主题园区也正式营业，在"反斗奇兵"原有的粉丝基础上，对娱乐设施及周边产品进行再开发，吸纳了新粉丝，进一步刺激了客流量的增长。环球影城继续保持对"哈利·波特"系列 IP 开发，对主题区和主题景点进行改进与升级，完善周边产品。与此相同的是，六旗集团继续对 DC 旗下的蝙蝠侠、小丑等人物与相关故事情节进行改编，开发了正义联盟主题景点与小丑主题过山车，实现其在北美地区游客量 1% 的增长。[1]

2018 年与 2019 年间，主题乐园产业进入成熟期，已经成为娱乐产业中的核心支柱力量，因此北美科幻主题乐园的发展没有明显变化。值得一提的是，迪士尼在 2019 年开的"星球大战：银河边缘"项目成为继阿凡达世界之后又一大型 IP 落地，其中两个内容"千年隼：走私者逃亡号"与"反抗军的崛起"成为游客的主要浏览景点。[2] 在收购了漫威部分版权的基础上，迪士尼在电影与乐园产业方面着力改编，试图完善漫威宇宙剧情。2019 年迪士尼针对部分英雄 IP 进行重启，推出了"复仇者联盟"主题乐园，为迪士尼带来了巨大的客流量。由于新冠疫情的影响，2020 年北美科幻主题乐园市场营业额大幅缩水，实体乐园与体验馆在半年之内基本呈关闭状态，仅环球影城开启"爱宠大机密""侏罗纪乐园"两个场馆。但大型娱乐集团转向线上销售旗下的 IP 周边产品，一些主题乐园推出"通车便游"的政策，使顾客无须下车便能在景区内游览。在各大娱乐集团的努力下，主题乐园产业的营业额与客流量恢复到 2019 年的50% 左右，[3] 这种趋势呈现出主题乐园市场的利好消息。

综合来看，2015 年至 2020 年间，北美科幻主题乐园市场形成以 IP 开发为核心的成熟产业发展机制。北美科幻主题乐园市场从分散化走向聚集模式，源于迪士尼与环球影城等大型娱乐集团对科幻 IP 的自行开发与购买其他科幻 IP 的版权等方式，乐园根据 IP 进行影视化与实体化改编，进而投放到科幻主题乐园市场，形成 IP 虚拟形象与现实的深度融合。该开发模式的形成有利于科

[1] 美国主题娱乐协会（TEA）、ACOM 经济资讯团队：《2019 年全球主题公园和博物馆报告》，https://aecom.com/theme-index/，访问日期：2021 年 11 月 5 日。
[2] 同上。
[3] 同上。

幻 IP 的资源整合与投资建设。在过去的几年中,各大科幻 IP,如漫威蜘蛛侠系列、绿巨人浩克系列等科幻 IP 版权分散于哥伦比亚、20 世纪福克斯等娱乐影视公司手中,在影视制作、线下乐园投放、人物交互联动方面存在着诸多版权问题,不利于 IP 内容的整合与再开发。而在迪士尼、环球影城等对众多 IP 进行购买后,可以借助 IP 版权持有的优势,建立起如漫威宇宙等世界观的开发模式,对 IP 资源进行充分利用。

## 二、欧洲地区

与北美相比,欧洲虽然有着丰富的科幻历史与深厚的文学资源,但科幻主题乐园产业并未如同北美市场一样,不具有完整、成熟的科幻产业链,而是呈现出以下特点:科幻主题乐园产业呈现出本土化、分散化的模式。由于欧洲具有深厚的文化艺术历史与对现实批判的传统,致使欧洲自身的休闲产业投资规模较小,科幻主题乐园市场发展并不充分,旅游模式多集中于博物馆、艺术馆的参观等。据统计,2015 年全球主题乐园客流量前十排名中,只有英国默林娱乐集团一家龙头企业,[1] 其项目内容主要发展历史文物保护、旅游休闲等,如伦敦眼、伦敦地牢、杜莎夫人蜡像馆等,并不具备明显的科幻性。与北美市场相比,欧洲市场缺少聚集型的科幻娱乐产业,虽然有着丰富的科幻文化,但并不热衷于开发科幻 IP 资源。

相反的是,欧洲科幻乐园产业呈现出本土化、分散化模式,虽然北美头部科幻主题乐园在欧洲进行布局,但与北美市场相比,其客流量与营业额都显得业绩平平,这与欧洲对北美大众娱乐文化的警惕相关。2015 年 TEA 统计数据显示,欧洲市场客流量排名前二十的主题乐园中,巴黎迪士尼与沃特迪士尼乐园虽然占据了第一和第五的位置,[2] 但也是欧洲市场仅有的两座美国投资的主题乐园。除此之外,占据前二十榜单的基本都是以本土化形式发展为主的科

[1] 美国主题娱乐协会(TEA)、ACOM 经济资讯团队:《2015 年全球主题公园和博物馆报告》,https://aecom.com/theme-index/,访问日期:2021 年 10 月 31 日。
[2] 同上。

幻主题乐园，包括丹麦比隆乐高乐园，英国索普乐园，法国未来世界动感乐园。比隆乐高乐园结合北欧的海洋文化，推出了海洋探险等项目，为游客提供了丰富的维京式冒险。英国索普乐园开发了以"行尸走肉"与"愤怒的小鸟"为主题的科幻园区，算是欧洲除迪士尼之外与美国大型 IP 合作的乐园之一。法国未来世界动感乐园是法国第二大主题乐园，以科技探索、星际探险、生命进化、未来模拟、法国艺术展览等为主题，形成科幻主题乐园与博物馆、科技馆、艺术馆相结合的发展模式。

2016 年欧洲科幻主题乐园市场有着小规模的增幅，主要在于营业模式的成熟化以及新 IP 内容的开发。法国未来世界动感乐园较去年游客量相比上涨5%，在于引进了数字开发、虚拟现实（VR）、增强现实（AR）等技术，完善其营业模式。[1] 西班牙冒险港在 2016 年开发了"法拉利世界"项目，[2] 以欧洲著名跑车法拉利的发展历史为 IP 内容，通过赛车模拟平台等娱乐项目，为游客进行汽车行业的讲解以及对汽车未来发展的预测。

2017 年，由于英国脱欧公投、经济低迷以及极端天气等一系列原因，欧洲科幻主题乐园产业整体发展缓慢，有小幅度上升，小型主题乐园由于价格亲民、位置较近，成为欧洲游客的首选。值得一提的是，法国南特机械岛可被视为地方型科幻主题乐园的经典实例。该项目建于儒勒·凡尔纳的故乡南特，设计师依托凡尔纳小说中的故事情节，与当地工业发展历史相结合，形成以蒸汽朋克为主题的乐园，[3] 其鲜明的法国本土科幻特征与金属系的设计风格为南特吸引着来自世界各地的科幻爱好者。

2018 年法国未来世界动感乐园提出，在原有的乐园项目基础上再开发21种全新儿童乐园，进一步发展儿童市场。

2019 年，西班牙冒险港"法拉利世界"继续保持着增长态势，吸引超过375 万人次游客。[4]

［1］ 美国主题娱乐协会（TEA）、ACOM 经济资讯团队：《2016 年全球主题公园和博物馆报告》，https://aecom.com/theme-index/，访问日期：2021 年 11 月 3 日。

［2］ 同上。

［3］ 蓝裕文化：《科幻电影元年，去科幻乐园鼻祖看看—主题乐园规划设计》，蓝裕文化网 2019 年 2 月 13 日，访问日期：2021 年 10 月 31 日。

［4］ 美国主题娱乐协会（TEA）、ACOM 经济资讯团队：《2019 年全球主题乐园和博物馆报告》，https://aecom.com/theme-index/，访问日期：2021 年 11 月 5 日。

由于新冠疫情的影响，2020 年欧洲科幻主题乐园基本处于关闭状态，巴黎迪士尼乐园仅开启了"纽约旅馆—漫威艺术"以及"少年梦工厂"两个科幻项目。值得一提的是，法国未来世界动感乐园是本年度欧洲为数不多的营业的科幻主题乐园之一，全年共开启了 168 天。乐园将执行"想象 2025"计划，新增两家酒店，一座水上乐园，一场夜间秀等，[1] 显示出该乐园对本土化科幻乐园产业的支持力度。

综观来看，欧洲科幻主题乐园呈现出与北美市场相反的发展趋势，科幻 IP 开发程度不高，集中于本土科幻 IP 资源的开发，形成多种主题的中小型科幻乐园。但这样的模式有利于降低投资成本，促使 IP 内容多元化，与本土特色结合在一起，有利于本土文化的开发与保护。

## 三、亚太地区

由于亚洲经济的稳步发展，特别是中国在过去几十年内经济的快速腾飞，全球主题乐园分布呈现出东移的趋势。据 TEA 统计显示，2015 年亚太地区的游客人次已占据全球主题乐园景点数量的 42%，其中以中国和日本市场为发展主力。韩国科幻产业以漫画、影视、文学为主，缺少相应的主题乐园。因此，本章集中探讨日本与中国的科幻主题乐园产业。日本市场有着成熟的科幻 IP 转化机制，内生性原创力充足。中国市场在政府政策的大力引导下，显示出发展迅速等特点。

### 1. 日本科幻主题乐园发展现状

与欧洲市场对北美大型科幻主题乐园的相对抵制不同，日本市场采取了全面接受的态度，这源于美日两国之间频繁的经济贸易与文化交流。日本科幻产业在借鉴美国模式的基础上，发展成以 A（动画）、C（漫画）、G（游戏）、N（小说）、T（玩具）五位一体的 IP 转化形式，[2] 其科幻主题乐园发展呈现出以下特点：

---

[1] 美国主题娱乐协会（TEA）、ACOM 经济资讯团队：《2020 年全球主题乐园和博物馆报告》，https://aecom.com/theme-index/，访问日期：2021 年 11 月 5 日。

[2] 刘健：《日本科幻机甲动漫的文化主题探源》，《吉林艺术学院学报》2017 年第 4 期，第 64-70 页。

（1）引进大型外资科幻主题乐园

日本市场采取对大型优质 IP 与科幻主题乐园积极引进的态度，是亚洲最早引进北美大型乐园的国家。目前日本市场所引进的科幻主题乐园共有两座，分别为东京迪士尼与大阪环球影城。值得注意的是，环球影城的影响程度在日本超越了迪士尼，成为日本最具发展潜力的科幻主题乐园。

据 TEA 统计，2015 年大阪环球影城客流量较上一年度增长 18%，其原因在于日本引入亚洲第一个"哈利·波特"景区项目，为游客带来了魔法与科技相结合的奇幻体验。[1] 2016 年哈利·波特景区的影响力持续升温，大阪环球影城吸引了超 1 400 万游客前往参观，[2] 2017 年客流量则超过 1 500 万人次，[3] 原因在于亚洲市场尤其是中国游客的数量激增，为日本科幻主题乐园市场带来了可观的客流量。2019 年，大阪环球影城推出了"名侦探柯南""鲁邦三世""美少女战士""新世纪福音战士""哥斯拉：进击的泰坦"五个科幻游乐项目，[4] 形成本土人气科幻动漫与外资主题乐园相结合的发展模式。由于新冠疫情的影响，东京迪士尼乐园于 2020 年 2 月开始关闭，7 月才开始开放，致使客流量下跌 80%。与迪士尼相同，日本大阪环球影城于 6 月初重新开放，2020 年客流量下跌 66%。[5] 值得注意的是，2021 年环球影城与任天堂公司共同开发的"超级任天堂世界"项目将于 3 月开启，将推出真实还原的《超级马里奥》游戏场景，成为日本科幻主题乐园的一大亮点。

（2）内生性科幻创意充足，以 ACGNT 为核心带动科幻主题乐园发展

和北美市场一样，日本市场具有完善的创意生产机制以及 IP 转化机制，其 IP 的创意产生不局限于小说、剧本的编写，而是覆盖在全产业链之中。动漫、漫画、游戏、小说、玩具是 IP 生产核心，其中任何一个部分都可以作为创意内容进行改编、扩充、发行。日本本土科幻主题乐园以上述五种模式为基础，

---

[1] 美国主题娱乐协会（TEA）、ACOM 经济资讯团队：《2015 年全球主题公园和博物馆报告》，https://aecom.com/theme-index/，访问日期，2021 年 10 月 31 日。

[2] 同上。

[3] 同上。

[4] 同上。

[5] 同上。

以知名 IP 进行内容扩展，形成了多元主题的乐园发展模式。

以日本知名科学侦探动漫《名侦探柯南》为主题的柯南博物馆位于作者青山冈昌的故乡鸟取县，创意设计者们通过对《名侦探柯南》中的侦探谜题进行场景布控，还原剧中的办案场景，形成以动漫主题为主的沉浸式场景的旅游发展模式，以及具有当地文化与日本国民动漫相结合的形式。与柯南博物馆相同，藤子·F.不二雄博物馆采取了 IP 与当地文旅结合的模式。该博物馆坐落于藤子·F.不二雄的居住地神奈川县川崎市，以日本超人气科幻动漫《哆啦 A 梦》等内容为依托，通过还原哆啦 A 梦剧中游戏、冒险等场景，形成了以东京都市圈为主的科幻文化消费市场。

奥特曼与假面骑士等特摄真人电视剧则开创了科幻主题乐园运营的新模式。在构建大型科幻主题乐园时需要的人力、场地等成本过高，而奥特曼、假面骑士在宣传过程中则采取了软包装、轻人力资本的方式，以见面会形式吸引着粉丝与爱好者，地点由固定的主题乐园转变成商场、露天广场、天台等非固定场所，以巡回式演出取代了旧有科幻主题乐园所遵从的固定场所的经营模式，满足了以观众为导向的粉丝经济，节省了时间与空间成本，同时也达到了良好的宣传效果。

日本东京池袋东京集英社漫画世界主题乐园采取了以动漫期刊为依托的科幻乐园发展模式。该乐园以日本知名动漫公司集英社下的周刊少年 JUMP 所绘制漫画为内容，通过对期刊中的人气作品进行开发，打造动漫超人气偶像科幻主题乐园。该乐园目前常设三个科幻主题项目，分别为《航海王》《火影忍者》《七龙珠》。

综上所述，与北美市场和欧洲市场相比，日本科幻主题乐园市场可以视为二者的融合，具有大型娱乐资本引领、中小型科幻主题乐园多元化共同发展的特点。对外大力引进头部科幻乐园，对内加强内生性科幻创意能力的发展，是日本科幻主题乐园产业能够保持快速发展的主要原因。

## 2. 国内科幻主题乐园发展现状

自 2015 年始，中国经济从高耗能、高排放的制造业转向信息化、休闲化的第三产业，经济发展进入了新常态。因此，娱乐产业占据国内经济的比重将逐年攀升。在此期间，中国科幻主题乐园发展模式呈现出以下特点：

（1）大型外资娱乐 IP 入驻型的科幻主题乐园带动产业发展

2015 年起，中国主题乐园迎来了中外合资的热潮，其中以迪士尼乐园落户上海为主要标志，成为中国内地首个国内外合资建设的大型主题乐园。TEA 将此次项目的落户与开设视为全球主题乐园行业走向新发展阶段的分水岭。由于亚洲近年来中产阶层的崛起，消费水平逐年攀升，对主题乐园未来市场有着利好作用，而这也标志着全球主题乐园东移的趋势。目前，中国内地共有迪士尼乐园与北京环球度假区两座合资大型主题乐园项目，除政府主导投资的科幻主题乐园外，迪士尼与环球度假区为中国内地最具竞争力的主题乐园。自 2015 年建园起，上海迪士尼的客流量就呈现出增长迅猛的态势。上海迪士尼 2017 年全年达到 1 100 万人次，[1] 到 2019 年超过 1 121 万人次。[2] 北京环球度假区在 2020 年开业，预计年接待游客超过 3 000 万人次，能够为主题乐园直接带来约 200 亿~300 亿元年营业额的收益。

上海迪士尼主题乐园共有 6 大项目，其中以科幻为主题的明日世界项目共分为 5 个模块，分别为"创：极速光轮""创界：雪佛兰数字挑战""巴斯光年星际营救""喷气背包飞行器""太空幸会史迪奇"。"奇想花园"项目包括漫威英雄总部这一科幻模块。其中，极速光轮构造了以电影《创战纪》为基础的赛博世界；巴斯光年、史迪奇通过对《玩具总动员》《星际宝贝》的改编，创造了科幻的玩具世界；漫威英雄为游客提供了真人版鲜活的动漫英雄形象。

北京环球度假区是继迪士尼之后又一落户中国的合资主题乐园之一。一期工程共包括 7 个科幻项目，分别为"变形金刚基地""好莱坞""未来水世界""小黄人乐园""侏罗纪世界奴布拉岛""哈利·波特的魔法世界""功夫熊猫盖世之地"。7 个项目在消费者群体中布局广远，通过 IP 内容的输出，最终形成科幻文本内容的实体化，从而打造完整的产业链。其中，变形金刚为游客塑造了赛博坦星球的赛博机器人形象；侏罗纪乐园则是将科普与科幻融合，让游客身临其境，了解恐龙时代的奥秘；哈利·波特让游客沉浸在魔法世界；好

---

[1]　美国主题娱乐协会（TEA）、ACOM 经济资讯团队：《2017 年全球主题公园和博物馆报告》，https://aecom.com/theme-index/，访问日期：2021 年 11 月 5 日。

[2]　同上。

莱坞、未来水世界为游客带来了惊险刺激的科幻探险之旅；小黄人则把游客带入未来科技畅享的动漫世界。

默林集团继迪士尼与环球影城之后，在中国进行了多方投资，其打造的四川乐高乐园度假区将在 2023 年开业。默林集团的另一国内投资项目则放在了深圳。深圳乐高乐园作为到目前为止全球最大的乐高乐园，包括 9 大主题区、超过 100 个互动游乐设施、表演和景点，与 DC、漫威等大型科幻 IP 联合开发相关周边。

综上来看，将迪士尼、环球影城、乐高乐园等大型娱乐资本引入国内科幻主题乐园市场，是目前中国科幻主题乐园发展的主要形式，这种以政府合作、外资入驻的形式会成为未来中国科幻主题乐园的主要发展模式之一。

（2）国家政策引导型的科幻乐园占据主导地位

国家政策引领是中国科幻主题乐园产业发展的另一个主要模式之一。随着国家科技政策与文化政策的发展，科幻主题乐园发展与相关政策结合，形成了政策导向的发展模式。

四川省科学技术协会在 2011 年发布的《中国科幻产业发展研究报告》中提出，要在成都打造"中国科幻城"。2017 年四川省科学技术协会与成都空港新区管委会签署《"中国科幻城"战略合作协议》，该项目正式落地，预计在成都天府国际空港新城投资 120 亿元，年客流量达到 1 200 万人次。

国务院在 2021 年出台的《全民科学素质行动规划纲要（2021—2035 年）》中的重点工程中指出，要实施繁荣科普创作资助计划与科幻产业发展扶持计划，"大力开发动漫、短视频、游戏等多种形式科普作品。扶持科普创作人才成长，培养科普创作领军人物。""搭建高水平科幻创作交流平台和产品开发共享平台，建立科幻电影科学顾问库，为科幻电影提供专业咨询、技术支持等服务。推进科技传播与影视融合，加强科幻影视创作。组建全国科幻科普电影放映联盟。鼓励有条件的地方设立科幻产业发展基金，打造科幻产业集聚区和科幻主题乐园等。"[1] 在国家政策的引导下，各级政府单位依据自身发展能力，出台相

---

[1] 国务院：《全民科学素质行动规划纲要（2021—2035 年）》，http://www.gov.cn/zhengce/content/2021-06/25/content_5620813.htm，访问日期：2021 年 11 月 5 日。

应的发展政策。北京市石景山区出台了《石景山区关于加快科幻产业发展暂行办法》（以下简称《办法》），为产业、企业发展提供千万级产业发展专项资金。《办法》提出"支持关键技术研发与应用""支持科幻原创作品创作与转化""支持科幻产业聚集发展"[1]等多条鼓励政策。在此基础上，石景山政府将首钢工业园区打造成集聚性科幻产业园区与科幻主题乐园，成为继中国科幻城之后的第二个聚集性科幻主题乐园园区，为中国科幻产业集群发展进行了有效探索。

（3）以科学技术为导向的科普科幻特色小镇成为新兴发展趋势

科普项目与科幻产业的结合是中国科幻主题乐园发展的新趋势。以往的科普教育集中于讲座、报告等形式，随着科幻产业的发展与旅游业的开发，形成科普、科幻、旅游三种产业形势相融合的态势。以贵州平塘县克度镇 FAST 天文小镇为例，2016 年贵州平塘县通过对 FAST 天文项目与平塘县旅游产业进行考察与规划，提出开发"文化＋旅游＋天文""文化＋旅游＋地质""文化＋旅游＋桥梁"等相关旅游景点，具体包括瞭望台、天文体验馆、南仁东先进事迹馆、九号宇宙航天馆、天幕商业街、球幕飞行影院、桃源洞静生活体验区、光影馆等项目，开发出科普介绍、科幻旅行、VR/AR 体验等游戏项目。据统计，天文科普研学日接待能力达 3 万人次以上。天文科普研学年均接待访客和收入占全县旅游总量的 80% 以上，显示出能够带动地方经济发展巨大的潜力。

2020 年投产的贵州清镇侏罗纪恐龙文化科普特色小镇也极具代表性。该小镇以恐龙世界为主题，通过科普＋旅游的模式，为游客讲解贵州恐龙的历史。其总投资达到 9.8 亿元，预计年均接待游客 45 万人次，日均接待游客约 1 250 人次。

随着国家科技政策与文化政策的出台与发展，科普与科幻相结合的旅游小镇正在成为各地方争相投资建设与开发的文旅综合体，未来将会是地方性科幻主题乐园的主要发展模式之一。

---

[1] 北京市石景山区人民政府：《石景山区关于加快科幻产业发展暂行办法》，http://www.bjsjs.gov.cn/gongkai/zwgkpd/jcygk_1939/202012/t20201223_35639_sjs.shtml，访问日期：2021 年 11 月 5 日。

（4）中小微型科幻主题乐园的繁荣

由于刘慈欣《三体》的出版浪潮，以科幻 IP 为主题的地产项目受到各地政府、企业的青睐。各地政府进行招商引资，通过科幻主题乐园的开发，达到经济增长与文化传播的双重效应。

冷湖火星营地是小微型科幻主题乐园的代表，由原冷湖行政委员会与北京行知探索文化发展集团共同开发，是国内首个火星模拟基地及火星研学旅行实践基地，总投资 4 亿元，包括以火星为主题的科普教育、STEM 教学、行星观测等项目。2018 年，当地政府与相关公司结合冷湖的自然地理与人文发展历史，设立冷湖科幻文学奖，至今已运行了四届，为中国科幻文学提供了大量的优质作品，形成科幻文学与文旅发展的交互效应。

由于项目投资较大，资金回流时间较长，官方与企业对于中型科幻主题乐园一直保持谨慎态度，其本身也长期处于低速发展的状态。但近几年科幻产业发展速度与日俱增，显示出科幻产业强大的文化传播能力与拉动经济增长的能力，各地政府与企业开始打造具有地方性特色的科幻主题乐园，以地方神话、传说等为 IP 进行开发，以科幻想象赋型，形成了具有鲜明本土特色的科幻主题乐园。

日照市人民政府与岭南集团合作开发，计划于 2020 年推出山东日照科幻谷项目，由于新冠疫情的影响，项目开放时间待定。该项目位于日照，总投资 26 亿元，是以日照本土文化为依托，以科技发展、科幻想象为主题，以动漫影视产业为核心的大型文旅综合体。该项目建有全球最大的飞翔影院，包括日照传奇、梦幻星球、星际之海等主题场馆。

贵阳东方科幻谷是贵州具有代表性的科幻主题乐园，以贵州山区文化为基础，展现贵州独特的地质特点，通过 VR、AR 等技术展现贵州民俗特色、贵州地貌以及贵州科技发展状况。科幻谷由 15 个场馆组成，共包括 7 个科幻影视与游戏项目，分别为"科幻大剧院""趣游太阳系""星座主题游艺馆""UFO 博物馆""拯救东方之神—虚拟骑乘""飞越贵州""世界第一高变形金刚机器人"。

由于文化市场平稳发展，金融体系更加完善，中小微型科幻主题乐园将会在未来进入平稳运行、繁荣发展的趋势。

（5）科幻影视产业园转向主题乐园

以科幻影视拍摄、发行为主要功能的电影拍摄地正在转变其功能，试图将科幻人才培养、科幻电影拍摄以及科幻文化旅游进行融合，形成科幻电影小镇的发展模式。南京江宁蓝星球科幻谷以蓝星球科幻电影周为依托，通过打造未来科技感的摄制场景，将科幻人才培养与文旅相结合。截至目前，科幻谷吸引了一批知名企业入驻，如 Discovery[1]、数字王国、知乎等。科幻悬疑电影《749局》也在科幻谷开启了拍摄进程，并最终完成拍摄。

正在投资建设的海南陵水科幻影视乐园以服务中国科幻影视产业为宗旨，通过影视拍摄带动海南科幻影视娱乐与旅游业的发展。

科幻影视产业园目前正经历着转型与升级，未来将会形成以影视基地为依托，构建以影视拍摄为主，与游客互动式的旅游型发展模式。

# 第二节  各国主题乐园发展问题

## 一、北美科幻主题乐园的发展问题

### 1. 向大型资本集中，中小微型科幻主题乐园发展受限

综合来看，北美科幻主题乐园市场主要由美国大型娱乐资本所引领。就全球范围来说，美国的大型娱乐资本也占据了市场的主导地位。这种不断扩张的趋势使北美科幻主题乐园市场逐渐向大型资本集中，科幻 IP、版权、创意人群等由原先的分散形式走向由大型娱乐资本所统领的形式。这样的发展趋势虽然在一定程度上能够避免版权划分不清晰、需支付高昂的 IP 改编费用、创意者间缺乏有效协作等问题，但也出现了市场垄断的问题。由于迪士尼、环球影城等大型娱乐资本具有充足的经济财力与文化创意能力，致使中小型科幻主题乐园出现客流量减少、创意人才流失等现象，正在逐渐挤压中小型科幻主题乐园的生存空间。

---

[1]  Discovery，美国一档探索节目。

### 2. 本土市场消费潜力降低，科幻主题乐园消费中心往亚太地区转移

由于经济下滑、原创力不足等原因，北美科幻主题乐园市场出现客流量降低、营业额缩减等状况。亚太地区，尤其是以中国为主的科幻主题乐园市场正日渐庞大，强大的消费能力使得科幻主题乐园的市场东移，形成"东增西减"的局面。因此，未来科幻主题乐园的中心将被亚太地区取代。

### 3. 科幻创意较为陈旧，无法为科幻主题乐园提供创意支撑

以迪士尼、环球影城为主的科幻 IP 虽然在长期内处于市场的头部，起着引领科幻主题乐园发展的作用，但就 IP 内容来说较为陈旧，以超级英雄、星际战争、人工智能等为主，并没有较为新颖的科幻创意。因此，在为主题乐园赋能时，造成了内容同质化、游客审美疲倦、顾客流失等问题。

## 二、欧洲科幻主题乐园的发展问题

### 1. 科幻消费意愿不高，市场狭窄

欧洲多元的文化传统造就了科幻主题乐园市场的多样性，但就其消费市场统计来看，欧洲具有除主题乐园形式以外的多种休闲娱乐模式，消费者对科幻主题乐园的消费意愿不高，大部分消费集中于博物馆、美术馆等。加之政府对本国文化保护政策力度较大，对美国大众文化进入欧洲出台了限制措施，致使欧洲消费者对外来的大型主题乐园接受意愿不高，科幻消费市场狭窄。

### 2. 内生性科幻 IP 原创力不足，主要集中在对旧有科幻文学的改编上

欧洲作为科幻文学的发源地之一，有着深厚的科幻文化与历史，为世界输送着优秀的科幻著作。但值得注意的是，与美国相比，欧洲现有的科幻 IP 原创能力不足，并没有新颖的科幻内容，其科幻主题乐园所依靠的 IP 基本都是在旧有科幻文学的基础上进行改编，可以说是"面向过去的科幻发展"，致使欧洲科幻主题乐园缺少未来感。

## 三、亚太科幻主题乐园的发展问题

### 1. 日本

（1）过度依赖外来资本

日本对于大型娱乐资本的引进采取开放态度，但在该模式的发展过程中，由于采取对股权出售、管理权让渡等方式，使得日本方面对外来大型娱乐资本无法进行有效管理，如2017年大阪政府将大阪环球影城剩余股份全部出售给NBC环球集团，大阪环球影城自此成为集团的全资子公司。这种权利全面让渡的管理模式让日本官方对主题乐园产业失去了一定的管理权，从而可能引起外来大型娱乐资本在日本国内的垄断性竞争。

（2）过于注重经济发展，缺少相关规制政策

市场原则是日本科幻产业的一大特点，但在发展过程中，出现了以市场利益为主要目的的发展方式，日本科幻主题乐园产业也不可避免地留有该弊端。由于对科幻创作题材的限制极低，出现了血腥、暴力、色情等科幻主题乐园，看似是发展的多元化，实则对青少年甚至成年人的审美与身体有着巨大影响。另一方面，过多科幻主题乐园的出现使得消费者沉溺于虚拟世界中。而日本政府对这些现象并没有出台相应的限制政策，做出及时的治理，在一定程度上形成了难以消除的文化症结。

### 2. 中国

（1）科幻消费市场潜力巨大，但产业链发展不完善

随着中国经济的增长与科技的进步，国家出台配套的相关政策，中国科幻产业发展迎来了繁荣时期，人们对科幻消费的意愿逐年增高。但与此同时，科幻产业供给侧的措施并没有到位，缺少相关的科幻主题乐园等娱乐设施，无法充分满足消费者对科幻消费的需求。

（2）缺少头部科幻主题乐园产业

与北美市场情况相反，中国内地缺少头部科幻主题乐园。以迪士尼、环球影城为主，具有巨大创收能力的合资型头部科幻主题乐园分别在2015年、2020年引入国内，至今，引入时间最长也才七八年。而国内集聚型科幻产业园区也仅有北京首钢科幻产业集聚区与中国科幻城，除首钢园外，具有头部独角兽性

质的科幻主题乐园并没有发展起来，难以带动相关产业链的建构与发展。

（3）以"文旅 + 地产"模式为主，短期内难以改变行业模式现状

对于目前的中小微型科幻主题乐园来说，"文旅 + 地产"是其主要发展模式。由于主题乐园项目投资较大，企业需要资金链的持续注入以保持运作，因此有的时候反而以开发科幻主题乐园相关的地产项目为主要目的，难免会造成主题乐园内容不精、服务不到位、乐园建设不成熟等问题，这也是今后中小微科幻主题乐园发展过程中需要解决的重要问题。

# 第三节　中国科幻主题乐园发展建议

目前，由于中国经济、政策独特的发展情况，中国科幻主题乐园产业还处于探索阶段，其发展模式不完善、上游创意机制不充足、产业链发展仍处于初级阶段都是存在的问题。在这些问题的基础上，通过对各国科幻主题乐园的发展模式进行分析，希望提出有利于中国科幻主题乐园的发展规划。

通过对北美科幻主题乐园的发展模式进行综合分析，发现北美模式主要由大型娱乐资本所掌控，形成了垄断效应。欧洲科幻主题乐园显示出多元化的发展现状，但其发展规模较小，无法推动科幻主题乐园产业的快速发展。日本科幻主题乐园缺少对外资企业的管理权和对本国科幻主题乐园内容及产业发展的政策规划。综观中国科幻主题乐园现状，缺少头部引领者是主要问题，因此应先集中发展头部科幻主题乐园。但在头部乐园产业到达一定规模之后，必将引起对中小微型科幻主题乐园的兼并以及对市场的垄断。因此，在发展过程中，需要政府及时对乐园发展进行规制，出台相应的反垄断政策，维护科幻主题乐园市场公平竞争的原则，同时也需要加强科幻 IP 内容的审查与管理。应加强国外头部科幻 IP 与主题乐园的引进，继续扩展合资科幻主题乐园市场，以形成具有发展潜力的头部产业，带动科幻主题乐园产业链的发展。加快相关科幻装备产业发展，降低购买成本。主题乐园方面应完善配套设施，对游戏内容、设计概念进行创新，摆脱陈旧的乐园经营模式。对于国内原创性不足的问题，应借鉴如今美国、日本等对科幻创意扶持的激励机制，加强国内内生性科幻 IP

原创能力，破除以"文旅＋地产"的营业模式，坚持以优质内容为主，形成独立自主、符合中国文化发展的科幻主题乐园。

各国科幻主题乐园在 2020 年经历了曲折发展，客流量、收入、投资等方面的发展都大幅度缩减。同时，各国科幻主题乐园也推出各种措施，如美国采取"园内驾车"的旅游模式，欧洲加大对科幻主题乐园的投资力度，日本、中国采取消费券发放模式，从而刺激科幻主题乐园消费，试图恢复主题乐园经济。中国科幻主题乐园产业可以在借鉴各国产业发展模式的基础上，对科幻主题乐园进行安全管控，并加大对未来园区建设、设施规划的投资，积极开发线上科幻消费。同时应该注重国内市场循环，发放消费券或对某些项目实行减免措施，进一步刺激消费市场。在此基础上，为未来科幻主题乐园产业东移与中国科幻主题乐园产业进一步发展做好充分准备。

**作者简介**

王嘉诚，山东师范大学文学院文学与文化产业管理博士研究生，主要研究方向为文化产业与科幻产业。

# 第六章

# 国内外科幻会展发展现状初探

赵文杰　李思雪

本章从会展经济的角度对国内外科幻会展发展情况进行了初步研究。具体而言，首先从会展业和会展经济的基础概念入手，厘清科幻会展业和科幻会展经济这两个新概念的定义，并以丰富的案例介绍海外科幻会展的发展情况和特征。通过梳理国内科幻会展的发展历史，笔者发现综尽管国内发展历史较短，但却展示出强大的经济和社会带动效应。笔者继而采用 SWOT 方法对比国外科幻会展发展情况，提出针对国内科幻会展未来发展的建议，包括：①借鉴欧美先进模式，同时保留独特的文化特色；②拥抱全球科幻文化，同时打响民族的科幻品牌；③推进产业化进程，激发民间交往的活力；④构建想象力话语，促进良性的文化传播。

# 第一节　引　言

从"科幻"这个在人类文化中富有探索精神和独特魅力的专有名词正式诞生起，科幻事业的成长始终离不开科幻会展的身影。作为科幻产业的重要组成部分，科幻会展很大程度上带动了科幻事业的快速发展。纵观科幻的发展历史，无数的科幻名家和科幻团体通过科幻会展而大放异彩，从而迎来了一个又一个辉煌璀璨的黄金时代。特别是进入 21 世纪后，随着社会经济和科学技术的发展，科幻会展逐渐成为国内外一个充满活力和备受关注的新兴产业，并以其强有力的带动效应和辐射效应逐渐成为科幻产业的支柱型组成部分，市场容量巨大。

比如作为全球数字娱乐领域最具知名度与影响力的年度盛会中国国际数码互动娱乐展览会（ChinaJoy），[1] 2021 年（第十七届）首度增设"科幻主题展（Sci-Fi CON）"，作为本届会展上的突破性亮点，期间举办了科幻主题展示、VR 互动体验、签售、角色扮演（Cosplay）表演、周边衍生品售卖、科幻亲子活动等一系列科幻主题活动。[2] 目前，得益于"万物皆可链接"的特殊属性，科幻正作为一个重要元素开始在会展产业中展现出其强大的发展潜能。由前瞻产业研究院发布的《2021 年中国会展行业市场现状及发展趋势分析》[3] 与中国国际贸易促进委员会发布的《中国展览经济发展报告 2020》[4] 均提出，疫情促使展览业数字化转型趋势愈加明显，AR、VR、机器仿生学习、人工智能等众多炫酷科技科幻媒介将在未来展览业数字化转型中发挥更大的作用。

尽管科幻会展的存在已有相当长的历史，但对其进行专项研究尚处于空白阶段，科幻会展和科幻会展经济对社会来说仍是两个全新的概念，目前国际上鲜少对"科幻会展""科幻会展业""科幻会展经济"进行专门的定义和分析。

在进入具体的"科幻会展"概括分析之前，首先需要厘清一下"会展业"和"会展经济"的基础概念。会展产业早在 19 世纪的欧洲就开始形成并发展壮大，[5] 是"通过举办各种形式的会议和展览展销，带来直接或间接经济效

---

［1］ 佚名：《中国国际数码互动娱乐展览会介绍》，中国国际数码互动娱乐展览会网 2021 年 11 月 3 日，访问日期：2021 年 11 月 3 日。

［2］ 佚名：《打造一场科幻嘉年华！2021ChinaJoy 同期增设"Sci-Fi CON 科幻主题展"》，中国国际数码互动娱乐展览会网 2021 年 3 月 24 日，访问日期：2021 年 11 月 3 日。

［3］ 陈丽荣：《2021 年中国会展行业市场现状及发展趋势分析 未来展览业数字化转型趋势愈加明显》，前瞻网 2021 年 9 月 29 日，访问日期：2021 年 11 月 3 日。

［4］ 江苏贸促：《中国贸促会发布〈中国展览经济发展报告（2020）〉》，微信公众平台 2021 年 9 月 7 日，访问日期：2021 年 11 月 3 日。

［5］ 张学高，扶涛：《我国会展产业的发展及带动效应分析》，《现代商业》2009 年第 9 期，第 23 页。

益和社会效益的一种经济现象和经济行为"，[1]除了从经济影响和社会影响层面理解"会展业"之外，本章还想强调"会展"的另外一个特性，即"集聚性的活动（event）"，[2]并由此生发的独特文化体验和社群建立。因此，本章对"会展（Convention/Conference）"的界定为：通过举办各种形式的会面、展览和商业活动，带来直接或间接经济效益、社会效益和文化效应，最终形成特定社群建构的集聚性活动。"会展经济"则是由会展业延伸出来的经济现象，其定义有广义和狭义之分。狭义的会展经济即为会议和展览活动所产生的经济收益总和；而广义的会展经济概念则指会议和展览及其周边配套活动和业务对当地和全球所产生的经济影响。[3]由于会展的举办离不开当地完善的基础设施和旅游业发展，因此"会展经济"是第三产业发展日益成熟后出现的一个综合性更强、关联性更大、收益率更高的经济形态，可被视作该地区第三产业成熟化和完善化的标志。[4]

在此基础上，作为会展业范畴之内的潜在重要新兴分支，"科幻会展"从广义的角度来界定即"科幻活动"，包括科幻公司会议、科幻创作采风、科幻展览会、科幻协会和社会团体会议、科幻节事活动等，范围非常广泛；从狭义的角度来界定："科幻会展"即"科幻会议和科幻展览"，同时二者又融为一体，不能断然分开。本章在撰写中使用狭义定义，即"科幻会议、科幻展览"。在此基础上，狭义的"科幻会展业"界定为"科幻会议业和科幻展览业的总称，是指围绕科幻会议、展览的组办，会展的组织者、展览场馆的拥有者、展览设计搭建单位开展的一系列经济活动"；"科幻会展经济"则界定为"以科幻会议与科幻展览活动所产生的经济现象的总和"。[5]

---

[1]　过聚荣：《会展导论》，上海交通大学出版社，2006，第13页。

[2]　王新刚：《中国会展经济研究》，吉林大学博士学位论文，2004，第13页。

[3]　许忠伟，严泽美：《会展业对地区经济影响的研究述评》，《旅游论坛》2016年第6期，第1-9页。

[4]　保健云，徐梅：《会展经济：一种蕴藏无限商机的新型经济》，西南财经大学出版社，2000。

[5]　许忠伟，严泽美：《会展业对地区经济影响的研究述评》，《旅游论坛》2016年第9卷第6期。

# 第二节　国外科幻会展发展现状

## 一、国外科幻会展发展概述

历史上最早的一批科幻会展举办于 20 世纪 30 年代后半期。随着 20 世纪 20 年代后半期，"科幻"一词被雨果·根斯巴克为代表的科幻文学先驱们界定为一个文学类型开始，20 世纪 20—30 年代兴办的一系列以发表科幻 / 幻想小说为主的"低俗杂志"，开始建立其固定的受众基础。读者们在杂志上发表他们对小说内容的评论，并附上自己的邮寄地址，从而鼓励了同好之间的通信往来。1929 年，纽约市的第一个科幻俱乐部 Scienceers 成立，[1] 反映了科幻爱好者对集会、交流和分享的渴望和热忱。1936 年 10 月，世界上可考据的第一个现代科幻会展在美国费城召开，[2] 几个年轻男孩从纽约前往费城和当地志趣相投的爱好者们会面，这一形式——前赴某一特定城市、在公共空间里、和其他人因共同感兴趣的话题会面，奠定了早期的科幻会展雏形。1939 年 7 月，第一届世界科幻大会在纽约举办，被弗雷斯特·阿克曼亲切地称为"Nycon"。据《时代周刊》记载，为期 3 天的会展共有 200 余名来自美国各地的粉丝参加，其间举行的活动包括演讲、展映粉丝自制电影以及作者见面会等。[3] 与此同时，1937 年 1 月的欧洲，第一届英国科幻会议在利兹举办，该会展经过 4 个月的筹备，共有 20 余名作者及粉丝参加。[4]

自此之后，科幻会展连年举办、日益新增，举办地点主要集中在美国和欧

---

[1]　Allen Glasser, "History of the Scienceers: The First New York City Science Fiction Club, 1929", *First Fandom Magazine* #4（Jun 1961）, https://fanac.org/timebinders/scienceers.html, 访问日期：2021 年 11 月 13 日。

[2]　1983 年，名为"Phoxphyre Project"的项目开始调研早期科幻迷的历史，以走访早期会展的参与者为主要方法，搜集和整理了当事人的陈述。其中，亲历者 David Kyle 在 1996 年第 19 期的《Mimosa》爱好者杂志上撰文讲述了自己从纽约前往费城和当地爱好者碰面的经历。

[3]　"The Press: Amazing! Astounding!", *TIME*, Jul 10, 1939, http://content.time.com/time/subscriber/article/0, 33009, 761661-1,00.html, 访问日期：2021 年 11 月 13 日。

[4]　"The Official souvenir Report", http://www.fiawol.org.uk/fanstuff/then%20archive/1937conbooklet.htm, 访问日期：2021 年 11 月 13 日。

洲。1962 年 5 月，第一届日本 SF 大会在东京目黑区举办，称为"MEG-CON"，有 180 余名爱好者参加，是亚洲科幻会展的先行者之一。

据 FanCons[1] 网站统计，2021 年全球共计划举办的科幻会展有 250 余个（广义上包括涵盖科幻要素的漫展、影展、书展、游戏展、动画 / 动漫展、玩具展等），[2] 但是绝大多数由于新冠疫情的影响而停办或延期，有些则采取线上举办的形式，简化会展的活动内容，仅保留线上座谈会、项目发布、线上限定周边贩卖、线上角色扮演征集等基本活动形式。

## 二、国外科幻会展分类及代表案例

### 1. 国外科幻会展的分类方式

国外科幻会展的划分方式有以下几种：

①按照地域划分为全球性 / 全国性 / 区域性 / 地域性的会展，其中还可细分为在固定单一地点举办的会展和年度轮值性主办的会展。从数量上看，举办科幻会展数量最多、地域最为集中的即北美地区（美国 / 加拿大），其次为欧洲（英国 / 爱尔兰 / 德国 / 法国 / 比利时 / 意大利 / 瑞典 / 荷兰 / 西班牙 / 波兰等），再次为澳大利亚和新西兰所在的大洋洲，其各地每年举办的科幻会展也有超过 40 个之多。近年来，亚洲地区的科幻会展数量急剧增加，除了日本之外，中国大陆、中国台湾、中国香港、印度、泰国、印度尼西亚等地也纷纷兴起众多科幻会展。南美国家如巴西、智利、哥伦比亚、阿根廷、秘鲁等地也都举办过科幻会展，主题以动画和漫画偏多；非洲的科幻会展则集中在南非，肯尼亚内罗毕举办的动漫游戏节（Naiccon）在非洲也具有较大影响力。其中的一些会展每年都在相同的地点举办，而另外一些会展，如世界科幻大会，则以自主申办的形式，每年在不同的国家城市举办。

②按主题划分为综合性会展和专题性会展。专题性会展包括聚焦于《星球大战》的"星球大战庆典"、聚焦于《星际迷航》的"星际舰队国际会议"、

---

[1] FanCons，国外一家网站。

[2] "Convention Schedule 2021", https://fancons.com/events/schedule.php? loc=all & year=2021, 访问日期：2021 年 11 月 13 日。

聚焦于《神秘博士》的"行星一号"、聚焦于《变形金刚》的"变形金刚迷集会",等等。

③按是否颁发所属科幻奖项划分。有些科幻会展承担着颁发科幻奖项的职能,颁奖典礼通常在会展期间举办,比如颁发"雨果奖"的世界科幻大会、颁发"星云奖"的 SFWA 会议、颁发"星云赏"的日本 SF 大会等。

④按文化属性划分为狭义的"科幻会展"和涵盖科幻元素的漫展 / 书展 / 动漫展 / 游戏展等的广义"流行文化"会展。与传统的"科幻会展"概念相比,后者汇集的内容包括影视、动画、恐怖作品等,其中最著名的当属美国的圣地亚哥漫展。

⑤按兴趣属性划分,某些科幻会展侧重具体的议题和话题,比如每年在美国威斯康星州举办的"WisCon"明确关注女性与性别议题;在美国明尼苏达州举办的"Diversicon"则主打多元文化和多媒体的形式;以科幻音乐为主题的俄亥俄谷科谣节和乔治亚科谣大会;聚焦角色扮演主题的美国角色扮演大会和英国的约克郡角色扮演大会,等等。

⑥按商业化程度,可分为商业性会展和非营利性会展。从盈利模式而言,商业性会展发售门票或者入场券,参会者通常由付费的方式与科幻影视作品中的明星、演员或者科幻作品的作者见面、合影和索要签名等,其邀请嘉宾的量级和宣传的声势也相对高调,是目前较为普遍的运营方式;而非营利性会展则主要靠志愿者组织运营,大多采用会员制,参与座谈会的嘉宾常为组织者本人,规模也相对较小,比如以科幻会展组织为主题的迷群组织者大会(SMOFCon)[1]。

除此之外,还可以采用其他多种多样的分类方式,这些分类方式互不相斥。综合这些类别分析,可以大致概括出全球科幻会展的发展形态和样貌。

**2. 国外科幻会展的案例介绍**

(1)世界科幻大会

世界科幻大会是世界科幻协会召开的年会。自 1939 年创办以来,在二战期间短暂停办,自 1946 年起重启并延续至今。世界科幻协会的会员即世界科

---

[ 1 ] SMOF 全称为"Secret Masters of Fandom",原指科幻圈的幕后黑手,现已演变为中性词,特指那些在科幻圈里实际做组织工作的人,也可以作为动词使用。SMOFCon 的主旨为交流如何更好地举办科幻大会和其他相关活动的聚会。

幻大会的会员，享有提前两年票选出会议举办地点及年度"雨果奖"的获得者。该会展不设常务组委会，因而每年的组织者皆为独立运营。参会者需要购买该协会的"会员身份"，而非门票，进而同时获得提名、投票等附属权利。

世界科幻大会的活动内容包括座谈会、展览、颁奖典礼、出版物推介、桌游聚会等，参会者既包括科幻爱好者，也有科幻创作的专业人士。该会展为参会者提供了丰富的交流、沟通、体验与玩乐的机会。由于该会展与"雨果奖"绑定，也由于悠久的历史和良好的气氛，在世界科幻迷心中具有十分重要的地位。

从 200 名参与首届世界科幻大会的美国东海岸科幻爱好者开始，如今，世界科幻协会已有超过 8 400 名会员。举办地以美国为主，但是也遍及加拿大、澳大利亚、荷兰、英国、爱尔兰、芬兰等国家。中国成都已成功申请到 2023 年世界科幻大会的举办权，成为继 2007 年日本横滨之后第二个承办世界科幻大会的亚洲城市。

（2）圣地亚哥漫展和美国漫展

每年在美国圣地亚哥阿纳海姆会展中心举办的两大会展即圣地亚哥漫展和美国漫展。

圣地亚哥漫展全名为"San Diego Comic Convention"，简称为 SDCC，是加州非营利公益协会主办的会展，目的在于提升公众对漫画及相关流行文化形式的关注和鉴赏。从 1970 年首届漫展开始，该会展所关注的媒介就不仅局限于漫画书，也囊括了其他值得关注的流行文化形式，包括电影、科幻/幻想文学等。1995 年，该会展的名字正式确定为"国际漫展：圣地亚哥（Comic-Con International: San Diego）"，并且从 1991 年起落户圣地亚哥会展中心。

圣地亚哥漫展是当下的流行文化重镇，也是漫画改编影视作品与科幻作品发布的首选之地。参会者的人数连年递增，这个沿海小城每年都汇集了数十万参观者。与会的嘉宾数量达上千人，不乏著名的影视导演、明星、编剧，漫画和小说的作者等，齐聚在会展中心的展馆之内。尤其是最热门的场馆 H Hall，通常举办漫威、DC 等大厂牌的发布会，获得入场的一席之位往往需要彻夜大排长龙队。这些都构成了不容小觑的粉丝力量。

圣地亚哥漫展的活动数量庞大，种类丰富。数据显示：2014 年该会展举办的大小活动总计约 700 个，除了重要的漫画等多种媒体作品的发布活动之外，还有手艺工作坊和学术教育研讨、动画与电影放映、游戏、角色扮演走秀、明星会面与签售等活动。这让圣地亚哥漫展无疑成为美国规模最大、最具影响力的漫展。

创办于 1987 年的美国漫展本身就是一年一度的漫画、科幻和电影会展，最初的举办地是美国奥克兰和旧金山，2012 年起入驻阿纳海姆会展中心。由连锁漫画零售商约翰·巴雷特创办，并由漫画零售商乔·菲尔兹和迈克·弗里德里希最终接手。2002 年，美国漫展被圣地亚哥漫展收购，统一进行统筹和运营，成为圣地亚哥漫展的姊妹会展。每年参会人数约 5 万人，其规模和影响力正逐年递增。

由于疫情影响，2020—2021 年连续两年的圣地亚哥漫展和美国漫展都采用了线上举办的形式，利用直播、上传影像、远程连线等多媒体形式，保留了座谈会、物料发布、限量周边售卖等活动。2022 年两会均已回归线下举办。

（3）纽约漫展和"大苹果"漫展

相比于西海岸的漫展文化，东海岸的纽约漫展历史就晚得多——2006 年第一届纽约漫展在纽约的贾维茨会展中心举办。纽约漫展是由励德漫展公司管理及运营的商业性漫展。每年一度，以欧美漫画、图画小说、动画、动漫、游戏、玩具、影视和角色扮演为主题要素。首届参展的人数就远远超过组织者的预期。2016 年，与会者已达到 18 万人。[1]纽约漫展发展势头迅猛，参会人数一度超过圣地亚哥漫展。自 2016 年开始，纽约漫展要求参会人员只有注册成为该漫展的会员才能购票，官方的解释即防止票务倒卖的行为。为期 4 天的会议，每天的门票约为 70 美元，还有其他通票形式可供选择。而受邀出席纽约漫展的嘉宾则包括斯坦·李、弗兰克·米勒、吉米·李、托德·麦克法兰、威廉姆·沙特纳等。2017 年，励德漫展公司收购了英国的 MCM 漫展，拓展其在英国全境的业务规模。

由于同为影响力较大的纽约地方性漫展，人们经常把"大苹果"漫展和纽约漫展搞混。诞生于 1996 年的"大苹果"漫展是纽约市运营时间最长的漫展，

---

[1] Heidi MacDonald and Calvin Reid, "New York Comic Con Hits Record Attendance", *Publishers Weekly*, Oct 12, 2016, www.publishersweekly.com/pw/by-topic/industry-news/trade-shows-events/article/71733-new-york-comic-con-hits-record-attendance-of-180-000.html, 访问日期：2021 年 11 月 13 日。

其创始人是漫画书商迈克·卡博。该会展主打漫画书展，其鼎盛岁月是 2001 年至 2008 年期间，中间一度被转售给巫师世界公司承办，但是由于 2013 年左右纽约漫展的来势汹汹，"大苹果"漫展的影响力不再如前，但是依然是东海岸重要的漫画书交易市场。2020 年，"大苹果"漫展因疫情停办；2021 年 9 月末，该漫展迎来了 25 周年庆典，也是疫情之后纽约举办的首个线下漫展。

（4）日本 SF 大会

日本 SF 大会是自 1962 年开始每年一度的日本科幻主题会展，经常被称为 "TOKON"（在东京举办）和"DAICON"（在大阪举办）。每年的参会者数量为 1 000~1 500 名，议程活动包括座谈会、讲座、朗读会、影视放映、派对、游戏、音乐会、书刊杂志售卖等。会议期间，还会颁发一系列与科幻创作相关的奖项，其中最引人注目的当属"星云赏"（创立于 1970 年，取自日本最早的科幻杂志《星云》和美国的星云奖），嘉奖上一年度完结的作品，类型包括小说、电视或电影动画、漫画等。效仿世界科幻大会的"雨果奖"评选方式，其最佳小说得主由参会者票选得出。科幻小说家筒井康隆则为第一届"星云赏"最佳长篇小说得主。既充满创造力又饱含情怀的开幕动画短片，则是日本 SF 大会颇受欢迎的另外一点。

（5）北美漫展

巫师世界公司承办北美地区的 6 个漫展，包括芝加哥漫展、费城漫展、新奥尔良漫展、波特兰漫展、克利夫兰漫展和圣路易斯漫展。该公司发家于出版行业，创始人加莱伯·萨姆斯于 1991 年创办了《巫师》月刊杂志，目标受众为青少年男性，主要刊登漫画及流行文化内容。1996 年，巫师世界公司收购了芝加哥漫展，开始开拓核心出版业务之外的其他业务，并于几年之后重启更名为"巫师世界芝加哥"的芝加哥漫展，吸引了近 6 万名参会者。2011 年起，该公司关停了出版业务，致力于会展业务。近十年来，巫师世界公司致力于收购北美各地的地方性漫展，拓展其地域版图。2013 年时，其分支高达 16 个，日后则逐渐缩减。其较为有特色的一项活动则是"巫师世界大学"，邀请创作者、学者和研究者参与座谈会，为漫展文化增添了学术性与严肃性。

出于疫情原因，近两年巫师世界漫展大多停办，该公司遂推出了"线上门票"，参会者可以通过付费观看直播或者录播的节目来"虚拟"参会，活动的内容包括卡司重聚、访谈、音乐会、工作坊、大师课等。

（6）比利时幻想动漫玩具空间漫展

比利时是欧洲漫画和图像小说的重镇，幻想动漫玩具空间漫展则是一年一度的、科幻迷和漫画迷们的欢聚庆典。其全称为"Fantasy Anime Comics Toys Space"（FACTS），首届举办于比利时的根特市，和其他漫展一样，都始于一小群同好者的聚会。如今，FACTS 已经从 40 人的小聚会发展为汇集 3 万余名与会者的地方性漫展，囊括漫画、动画、科幻、电子游戏、桌游、影视及角色扮演等主题要素。

2021 年的 FACTS 漫展将于 11 月在比利时弗兰德斯国际贸易博览会场馆举行，受邀出席的漫画创作者 / 艺术家包括漫威的约瑟夫·鲁宾斯坦、《权力的游戏》的威廉·辛普森、DC 的凯文·诺兰、迪士尼兼尼克频道的法布里奇奥·彼得罗奇等。

（7）洛杉矶 E3 游戏展和欧洲 EGX 游戏展

随着电子游戏的日益普及以及该产业的日益壮大，游戏展也成了科幻迷十分关注并热切参与的会展类别。电子娱乐展览会（简称 E3 游戏展），是电子游戏行业里最重要的会展之一。由娱乐软件协会组织举办，为游戏开发商、硬件及软件制造商们提供了集会展示产品和作品的契机。随着 20 世纪 90 年代电子游戏产业的增值与腾飞，新成立的电子游戏行业协会看到了零售商们对交流平台的需求。1995 年，首届 E3 游戏展在洛杉矶会展中心举行（时至今日依然如此），约 4 万名入会者出席。[1] 但是直到 2016 年之前，E3 游戏展都维持着仅限行业内部人士和媒体人士参与的会展性质，直到 2017 年首次发售 15 000 张公众门票，很快售罄，当年的 E3 游戏展汇集了包括公众在内的 68 000 名参会者。主要的游戏厂商如任天堂、微软、索尼等往往会选择在 E3 会展上发布该公司的新品预告。由于疫情影响，2020 年的 E3 游戏展停办，2021 年则选择线上发布的形式。

欧洲玩家博览会（EGX）则是欧洲影响力较大的游戏会展，创办于 2008 年，

[1] S. Buckley, "Then there were three: Sony, Microsoft, Nintendo and the evolution of the Electronic Entertainment Expo", *Engadget*, Jun 6, 2013, https://www.engadget.com/2013-06-06-sony-microsoft-nintendo-and-the-evolution-of-the-electronic-entertainment-expo.html, 访问日期：2021 年 11 月 13 日。

之后每年在英国或德国各地举行。和 E3 类似，该会展也具有产品交易、新品发布和公众参与等性质。2019 年，励德漫展公司收购了之前的主办方游戏者网络有限公司，使得 EGX 也成了其旗下的重要会展。

（8）开普敦漫展

开普敦漫展是一年一度举办于南非开普敦的会展。首届漫展举办于 2016年，大获成功，该会展聚集了南非地区数量最多的艺术家，促进参会者和画手、漫画家、插画师、创作者等交流沟通，贩卖相关作品和周边产品，同时也邀请国际嘉宾前来举办讲座和会面。由于疫情影响，2020 年和 2021 年的漫展都已停办。

（9）南美动画朋友动画展

动画朋友是南美地区每年一度的动画会展，其主办方为巴西马鲁部门公司，首届会展举办于 2003 年，最初的举办地点是巴西的圣保罗，汇集的与会者规模超过 10 万人，近年来逐渐拓展到阿根廷和智利等地。

## 三、国外科幻会展发展特点及趋势

国外科幻会展已经成为全球科幻文化的一部分。以欧美各国为代表，其会展历史悠久，形态趋于稳定，规模化和产业化程度高，以推广漫画、图画小说、类型影视等流行文化为目标的漫展也逐渐走出了同好者的小圈子，而进入了大众的视野和认知。漫展富含的科幻元素，也让它们成为科幻迷不愿缺席的集会场合。而对于欧美之外的亚非拉地区，科幻会展则是一股新兴的潮流，仿照欧美先驱的模式，蕴含着巨大的文化创意和经济潜力。

总结而言，当下的国外科幻会展发展具有如下的特点：

### 1. 疫情以来的新挑战和新形势

2020 年年初以来的新冠疫情，无疑对线下集会的会展形式带来巨大的影响，2020—2021 年的绝大多数海外科幻会展都选择停办、延期或者线上举办的形式。借助远程即时通信的技术手段，线上科幻会展虽然没有了人潮涌动的壮观情景，但是保留了宣传发布、同好交流和周边贩卖的基本特征。同时由于物质成本降低，反而促成了某些演艺人员线上重聚的"回忆杀"动人场面。一些会展开启线上观看的付费通道，也在探索新型的盈利方式。不过鉴于科幻会展创立伊始就赋有"集会"和"旅行"的特质，在疫情好转的情形下，可以预见科幻会展还是会逐步回归于线下的形式。

### 2. 产业化运营

如今的欧美科幻会展已经超越了"同好集会"的基本属性，成为了一个经济价值可观的产业形态。除了如世界科幻大会、圣地亚哥漫展等会员制、非营利性的组织之外，更多的企业如励德漫展公司、巫师世界公司等还是看重漫展巨大的盈利潜能。产业化运营的方式更加规范专业，但是也面临分支臃肿、票价高昂等问题和诟病。

### 3. 维系"科幻迷"的社群建立

科幻会展是最集中彰显"科幻迷"身份认同的空间。通过角色扮演、会见喜爱的作者 / 演员 / 画手 / 创作者、结识同好、分享观点和想法等方式，科幻会展的核心依然是"迷群（fandom）"的情感纽带。随着漫展的影响力在大众群体中扩大，"科幻迷"也打破了某种边缘小圈子的状态，而吸引了更多的个体加盟，从而也形成了"迷"群体内部更为细致的分化（传统科幻迷、科幻漫画迷、科幻影视迷等），演进为更为复杂的社群生态。

### 4. 科幻会展议程的多元性

多元性一直是科幻文化的潜在追求。近年来，伴随着欧美社会运动对身份认同多元化的推进和追求，科幻会展更加凸显出对性别、族裔等议题的偏重。支持多元性别的创作主题、鼓励多元身份的创作者、重新审视科幻作品中的形象构建、主导与身份多元性相关的科幻研究等，着意打破"科幻会展只是白人异性恋男性青少年的聚会"的刻板印象，呈现出全新的风气和面貌。

# 第三节　国内科幻会展发展现状

## 一、国内科幻会展发展概述

　　根据已知资料，中国第一个具有纯正意义上的科幻会展暂无从考证，但对现有重要科幻会展追根溯源，1986 年由《科学文艺》与《智慧树》两家科普刊物联合举办的第一届银河奖颁奖典礼应当是国内最早的、影响力较大的科幻会展之一。1991 年 5 月 20 日，世界科幻年会在成都举行，这是世界科幻协会首次在亚洲召开年会。[1] 为了增强中国科幻产业与国际科幻产业的交流，激发广大民众对未来科技发展的想象，启迪民族科学的奋进精神，由《科幻文艺》更名为的《科幻世界》杂志社牵头举办了首届中国（成都）国际科幻大会，这也是我国历史上第一个国际性科幻大会。[2]

　　在此后的 30 多年间，特别是进入新世纪后，由于科技进步和教育体系的完善，大众对航空航天的认知和宇宙星空的思考逐渐增多。作为"科学与幻想"载体的科幻文学影响力日益增大，中国科幻会展也搭乘科幻文学的繁荣昌盛一路高歌猛进。其中 2015 年刘慈欣凭借《三体》荣获第 73 届世界科幻大会雨果奖最佳长篇小说奖和 2019 年根据刘慈欣同名作品改编的科幻影视作品《流浪地球》的大获成功，科幻也从小众逐渐被大众所认可及喜爱，中国科幻行业更是迎来了历史上最为绚烂的春天，大大小小的科幻会展也如春笋般随之伴生出来，并开始逐渐呈现出多层次、多种类、大规模、高知名度、高增长、品牌化、国际化等特点。

　　同时科幻会展的发展与进步，更是直接推动了中国科幻会展经济的初步形成，在取得直接经济效益的同时，也一并带动了科幻相关产业的发展，取得了较大的社会影响力。

---

[1]　中共中央党史研究室：《1991 年四川大事记》，四川省情网 2019 年 11 月 6 日，访问日期：2021 年 11 月 3 日。

[2]　姚雯君：《申办世界科幻大会，需要发出更多"成都声音"》，红星新闻网 2019 年 11 月 24 日，访问日期：2021 年 11 月 3 日。

## 二、中国科幻会展促进科幻产业发展典型案例介绍

从中国科幻银河奖颁奖典礼、中国（成都）国际科幻大会到全球华语科幻星云奖嘉年华、中国科幻大会、另一颗星球科幻大会、蓝星球科幻电影周、上海科幻影视产业论坛、中国科普科幻电影周（展）、希望的力量——《流浪地球》电影主题展览、三体·时空沉浸展等一系列具有标志性会展的成立与举办，科幻会展的发展既有量的扩张过程，更有质的飞跃过程，并对中国科幻的发展起到了极大的积极促进作用，产生了深远的影响。

### 1. 国内典型科幻会展介绍

这些成功的科幻会展对于我国提升科幻会展业发展质量，加快推进科幻会展经济发展，具有重要的借鉴意义和启示。

（1）银河奖颁奖典礼

银河奖创立于 1986 年，是国内起源最早的并曾长期作为中国大陆唯一的科幻小说奖存在，最初由《科学文艺》（现《科幻世界》）和《智慧树》两家科普刊物联合举办，《智慧树》停刊后，改由《科幻世界》独家举办。其获奖作品一般代表着中国大陆科幻创作的最高水平，在其创立的三十余年间，培养出了刘慈欣、王晋康、韩松、何夕、郝景芳等一大批实力派科幻作家。得益于其长期以来树立的权威性和品牌效应显著，银河奖每年的颁奖典礼备受科幻界人士瞩目。

从近几年情况来看，颁奖典礼举办之时，中国科幻界最具影响力的科幻作家和科幻研究学者、科幻产业界超百名知名科幻人士基本上都会悉数到会，更有成百上千名科幻迷从全国各地赶来，共襄盛举。颁奖典礼后一般会举办数场专题论坛和为期两天的笔会活动，邀请科幻作者、译者等就科幻创作、科幻图书出版等议题进行专题讨论，进一步加深作者作品与产业间的沟通交流。[1]

（2）中国（成都）国际科幻大会

1991 年，《科幻世界》杂志社代表中国科幻业界成功主办了世界科幻协会（WSF）年会，英国科幻大师布莱恩·奥尔迪斯、美国科幻大师弗雷德里克·波

---

[1] 王波：《第31届科幻银河奖揭晓，产业融合亮出新突破点》，人民网 2020 年 10 月 24 日，访问日期：2021 年 11 月 3 日。

尔等 45 名外国科幻作家和 150 名中国科幻作家、编辑参加了科幻大会。这是中国举办的第一次国际性科幻活动,被 WSF 评为"WSF 成立以来最隆重最成功的 1991 年年会"。以此为契机,《科幻世界》杂志社 1997 年在中国的首都北京举办了第二届中国国际科幻大会,并在全国掀起了一股科学、科幻热潮,极大推动了中国科幻的发展。当年年底,中国中央电视台将这次国际科幻大会列为 1997 年度中国十大新闻之一。

从 2007 年第三届开始,该大会举办地长期落地成都,其名称也由"中国国际科幻大会"基本确定为"中国(成都)国际科幻大会";从 2017 年第四届开始,其举办时间也基本确定为两年一届。其中 2007 年配有超大型科幻 / 奇幻书展、画展、藏品展、角色扮演真人秀、全国高校社团方阵风采展、科幻 / 奇幻 FANS 联谊会、主题报告会等会展活动;2017 年大会举办了五十多场报告和论坛,吸引相关联产业机构数百家、12.5 万人次参会,成为当年成都最盛大的活动之一;2019 年大会邀请了来自 14 个国家的近 60 位国际嘉宾和 300 余位中国知名科幻作家、相关学者及科幻产业精英共同出席,是历年来中国对外科幻文化交流中国际化程度最高的一次盛会。[1]

(3)全球华语科幻星云奖嘉年华

全球华语科幻星云奖是由世界华人科幻协会 2010 年创立的公益性科幻奖项,至今已成功举办 12 届,并成为了华语科幻文学领域的权威奖项。作为首次覆盖世界华人科幻人的奖项,全球华语科幻星云奖参赛者目前囊括中国大陆、中国台湾、中国香港以及美国等众多国家和地区的华语科幻人士,推出了几百名成梯次的华人优秀科幻作家和从业者。历年获得小说类金奖的有王晋康、刘慈欣、陈楸帆、宝树、江波、韩松、程婧波、何夕、阿缺、张冉、顾适、七月、谢云宁等,获奖者对中国科幻在中国乃至世界的发展地位产生了重大影响。

此外,经过十多年的耕耘,以颁奖为主的全球华语科幻星云奖嘉年华已成为科幻会展的典型代表,其形式包括科幻高峰论坛、科幻沙龙、科幻群英会、科幻签售会、星云大合照、红毯入场仪式、科幻颁奖盛典、科幻星云之夜等众多活动,以此来团结全球华人科幻作家、评论家、编辑、翻译及其他形式的科

---

[1] 佚名:《中国国际科幻大会》,百度词条 2021 年 11 月 3 日,访问日期:2021 年 11 月 3 日。

幻创作者、从业者、参与者等。[1]

（4）中国科幻大会

中国科幻大会是由中国科学技术协会于 2016 年起发起并主办，聚焦于推动科普科幻产业发展，为科普科幻全产业链提供相互交流、融合发展的平台，以"会＋展＋演＋映"的形式涉及科幻产业链中的多个环节，比如"科幻＋文化""科幻＋科技""科幻＋科普""科幻＋影视""科幻＋游戏""科幻＋教育"等，注重政府与民间对话、国内外交流和圈内外沟通，受到社会各界特别是科幻业界和广大科幻爱好者的普遍欢迎和广泛关注。

从 2020 年开始，中国科幻大会改由中国科学技术协会与北京市人民政府联合主办，截至目前，中国科幻大会已连续举办 6 届，其中第二届、第三届在成都与深圳举办，其余均在北京举办。其形式丰富多样，包括专题论坛、创投会、科幻研究成果发布会、签约仪式、科技创新新技术新产品展、科幻艺术展、科技科幻产业代表展、虚拟互动体验、知名科幻作品签售、角色扮演等，以此为科幻业界人士和企业搭建创作交流平台，为普通民众提供可近距离接触和感受的科幻体验平台，也为青少年提供激发想象力和好奇心的科普平台，向社会各界全方位展示科幻的无限魅力。[2]

（5）另一颗星球科幻大会

另一颗星球科幻大会前身为"亚太科幻大会"，由未来事务管理局于 2018 年在北京创办，2019 年正式更名为"另一颗星球科幻大会"。作为定位亚洲—太平洋地区最高规格的科幻行业盛会，另一颗星球科幻大会不仅是一场面向科幻迷社群的会展，同时也是一场科幻行业盛会。大会着力于打破行业壁垒，消弭语言、地域和国界的分隔，以全新的视角审视和拓展科幻产业势能。来自十余个国家的科幻创作、出版、翻译、影视改编和其他产品延伸领域（比如前沿科学、航天、艺术、漫画、游戏等）等科幻行业各个层面的从业者，不仅能在大会上进行深度交流，也能寻找新的合作线索和资源。

截至 2021 年 11 月，另一颗星球科幻大会已于 2018 年、2019 年成功举办

---

［1］ 汤皓：《中国科幻四天王再聚重庆，第十二届华语科幻星云嘉年华开幕》，上游新闻网 2021 年 10 月 23 日，访问日期：2021 年 11 月 3 日。

［2］ 佚名：《2021 中国科幻大会圆满闭幕！如梦如"幻"，精彩纷呈！》，微信公众平台 2021 年 10 月 5 日，访问日期：2021 年 11 月 3 日。

两届，2020 年受新冠疫情影响未举办，2021 年原定于线下举办又因疫情反弹原因拟改为线上举办。大会一般由科幻艺术展、科幻演讲、科幻论坛、未来市集、未来画廊、签售、粉丝见面会、VR 体验、角色扮演巡场、"引力奖"和"黄金时代奖"颁奖典礼等众多活动组成，并且强调粉丝社群，去中心化，以此吸引众多科幻迷和游客前来参观。[1]

（6）蓝星球科幻电影周

蓝星球科幻电影周创办于 2019 年，是由新华网与南京市江宁区人民政府联合主办的国内第一个国际化科幻、影视和科技跨界活动，也是国内第一个以科幻为主题的电影主题活动平台。该电影周专注于科幻领域，覆盖影视、科技、科教及科普四个方向，并以推动科幻系列文化产业落地、带动科技产业发展、发现国际电影新生力量为目标。作为中国本土的科幻电影周，其一般通过征集到的科幻影片展映总结科幻电影对科技进展的影响，同时探索中国科幻电影的发展之路。

作为一场以"科幻、科教、科普、科创"为关键词的电影主题活动，该活动目前已成功举办两届（2019 年、2020 年），其环节一般由影视科技论坛、文本论坛、产业论坛、科幻电影与文化科技项目创投、东西方科幻影视大师班、科幻市集与航天特展、蓝星球 48 小时科幻电影极限赛、蓝星球影视征集大赛颁奖典礼、科幻影片放映交流会、南京科幻产业发展座谈会等多种形态构成。其中最富特色的是"蓝星球 48 小时科幻电影极限赛"，入选的队伍需要在两天内完成科幻短片的创作、拍摄和制作。这种挑战极限的科幻电影创作方式，对于发现青年电影人创造力、激活中国科幻电影创作形态意义重大。[2]

（7）上海科幻影视产业论坛

上海科幻影视产业论坛创立于 2019 年，是上海国际电影节"一带一路"电影周的科幻板块，由上海浦东新区科幻协会和上海影者工会共同举办。该论坛致力于讨论如何整合资源，梳理体系，培养人才，构建科幻影视产业生态圈。

---

[1] 佚名：《"另一颗星球"科幻大会在北京举办》，网易网 2019 年 5 月 29 日，访问日期：2021 年 11 月 3 日。

[2] 顾蓉蓉，李成超：《东方智慧"邂逅"科幻前沿，首届蓝星球科幻电影周在宁启幕》，中国江苏网 2019 年 11 月 17 日，访问日期：2021 年 11 月 3 日。

希望通过集聚不同细分领域的顶级专家，以专业的论点和精彩的对话实现跨界破圈，以达成在更高层面文化与科技的融合，探讨未来科幻影视产业发展的可能，最终形成能够引领产业发展的新生力量，推动中国的电影工业尤其是科幻类型片的产业化发展。

上海科幻影视产业论坛以"主题分享讨论"为主，辅以签约仪式、成果发布会、科幻新书推介会、科幻影视作品推介会等活动。通过三年的发展，其主题分享讨论方向也逐渐明确为"泛科幻领域的产业发展动态、影视制作的科技发展、影视表现形式的多元化发展、少儿科幻与科普教育、科幻影视衍生品生态、新片发布与路演"等众多板块，参会人员不仅有韩松、王晋康、陈楸帆、江波等科幻名家，还汇聚了近百位来自全国各地的专家、学者、导演、制片、编剧、科技工作者以及企业负责人。[1]

（8）中国科普科幻电影周（展）

中国科普科幻电影周（展）前身为2014年举办的中国科普电影文化周（展），2019年正式更名为中国科普科幻电影周（展），并由中国电影制片人协会、河南省电影局、河南省科学技术协会、河南广播电视台等共同主办。该电影周旨在推动中国科学知识的普及与传播，提升全民科学素质，展示中国科技创新和文化产业发展的最新成果，启迪科学精神，探索科学奥秘，引领科技成果转化，搭建业界交流合作平台，促进我国科普科幻影视动漫事业和产业繁荣发展。

2019年中国科普科幻电影周（展）共设置开、闭幕式暨颁奖盛典、优秀科普科幻影视动漫作品展映、电影市场交易、高峰论坛、创投路演、VR/AR体验及科普科幻嘉年华等活动单元。在为期五天的时间里，在商丘市内5家影院、10个大中小学、10个社区放映国内80部优秀科普科幻影视动漫作品，共计400余场；邀请上百位优秀影视作品团队、业界嘉宾、全国电影频道联盟代表来商丘参与映前映后与观众的交流活动；举行6场高峰论坛，邀请专家学者，共同探讨中国科普科幻电影的成功案例、未来发展方向和发展前景；并在商丘三所高等院校举行3场主题讲座，探索科普科幻电影创作前沿；以及面向大众开展的科普科幻嘉年华活动，让大众与科幻迷从无人机表演、AR/VR体验等活

---

[1] 尹超：《第三届上海科幻影视产业论坛：从科幻文学到影视和IP开发》，
中国作家网2021年6月30日，访问日期：2021年11月3日。

动项目中，体验科技与科幻魅力。[1]

（9）希望的力量——《流浪地球》电影主题展览

《流浪地球》是刘慈欣创作的短篇科幻小说，发表于 2000 年第七期《科幻世界》上，小说讲述了在不久的未来太阳即将毁灭，太阳系已经不适合人类生存，而面对绝境，人类将开启"流浪地球"计划，试图带着地球一起逃离太阳系，寻找人类的新家园的故事。2019 年春节，根据刘慈欣同名作品改编的国产科幻电影《流浪地球》自上映以来，不仅火爆了春节档的电影市场，更点燃了大众对中国科幻的关注和希望。

2019 年 4 月，为进一步保持观众对影片的热情，满足广大观众探究的需求，中国科技馆和中国电影股份有限公司共同策划打造了"希望的力量——科幻电影《流浪地球》主题展览"。展览与电影相呼应，展览的基本科学线索分为"Why——为什么去流浪""How——怎样去流浪"和"Where——去哪里流浪"三个部分。本次展览中展示的刘培强航天员舱外服、CN171-11 救援队军事外骨骼、刘启地面防护服、"领航员"空间站人工智能 MOSS 等十几件电影拍摄服装道具、75 份珍贵设计手稿以及百余幅剧照均为首次公开亮相。同时展览过程中还陆续推出了相关教育活动以及论坛、讲座、见面会等，吸引了众多热爱影视和科幻的市民前去参观。[2]

（10）三体·时空沉浸展

《三体》是我国著名科幻小说家刘慈欣所创作的长篇系列小说，由《三体》《三体Ⅱ·黑暗森林》《三体Ⅲ·死神永生》组成，作品讲述了地球人类文明和三体文明的信息交流、生死搏杀及两个文明在宇宙中的兴衰历程，其中第一部获得了第 73 届雨果奖最佳长篇小说奖。[3]可以说，《三体》直接把中国科幻带到了世界级水平，是推动我国科幻文学发展至关重要的里程碑。

2020 年 1 月 10 日，由三体宇宙（上海）文化发展有限公司授权，上海尊

[1] 佚名：《第二届中国科普科幻电影周（展）开幕，上演科普科幻嘉年华》，大公网 2019 年 12 月 1 日，访问日期：2021 年 11 月 3 日。

[2] 李苹：《"希望的力量——〈流浪地球〉电影主题展览"震撼开展》，中国科普网 2019 年 4 月 4 日，访问日期：2021 年 11 月 3 日。

[3] 佚名：《刘慈欣〈三体〉获雨果奖最佳长篇，系亚洲首次获奖》，中国新闻网 2015 年 8 月 23 日，访问日期：2021 年 11 月 3 日。

安同恒文化创意发展有限公司主办的以《三体》系列科幻IP为核心内容打造的"三体·时空沉浸展"在"中国第一高楼"上海中心展览馆正式开展。展览以《三体》原著为范本，将《三体》的鸿篇巨制浓缩在建筑空间之中。为了高度还原原著经典场景，此次展览融合前沿科技的沉浸式体验，通过体感交互、空间设计、增强现实等技术手段，呈现出了关于"水滴"、三体世界、"三日凌空"、浩瀚宇宙等大型名场面。并通过近2 000平方米的展览空间、3层公共开放区域、6大主题场景，完美复刻三体宇宙，将声音、光线、影像等多种元素交织在一起，突破书本与人之间的次元壁，打造一个多维而浩渺的浸入式空间。从视觉到听觉再到体验感，为中国科幻迷呈现了一场现象级展览，开辟了IP新的跨界先锋。三体·时空沉浸展除了落地上海之外，目前还已落至重庆、西安等地。[1]

**2. 国内科幻会展的社会与经济带动效应**

尽管国内科幻会展发展历史短暂，但却展示出强大的带动效应。笔者根据社会效应和经济效应总结如下。

（1）社会效应

其一，提升举办地的声誉与科幻氛围。以成都为例，银河奖颁奖典礼和中国（成都）国际科幻大会等会展的长期举办，不仅奠定了成都在中国科幻发展中长期举足轻重的地位，更是提升了成都在国内乃至世界的声誉，同时也提升了成都本地的科幻氛围。

其二，提升举办单位的知名度与品牌效应。作为组织者和执行者，科幻会展的成功举办，会提升举办单位的知名度和塑造相应的品牌。以另一颗星球大会为例，参会人员和媒体的宣传推动，为其和其举办单位未来事务管理局树立了良好的形象，获得了良好的品牌效应。

其三，提升中国科幻在国内乃至国际的影响力与权威性。以2021年全球华语科幻星云奖嘉年华为例，根据主办方提供的数据，在短短的5天内，微博端关于其的宣传推送总阅读量已接近2 000万，直播观看人数累计450万，对中国科幻在国内外的影响起到了极大的推动作用，同时影响力的呈现也提升了

---

[1] 周洪：《三体·时空沉浸展带你探索宇宙》，央广网2019年10月25日，访问日期：2021年11月3日。

中国科幻的权威性。

（2）经济效应

其一，促进科幻会展周边经济发展，带动就业和消费。以 2021 年中国科幻大会为例，短短 7 天时间，到访科幻大会及北京科幻嘉年华人数逾 4 万，[1] 极大地带动了周边经济包括住宿、餐饮、交通、会展服务、仓储运输、零售、广告、保险等的发展，并提供了大量的就业机会，直接短期内高效拉动了区域内经济的快速增长。

其二，带动科幻产业链条的大量聚集与延伸合作。以蓝星球科幻电影周为例，南京市委市政府以此为契机和依托着手打造国际化"科幻谷"。希望通过构建以科幻电影制作基地、影视科技园区、科幻电影人才基地为核心的产业平台，并推出扶持科幻电影人才、剧本、技术、企业等多方面政策，吸引全世界优秀科幻电影人才、优势资源、产业项目到南京落地生根，实现中国科幻电影和电影工业的集群式发展。[2]

其三，加快推进科幻会展的专业化与市场化发展。以三体·时空沉浸展为例，作为近年来商业化尝试最为成功的科幻会展之一，其完善的运行模式和良好的市场反应，对加快推进科幻会展的专业化、市场化发展具有重要借鉴意义。

### 3. 国内科幻会展 SWOT 分析

笔者采用 SWOT 理论方法对比国外科幻会展发展情况，对国内科幻会展的发展现状进行总结，即按照优势因素（Strengths）、劣势因素（Weaknesses）、机遇因素（Opportunities）和威胁因素（Threats）的顺序展开分析。

（1）优势分析

其一，政府扶持力度大。近年来，国家层面及部分省市加大对科幻产业的重视，连续印发一系列红头文件。比如 2020 年 8 月 7 日，国家电影局、中国科协印发《关于促进科幻电影发展的若干意见》；[3] 2020 年 11 月，北京市

---

［1］ 佚名：《2021 中国科幻大会圆满闭幕！如梦如"幻"，精彩纷呈！》，微信公众平台 2021 年 10 月 5 日，访问日期：2021 年 11 月 3 日。

［2］ 邢虹：《搭建"科幻谷"，打造科幻电影之都》，南京市人民政府网 2020 年 12 月 3 日，访问日期：2021 年 11 月 3 日。

［3］ 新华社：《国家电影局、中国科协印发〈关于促进科幻电影发展的若干意见〉》，中华人民共和国中央人民政府网 2020 年 8 月 7 日，访问日期：2021 年 11 月 3 日。

石景山区政府在中国科幻大会公布《北京首个支持科幻产业政策发布——石景山区科幻 16 条》；[1] 2021 年 6 月，国务院办公厅印发《全民科学素质行动规划纲要（2021—2035 年）》，明确提出"实施科幻产业发展扶持计划"等。[2]

其二，具备良好的科幻氛围。中国科幻目前正在处于一个飞速发展的阶段，刘慈欣的《三体》获世界科幻最高奖雨果奖以及电影《流浪地球》的火爆，均创造了中国科幻的世界纪录，在这样国民级科幻作品的催生下，科幻热不断发酵，中国科幻也正在摆脱"边缘化""小众化"的标签，国民大众对科幻的喜爱已逐渐成为常态。

其三，有可供借鉴的经验。在国内科幻会展发展的历程中，中国（成都）国际科幻大会、中国科幻大会、全球华语科幻星云奖嘉年华等有影响力科幻会展的成功举办为后续国内科幻会展的发展提供了可借鉴的经验。

（2）劣势分析

其一，科幻会展产业格局尚未形成。近年来得益于《三体》和《流浪地球》的影响，国内科幻会展产业开始快速发展，但目前来看，科幻会展产业格局尚未形成，不仅形式单一，而且已有会展质量参差不齐。

其二，区域发展两极分化，大多地区缺乏科幻会展发展理念。目前有影响力且大部分的科幻会展主要集中在北京、上海、成都、重庆、深圳等地，其他城市鲜有对科幻会展相关的报道，这也与大多地区缺乏科幻会展发展理念现状相吻合。

其三，相关专业公司和人才匮乏。由于科幻会展是一个新兴的产业，目前专门从事科幻会展策划与服务的公司极其缺乏。此外科幻会展要求的专业人才是复合型的，要具备会展的基本知识和基本的科幻素养，目前专门从事科幻会展产业的人才也基本处于空白阶段。

（3）机遇分析

其一，市场容量巨大。进入 21 世纪后，随着社会经济和科学技术的发展，

[1] 靳晶，王哲，于会莹，等：《北京首个支持科幻产业政策发布——石景山区科幻 16 条》，微信公众平台 2020 年 11 月 2 日，访问日期：2021 年 11 月 3 日。
[2] 国务院：《国务院关于印发全民科学素质行动规划纲要（2021—2035 年）的通知》，中华人民共和国中央人民政府网 2021 年 6 月 25 日，访问日期：2021 年 11 月 3 日。

人民群众对科技感、炫酷感的热衷，使得科幻会展逐渐成为国内外一个充满活力和备受关注的新兴产业，并以其强有力的带动效应和辐射效应逐渐成为"科幻+N"的趋势，市场容量巨大。

其二，中国科幻国际影响力持续上升。刘慈欣、郝景芳等人荣获雨果奖后，中国科幻的国际传播范围不断扩大，同时由于新冠疫情在全世界肆虐期间国外科幻会展业的停滞，以及中国抗疫的有力表现，中国科幻会展发展驶入了快车道，并受到了世界科幻界人士的瞩目。在此背景下，国内科幻会展业的发展与地位，将赢得更多国外人士的认可与参与。

其三，品牌效应显著。中国科幻大会、蓝星球科幻电影周、三体·时空沉浸展等会展的品牌效应和产业集聚功能在社会层面逐渐展现，越来越多的企业因此受到吸引并开展科幻相关的活动，为科幻会展的发展注入了强有力的新鲜血液。

（4）威胁分析

其一，现有会展多数缺乏明确定位，创新意识不够。与国外发达国家相比，我国科幻会展起步晚，水平低，导致在发展过程中急于求成，运作方式简单化、模仿化、普遍化，甚至出现同一个物品会出现在不同的会展中的现象，缺乏新意。

其二，不同地区之间的不合理竞争。科幻会展业作为一个市场容量巨大但基础薄弱的行业，各地希望通过举办科幻会展创建自己的科幻产业高地。但一拥而上的行为不仅浪费资源，同时更拉低了国内科幻产业及科幻会展的层次和品位。

其三，市场运行混乱，缺乏有序组织管理。由于科幻会展产业缺乏统一的、专业的组织管理与指导，目前的科幻会展运行环境较为混乱，不少会展刚开始举办就因各种原因潦草收场，未形成有效的市场反应。

# 第四节　总结与建议

与欧美的科幻会展发展历史与行业形态相比，中国的科幻会展起步晚、经验少，但是数量规模和发展速度都不容小觑，这与整体社会环境对科幻文化的流行程度与接受程度息息相关。在当下关键的发展时期，本章提出如下四点经验总结与未来发展建议：

## 一、借鉴欧美先进模式，同时保留独特的文化特色

欧美科幻会展的发展历史较长，积累了丰富的经验和传统，留下了值得分析与学习的运营模式。但是与此同时，鉴于我国独特的历史文化传统、意识形态和社会发展过程，在借鉴经验和模式的基础之上，保留独特的文化特性显得更为关键。无数科幻创作者建构出中国科幻文化的独特魅力和力量，中国科幻会展在落地过程中与中国城市特色的实验性结合，都让我国的科幻展注定展现出不同的生态和面貌。比如 2020 年 12 月至 2021 年 3 月举行的首届"中国敦煌国际科幻创作邀请赛"，邀请全国科幻赛事获奖者及跨国知名作者在规定时间内匿名创作，接受大众评判并颁发奖项。结合甘肃省地区的独特自然和人文景观，与奇思妙想的科幻文学想象，让这一"城市赛"将文创流量和城市赋能体系完整地融合在一起。

## 二、拥抱全球科幻文化，同时打响民族的科幻品牌

科幻文化是某种打破壁垒和对立、寻求理解和融合的文化形态，在这种意义上，中国的科幻文化理应具有全球化的立场和视野。中国科幻迷对西方科幻作品的喜爱和熟悉程度，为本土科幻会展的国际化奠定了广泛的群众基础。科幻会展为中国的民族科幻作品和品牌走向世界读者和观众提供了沟通的空间和交流的渠道。中国（成都）国际科幻大会、中国科幻大会、银河奖颁奖典礼、华语科幻星云奖嘉年华等诸多科幻会展活动，都着重强调科幻的全球化属性及华语创作自身的特色，试图构建和争取中国科幻在世界科幻之林当中的影响力与话语权。

## 三、推进产业化进程，激发民间交往的活力

科幻会展可以极大地拉动周边地区的旅游、餐饮、住宿、仓储运输、零售、

广告等相关产业的发展，形成链条型的聚集和延伸合作。我国各地方政府和相关部门也正是看到科幻会展所蕴含的巨大经济价值潜力，近年来不断推进科幻会展的产业化和市场化进程。科幻会展的市场化发展思路有利于激活民间组织和团体的活力，有助于将"科幻会展"打造为城市地域的文化名片，鼓励活跃的民间交往，进而促进我国科幻品牌的国际影响力。比如近年来成都申办世界科幻大会，不断提升城市自身接待国际客流量的能力和水平，打开本土观众的视野，也在国际上推广中国科幻的亲切形象，在此过程中，吸引海外科幻迷从点到面地感受中国科幻之魅力，并且有望拉动地区旅游业的增长。

## 四、构建想象力话语，促进良性的文化传播

想象力话语权是一种文化软实力的表现，家喻户晓的欧美科幻作品通过其遍及全球、横跨世代的影响力充分证明了这一点。打造民族化的科幻品牌、推广具有中国特色的科幻文化是促进良性文化传播的重要方式之一。而科幻会展为这一目标提供了形式丰富、充满活力的物质平台，有助于实现科幻文化的社会效应和文化效应。中国科普科幻电影周（展）、另一颗星球科幻大会、三体·时空沉浸展等会展活动，以多媒体的呈现方式，借助视觉科技的先进手段，线上远程举办的疫情时代新模式，尽可能地吸引受众，提升参与的便捷性，拓展了科幻会展的形式，探索着科幻会展业的无限可能性。

**作者简介**

赵文杰，武汉大学硕士研究生，研究方向为科普科幻人才培养与产业发展等。

李思雪，清华大学博士研究生，研究方向为科幻产业发展，性别与女性主义，大众文化，传播媒介。

# 第七章

## 虚拟现实技术在科幻电影中的应用及影响

金　韶　林玉娜　褚婉宏

乔治·卢卡斯 1977 年的《星球大战》标志着电影特效行业的崛起；詹姆斯·卡梅隆 2009 年的《阿凡达》的虚拟拍摄将 IMAX 巨幕与 3D 立体技术结合；乔恩·费儒 2015 年的《奇幻森林》和 2019 年的《曼达洛人》重新定义虚拟拍摄，即使用 LED 屏技术，实现拍摄的同时 LED 屏同步呈现特效场景。新技术在科幻电影中发挥着越来越重要的作用，尤其是近年来，虚拟现实技术凭借其在场景打造和虚实交互上的先天优势，在科幻电影制作的各个环节都得到了应用。本章通过梳理虚拟现实技术的技术特点以及在科幻电影制作中的具体应用，分析其对科幻电影的影响及未来发展的趋势。

## 第一节　虚拟现实技术

1935 年，美国科幻作家斯坦利·温鲍姆发表了一本名为《皮格马利翁的眼镜》的科幻小说，小说描述了主角只要戴上一套特殊的眼镜，就可以进入一个可以模拟视觉、听觉、味觉、嗅觉和触感的前所未有的电影世界中去。其实这本小说便是"沉浸式体验"的最初描写，与如今的虚拟现实技术有着异曲同工之妙，这本小说也被公认为是探讨虚拟现实的第一部科幻作品。正是受到这篇科幻小说的启蒙，越来越多的人开启了对虚拟现实世界认知的窗口。

1987年杰伦·拉尼尔首次提出了虚拟现实(Virtual Reality，简称VR)的概念，并且研发出了第一套真正意义上的虚拟现实设备。虚拟现实技术，又称VR技术，是新一代信息技术的典型代表，它以计算机视觉为核心，集合了跨学科的新技术，形成可视、可听、可触、可嗅等一体化的虚拟环境，使用者可以借助专用设备身临其境，并且能够与虚拟环境中的人或物进行交互作用。[1]虚拟现实技术的目标是消除虚拟与现实、时间与空间的界限，让人们获得沉浸交互体验。

简单来说虚拟现实技术是一种可以创建和体验虚拟世界的计算机仿真系统。

虚拟现实技术的核心特征包括：

第一，虚拟呈现的仿真性。虚拟现实技术利用计算机产生的三维立体逼真图像使得虚拟与现实相交，并且通过电脑技术将虚拟的信息应用到真实世界中去，让真实的环境和虚拟的物体实时叠加到同一个画面或空间并且同时存在，能够为存在于模拟环境中作为主角的用户尽可能地提供真实感。VR头戴设备以其逼真的立体三维图像让使用者模糊了虚拟与现实的边界，使其完全融入VR头戴设备所营造出来的崭新世界中。虚拟现实技术的这种仿真技术正是其一大卖点。

第二，打破边界的破窗性。虚拟现实技术的出现打破了屏幕的边界感。传统的影像技术无论从手机到电脑再到大屏幕，总是存在着边界。VR的出现则打破了这扇"窗户"，不再把屏幕死死地钉在一扇窗户中，它所呈现出来的就和真实环境中的世界一样，用户的周遭视野所及之处都是影像，没有屏幕的概念，没有边界。使用VR穿戴设备对用户的观看场景无限制，观看姿势无要求，不像在传统影院中只能规规矩矩地坐着，这对用户本身的限制便也减轻了。这就是随着VR的出现所伴随着的全新的影像表达形式。[2]

第三，虚实相融的交互性。用户可以在虚拟环境当中利用相关传感设备实

---

[1] 鹿永国：《关于虚拟现实技术在电影领域应用发展的实践畅想》，《现代电影技术》2020年第9期，第43-46页。

[2] 姜荷：《VR虚拟现实技术下影像表现形式的可行性分析及对电影产业格局的冲击与挑战》，《当代电影》2016年第5期，第134-137页。

现与虚拟世界中的物品交互，并形成视觉感知、听觉感知、触觉感知、运动感知，甚至还包括味觉、嗅觉等，例如当用手触摸虚拟世界中的物品时，所产生的感觉与在真实世界中触摸物品的感觉是相同的。在电影以及游戏中都将会更加体现这一优势所在，用户不仅仅是一名观看者，更是一名参与者。例如在游戏中与虚拟世界中的人物或者游戏非玩家角色（NPC）进行交互，从之前的被动变为主动，用户可以主观选择自己想要进行的动作以及剧情进度，大大提高了游戏的趣味性。

# 第二节　虚拟现实技术在科幻电影中的应用

## 一、创作环节

### 1. 虚拟视觉预演

视觉预演又称视效预览，是指通常在复杂视效场景和动作镜头拍摄之前，对取景画面及摄影机方位进行演练和试验，以保证拍摄前供导演、摄影指导参考。比如前期场景设计，可以用 VR 工具把创意和各种元素都导入虚幻引擎当中，渲染出一个沉浸感极强的 VR 场景，所有创作者都可以进入那个场景中去，预览甚至做深度探索，决定故事可以在哪些地方以哪些角度来展开。

传统的电影制作由于受到技术的限制，面对高成本、高难度的拍摄画面，导演与创作人员不得不现场做出决策，更换或放弃原画面效果而选择相对稳妥的拍摄方案。现实的拍摄难度与试错成本大大限制了创作者的想象空间与创意发挥。而今天的虚拟现实技术可以实现科幻电影的虚拟化制作，在实际拍摄前通过设计预演和技术预演等手段，让绝大部分的具体决策工作在拍摄前就能够完成，没有现场突发状况的羁绊，不怕反复修改，而且能够实时看到画面效果。制作团队能够以一种更直观、可视化、可互动的方式去探索、规划、尝试，能够更好、更快地做出决策，优化创意过程，也大大节省了电影制作的时间成本与人员精力。

### 2. 虚拟角色塑造

从《少年派的奇幻漂流》里的老虎帕克，到《银河护卫队》的格鲁特，这些电影角色都是后期用 CG（Computer Graphics，指计算机动画）制作而成，在拍摄现场一般用玩偶代替拍摄得来的。这种拍摄方式不但有利于后期的增补背景、光效或道具，而且在后期补拍或插入镜头时，不再需要全部参演人员同时在场，大大减少了时间和空间上的成本浪费。[1]随着电影特效行业的快速发展，科幻电影角色可以不再受到角色限制，运用后期合成即可打造出一个完美的虚拟角色。在虚拟现实技术越发成熟的现在，我们不难想象到未来可以在 VR 实景电影中看到更为立体逼真的虚拟角色，由我们的五感带动来与虚拟角色互动，给用户带来更为新鲜的体验。

### 3. 游戏化叙事

2018 年上映的《头号玩家》电影取材于虚拟现实技术爆发的 2016 年，电影中呈现的虚拟现实技术、虚拟世界及相关体验装备都与当前科技的发展密切相关。影片实现了电影与游戏跨媒介融合，以电影为载体，承载了许多游戏的内容以及设定。影片以游戏角度展开叙事，使观众轻松游移于电影时空与游戏空间内，游戏的特效加上电影唯美的画面感官给观众带来了双重刺激，两者双赢带给观众新鲜的审美效果。随着越来越多的网游改编为电影，这种游戏化叙事越来越受大众的欢迎。《头号玩家》导演斯皮尔伯格在影片中设置了一个片段，是在汽车上放了一个二维码，扫描二维码会进入影片专属的答题世界，这也就吸引了更多观众在首次观影后通过不断回看来解密问题并赢取通关奖励。这种互动叙事的采用使得观影生命周期加强，为观众提供了新的观影体验，也使得影片的商业价值通过后期的网络会员播放提供了新的升值空间。[2]

## 二、制作环节

### 1. 虚拟拍摄

演员在提前制作好的虚拟背景前表演，导演监视器上实时呈现出合成后的

---

[1] 张驰：《后身体境况——从"赛博格演员"到虚拟偶像》，《电影艺术》2020 年第 1 期，第 94-99 页。

[2] 陈旭光、李黎明：《从〈头号玩家〉看影游深度融合的电影实践及其审美趋势》，《中国文艺评论》2018 年第 7 期，第 101-109 页。

效果，这种直观的拍摄技术称为电影的虚拟拍摄手法。这种拍摄手法的好处就是背景 3D 场景可以随着相机的移动而移动，完美地解决了透视同步问题，仿佛演员身临其境一样。虚拟拍摄是以数字资产为基础、仿真融合为目标来进行的，涉及真人演员、局部实景、真实道具、数字场景、数字角色等元素的搭配合成。虚拟拍摄按照流程的先后顺序分为实时虚拟预演和现场虚拟实拍两个工艺。实时虚拟预演的可视化呈现一般会在电影制作流程的每个实际生产环节之前进行，它可以将虚拟背景和实拍前景画面实时合成并记录下来，还可以在纯虚拟环境中，将虚拟角色的表演进行实时渲染，导演手持摄像机就如同在真实场景拍摄一样。通过虚拟预演能够让整个制作团队达成共识，激发导演创意灵感，减少沟通时间，从而节省制作成本，提高制作效率。

### 2. 虚拟特效

视觉特效从本质来讲就是计算机模拟影像。为了使影视作品能够完成其核心功能，即完整表达一个故事并且与观众产生精神互动，这便对特效的真实性提出了一定的要求。完整的虚拟特效制作包括特效技术研发、前期视觉开发、后期制作等 3 个环节。电影开拍前期主创团队就会做出充足的镜头设计和拍摄方案，根据分镜头做出一个动画版本，待到实拍时，这些镜头再逐渐被替换，形成连贯剪辑的绿幕版本，然后在绿幕剪辑版本上做画面的特效工作。合理切分连贯的绿幕版本，根据场景切分分包内容，再统一管理，既保证了电影整体的风格与质量，也便于剪辑师与导演对特效做出明确的判断。特效构建是一个庞大又精细的工作，例如《流浪地球》共搭建了 10 万平米的实景摄影棚，制作了 2 003 个特效镜头，影片中的采石场的石子共设置了 100 亿颗。所以特效团队就需要通过简单的模型搭建，把运动的焦点元素设计出来，做一些简单的视觉跟踪，先把整段戏的视觉场景搭建出来，再把镜头放进去。一般特效团队与导演在拍摄之前，用纯三维技术加一些光线效果进行动态预览。在拍摄完成之后，特效团队直接可以拿到拍摄素材进行迅速而准确的处理，做些后期预览。

### 3. 虚拟制片

虚拟制片是一种视听技术，源自好莱坞电影，特点是仿真、交互与实时。2010 年前后传入中国，主要应用于影视剧与电视节目的拍摄与制作。虚拟制片由影视工业孕育而成，是极客精神的衍生作品，也是生产效率的倒逼产品。

虚拟制片是把虚拟计算机图像与真实演员的表演融合在一起，而且在拍摄现场就能把加特效的画面实时做可视化呈现的制片方法。这种技术最初是由英佩游戏出品的实时 3D 创作引擎——虚幻引擎发展起来的，引擎技术便是虚拟制片的核心驱动力。虚拟制片包括，用 CG 或 VR 技术在拍摄前把场景做可视化、搭建虚拟拍摄片场、实时特效、表演捕捉和虚拟后期制作等环节。国内底层引擎技术开发目前尚不完善，引擎技术主要开发重点依旧在游戏方面，无法满足影视的高清、流畅的观影需求。科幻类电影的虚拟制片涉及从动画预演到后期制作生产整个庞大的体系流程，需要大量的时间、金钱与人力资源。

如今的 CG 三维图像制作技术、IMAX 与 3D 电影技术一次又一次地增强了观影的真实体验。科幻电影绿幕拍摄场景已不再需要后期合成，只需演员身穿黑色紧身衣，身体各关节处贴着反光跟踪器，在数十台高清摄像机与数十个跟踪点组成的三维立体的捕捉空间中，由动作捕捉系统对演员动作进行实时捕捉，并记录下每一个关节在三维空间中的位置与运动轨迹。而后，动作数据捕捉设备把采集到的动作数据进行处理，再把动作数据附加到虚拟的三维角色模型上，这样一来虚拟角色就可以在演员的动作数据驱动下表演出真实流畅的动作。[1]并且在摄影棚里，视角都可以自由变换或穿梭。看虚拟场景中的角色和背景，就如同观看取景器中的事物一样直观，取景器中再也不是满满的绿色背景，而是经过虚拟摄影机和 3D 摄影机所拍摄的图像合成后的画面。而电影工作者也可以直接与计算机中的虚拟场景和角色进行互动，既保障了工作的实时性与互动性，又实现了实时的人机互动。

## 三、终端环节：沉浸体验

### 1. 空间沉浸

VR 电影的出现颠覆了传统电影的观影体验，VR 电影借助头戴显示设备并通过传感器对用户的眼睛、头部以及手部等身体部位进行实时感知与互动反馈，当人们转动头部，画面也会随之转动到同一侧，这样一来观众便可以自主选择

---

[1] 刘畅：《解析电影中的虚拟现实技术》，《电影文学》2011 年第 9 期，第 27-28 页。

观影视角，形成了人与场景之间的互动关系。传统的剧本更加强调镜头的切换，而 VR 电影则把空间视觉化，可见之处皆为屏幕，自此观众不再是被动的接受者，而是积极与场景互动的参与者。

VR 的出现为我们带来了全新的屏幕终端——头戴式显示设备，VR 的影像表达形式多为 360 度环绕式，为用户提供了更加宽广、更加清晰的屏幕视野。相对传统影院而言，一般视野最好的地方就是影院座位中间的几排黄金观影位置，而 VR 头戴设备将使用户永远处于传统影院的"黄金观影位置"。并且 VR 设备观影自由度更高，无须出门在家中便可完成具有优质体验感的观影。未来，VR 头戴设备很可能会对传统影院造成一定的打击，也或许院线会为了满足更多人的观影需求和为了满足人们更多的感官享受而发展，如设置 VR 专用影厅等。用户可以在自己家或者任何公共场合、私人场合随时体验沉浸式的 VR 设备带来的全方面感官享受，不再受到任何播放时间、播放地点的限制。

## 2. 情感沉浸

另外 VR 头戴设备可以给用户带来很好的时间和空间的封闭性，在沉浸式体验方面或许并不逊色于传统院线，也更加有助于调动用户的感官以及观影情绪。VR 设备可以模拟同步人们的视觉、听觉以及触觉，也可以在电影故事情节中让更多的用户参与进来，让其从被动观看变为主动选择，一点一点地增强用户观影的沉浸感，使得用户可以在虚拟的世界中放飞幻想。VR 设备影像大多是通过第一视角带来的沉浸式体验，赋予了用户更加真实的主观视角与在场感，这使得用户在心里感官上更加认同，也能够真正地把自己带入到电影的故事情节发展当中，激发其情感共鸣。例如电影《火星救援》制作公司所发布的 VR 影片当中，用户可以自由观看火星地表，画面也会随着头部转动而随之变化，使得其观看角度不再受到屏幕边界的限制，极大地提高了用户观看的情感沉浸与在场感。

# 第三节　虚拟现实对科幻电影未来的影响

## 一、未来叙事：观众即角色

在虚拟现实世界，用户可以选择虚拟角色，借助数字孪生实现自身的角色化，融入电影或游戏中。用户也可以体验电影创作的各个流程，感受电影行业中场景搭建、演员调度、情节发展等各个环节，加强与电影行业的互动。在这个"人人都是自媒体"的新媒体时代，用户还可以通过网络平台上传自己创作的剧本，让更多的用户体验电影制作流程并且可以借助虚拟现实设备根据自己的喜好制作出一部属于自己的科幻微电影。通过多方面联动，加强用户与平台之间、用户与电影业界之间的交流，促进电影行业发展新态势。

在未来，计算机视觉和人工智能技术结合研发，用人工智能颠覆影视制作行业并加速时代数字化进程将会成为一大热点趋势。北京聚力维度科技有限公司是一家深耕计算机视觉和人工智能技术的高科技企业，公司致力于用人工智能技术把影视制作从手工时代直接带到人工智能时代。现在的影视行业，生产制作环节还停留在手工作坊时代，影视作品的每一帧画面都是不一样的，需要人工才能生产完成。而聚力维度正在做的就是利用人工智能技术与计算机视觉技术相结合，加快影视产业的制作流程，扩大影视制作用户端口，让人人都可以当导演、当编剧，制作一部属于自己的微电影。

## 二、未来影院：个性消费 + 异地同步社交

未来的 VR 电影由于其头戴设备的观影自由性，观看时间、空间都不再受到任何限制，除了可以在线下影院体验，还可以通过 VR 头戴设备在家里、酒店、各种休闲场所等进行观看。注重个性化消费的 VR 电影，解放了用户的消费空间局限，也激发了创作者的创作空间。创作者可以根据不同的用户和场景需要，制作更多元化、细分的电影。

传统影院电影主打大众消费，VR 电影则实现个性化定制；传统影院电影提供大屏观影和观影者同处一个空间的线下社交体验，而 VR 电影则提供小屏

互动观影和观影者异地同步的虚拟社交体验。VR电影是对影院电影的有力补充和独特创新。个性化消费带来VR电影的产业化，未来的VR电影将会更加专注深耕长尾市场，打造个性化消费和独特社交体验，来吸引更多的消费者。

## 三、未来产业：视觉奇观消费经济

### 1. VR 娱乐

2020年获得千万级投资的线下社交娱乐品牌"沉浸世界"，便是从密室逃脱切入，基于VR技术提供虚拟现实娱乐内容的新物种。"沉浸世界"通过VR空间设置场景和剧情，突破了传统密室无法实现的交互模式，让玩家能够更加沉浸地进入游戏角色，在游戏场地中实现游戏世界1:1空间的活动。另一方面，在虚拟打造的游戏空间中，声音与音乐效果也将更加清晰和逼真，给玩家带来全新的视听体验。

### 2. VR 展览

TopShop[1]曾经在伦敦时装周准备了独家的VR体验，随机抽取顾客在其伦敦旗舰店中进入虚拟世界，体验在时装周第一排观看时装秀现场。这次体验吸引了一百多位顾客到店参与活动，不仅引领了新时尚，也吸引了无数媒体与网络的关注。VR技术的沉浸交互以及仿真体验不仅能抓住消费者的新鲜感和好奇心，还能够把消费者带入情景之中，在幻想的加工中带动消费者的情绪，直接与品牌进行亲密接触，能够最大程度地展现品牌优势，刺激消费者的购买欲望。

### 3. VR 广告

虚拟现实产业借助自身设备特点为广告商提供了营销新思路。2016年麦当劳把餐盒变成了透镜，这是个既环保又有创意的想法，顾客们打开麦当劳开心乐园餐盒就可以拿到一个简易的VR装置，并在餐厅体验滑雪的刺激感。这样不仅吸引了更多消费者的光顾，还能够为品牌造势。VR广告的流行，进一步降低了VR技术的门槛，丰富了VR视觉的表现形式和商业功能，推动了视觉消费产业的规模增长。

---

[1] TopShop，是英国的一家时尚品牌。

# 第四节 结 语

2019 年上映的电影《流浪地球》开启了我国科幻电影元年，但目前我国国产科幻电影与国外仍存在很大的差距。例如美国好莱坞在特级摄影、模型制作、特效化妆等诸多细分领域都已经形成了精细的专业分工，并且有成熟的协同管理体系，而相比之下，一方面国内目前由于视觉特效技术行业起步较晚，技术运用尚处于探索阶段，并且缺乏经验积累与资金支持，仍需要一定时间进行技术研发和经验积累；另一方面，虽然刘慈欣的《三体》《流浪地球》等科幻小说作品为中国科幻发展开拓了空间，但我国知名的优秀科幻小说可见度仍较低，无法为科幻电影提供良好的剧本支撑。

中国科幻电影的发展未来可期，长远来看，与其追求超越领先，不如打好科幻基础，培养新一代青年的想象力和探索精神，鼓励创作更多优秀科幻作品，同时加强高科技尤其是虚拟现实技术的研发应用，提升科幻电影虚拟化制作和呈现的水平。

［本章是北京市科学技术委员会课题《促进北京科幻产业发展研究》（项目编号：2020XCCKP-12）的阶段性成果。］

**作者简介**

林玉娜，北京联合大学新闻与传播系 2021 级研究生；

金韶，北京联合大学新闻与传播系副教授；

褚婉宏，北京联合大学新闻与传播系 2020 级研究生。

| 第八章 | 崛起的科幻"副产品": |
|---|---|
| | 全球科幻周边产业发展初探 |

姚利芬　柯昊纯

本章对全球范围的科幻周边产业进行初步研究。科幻周边是围绕科幻 IP 开发的商品，科幻周边产业是科幻周边许可、制造、销售产业链的总和。本章结合国内外大量科幻周边产业的案例，明确科幻周边产业的上下游链条，同时对比科幻周边产业在全球范围内的两种运营模式，指出我国科幻周边产业相比成熟的科幻周边产业存在的不足，探讨我国科幻周边产业的发展方向。

# 第一节　"周边"概述

"周边"一词，指的是围绕着某个 IP 所制造的带有该 IP 属性的各类商品。在影视行业，周边也被习惯性地称为"衍生品"；在一些动漫爱好者口中，周边也被称为谷子（日语"周边"一词"グッズ"的谐音）。广义上的"周边"是指一个品牌概念（也就是知识产权，现在更多被称为 IP），指能产生附加值的"衍生品"。[1]

---

[1]　本章将"周边产品"分为由中国引进的科幻周边产品与中国本土科幻周边产品。

周边概念是相对"核心"而言的，具有相对性和易变性，绝非一成不变的。尤其是当前的产业链条处于勃发期，泛娱乐时代的来临促进了科幻各产业形态之间的流动延展。以育碧 2016 年发行的网络游戏《全境封锁》为例，该游戏在市场赢得口碑，并占据一定的资本市场后，育碧又继续推出《全境封锁2》，并同期发售《全境封锁2》官方小说《冲破黎明》。与该游戏相关的电影、漫画也在筹拍策划中。在这个案例中，不管是图书、电影、漫画均是先期占据了强大资本的游戏产品《全境封锁》延展出来的周边产品，这几种产品拥有共同的科幻核心故事。"科幻核"具有开放的可以延展的空间，并倚借不同的媒介进行传播，形成聚合效应，以占据更大的资本空间。[1]类似这种情况的还有围绕战略游戏《星际争霸》出品的长篇正传小说《星际争霸：自由远征》，根据经典游戏《刺客信条》打造的小说《刺客信条：末裔》等。因此，科幻周边是围绕科幻 IP 开发的商品，科幻周边产业是科幻周边许可、制造、销售全产业链的总和。本章对周边、衍生品、文创产品等统一使用"周边"一词描述，并结合国内外大量科幻周边的生产销售案例，研析科幻周边产业链条，探析科幻周边产业的两种运营模式，提出中国科幻周边的发展方向。

## 第二节　科幻周边产业链条：许可、制造和销售

科幻在 19 世纪伴随着工业革命在欧洲出现。它的发展十分迅速，很快成为一种妇孺皆知的类型文学。围绕着著名的科幻 IP，科幻产业也发展起来。《星际迷航》始于 20 世纪 60 年代，《星球大战》首部电影在 20 世纪 70 年代上映，《变形金刚》第一季于 20 世纪 80 年代播出，《新世纪福音战士》1995 年面世，直到今天它们成功的跨媒体制作仍在继续。跨媒体制作是一种将内容分散到多种表现形式的营销策略，包括广播媒体、游戏、玩具、游乐园等，[2]

---

[1] 姚利芬：《涌动的翻译场：美国科幻小说中译二十年》，《华南师范大学学报》2020 年第 4 期，第 163 页。

[2] H. Jenkins, *Convergence Culture: Where Old and New Media Collide.* New York: NYU Press, 2006, p.351.

被科幻产业广泛采取。周边产业是其重要的一部分。近三年中，这四个科幻IP均制作了系列新电影或电视剧集，带动其体量庞大的科幻周边产业迎来了一波接一波的发展。

从产业链的角度来看，科幻周边产业必然存在三个环节，从上到下为许可、制造和销售环节。如图2所示：

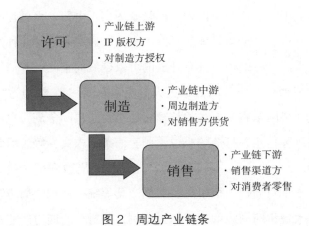

图2　周边产业链条

# 一、许可

许可是整个产业链的上游，又被称为授权，指的是IP版权方将制造正版周边的权利授予某一企业或个人的过程。拥有授权，一款周边产品就是正版商品。没有授权而使用某一IP盈利，本质上就是一种盗版行为，可以被版权方起诉要求赔偿损失，严重者会被处以刑事处罚。国内往往将许可纳入到周边产业的范畴内，作为一个上游环节看待，正如本章所持的观点。但国外普遍认为"周边"是许可行业中商品开发的一环，有"国际许可行业协会"等相关的行业组织予以规范。2018年，上海市闵行区人民法院以侵犯著作权罪判处被告人李某有期徒刑三年六个月，并处罚金人民币一百九十万元。李某的犯罪事实就是未经日本科幻IP《机动战士高达》的版权方许可，擅自生产、复制并销售盗版高达玩具，金额高达三百余万人民币。[1]由此可见许可环节的重要。

---

[1]　张祯希：《2018上海十大版权典型案例抢先看：仿冒高达模型获刑三年半，葫芦兄弟也中招》，微信公众平台2019年4月22日，访问日期：2022年1月18日。

《流浪地球》电影上映后，相关周边产品便开始陆续推出。其多元化产品品类的开发打破了国内科幻电影衍生品开发的纪录，涉及服饰、珠宝饰品、母婴产品、居家日用、玩具、乐器、零食、3C 产品和文具等十余类。尽管有像森宝、铜师傅等多个知名企业加盟，但在淘宝网可见铺天盖地的盗版周边，尤以生活用品贴牌周边为多，借用流浪地球的元素，无形中挤压了正版周边的市场空间，是一种侵权行为。

## 二、制造

制造是周边产业链条的中游环节，也叫作生产环节，是制作各类周边产品的环节。比起每个 IP 屈指可数的上游版权方，中游制造方的数量弹性十足。小的科幻 IP 可能只需要一两家制造企业来制作单一品种的周边，知名的科幻 IP 往往需要几十家乃至数百家企业来满足其多品类的周边需求。这是因为，相对于"中心"（即 IP）来说，任何产品、任何行业都是周边。传统上，科幻周边被分为硬周边（CORE HOBBY，指像扭蛋、挂卡、模型、手办等观赏收藏用周边）[1] 与软周边（LIGHT HOBBY，指文具、服饰、钥匙扣、手机壳等具有一定实用性的周边）。但随着时代的发展，周边产品的形态呈多样化发展，涉及的行业也越来越多。娱乐圈男刊杂志《智族 GQ style》2020 年推出"王一博仿生人"策划，王一博变为 W1Bo-0805 号仿生人，除了由知名科幻作家陈楸帆撰写科幻小说，还有相关环保主题艺术影像、照片、漫画等，甚至专门开发了一种虚拟语言。迪士尼乐园中的《星球大战》板块，环球影城中的《变形金刚》部分，也是各自科幻 IP 的一种周边。《星际迷航》在 2016 年系列五十周年之际举办的星际迷航音乐会，也可视为一种周边形式。以《新世纪福音战士》为主题的弹珠机，即赌博游戏"柏青哥"的赌博机器，根据其授权制造商菲尔兹公司在 2018 年的报告，已经售出 231.7 万台，销售额估算约 90 亿美元，亦不失为一种奇特的周边。[2]

---

［1］ 李四达：《新媒体动画概论》，清华大学出版社，2013 年，第 7 页。

［2］ Fields Corporation: *Fact Book: Supplementary Financial Document for the Year Ended March 31, 2018*, 2018-05-11, https://www.fields.biz/ir/j/files/press/2018/press_20180511oe.pdf，访问日期：2022-01-18。

## 三、销售

销售是周边产业的下游，是产业链中直接与消费者互动的神经末梢，也被称为渠道方。这一环节的企业与中游的周边制造企业是供货商和零售商的关系。例如，世界知名的全品类电商网站如亚马逊、易贝、梅西百货上，都贩卖许多科幻周边；而在线下大型零售商如沃尔玛、家乐福的货柜上，也存在一些科幻周边产品。但是，许多上游版权方也拥有自己的销售渠道，如线下的和线上的迪士尼商店；一些中游制造方也会寻求比较稳定的长期销售渠道，例如日本万代和它的大中华区唯一总代理香港瑞华行——中国和东南亚部分地区所有万代产品的一级经销商。还有一些销售方，由于目标客户的重合而和中游制造方或上游版权方关系密切，比如"Gamestop"（美国一家游戏零售平台）由于专营游戏、消费电子和周边产品，因此和许多科幻游戏厂商及科幻周边制造商关系密切。类似地，已被"Gamestop"收购的"Thinkgeek"（美国一家电商网站）由于主打极客文化周边产品，所以和《神秘博士》《瑞克和莫蒂》等科幻剧集版权方关系密切。而正如"Gamestop""Thinkgeek"一样，许多细分领域都有自己的渠道巨头。

## 四、小结

许可、制造、销售是全球科幻周边产业必不可少的三个环节，在每一个环节上都有大量企业围绕各个 IP 经营。其中也有一些企业同时涉足多个环节，例如万代南梦宫控股下辖子公司万代拥有玩具制造能力，而其另一子公司日昇则专精动画制作，因此日昇制作的科幻动画《机动战士高达》系列的周边开发会交给万代，相当于万代南梦宫的左手给右手授权，右手给左手生产周边。[1]如果再加上万代在日本国内的直营销售渠道方，万代南梦宫控股就横跨了许可、制造、销售的全产业链，是科幻周边产业的庞然大物之一，可与美国的迪士尼

［1］ BANDAI NAMCO Holdings: *Corporate Data | About Company | BANDAI NAMCO Holdings*, 2020-04-01, https://www.bandainamco.co.jp/en/about/profile.html, 访问日期：2022 年 1 月 18 日。

公司媲美。中国的科幻周边则经常是 IP 授权方、产品制造方和销售渠道方不在一个城市，具有跨区域散点布局的特点。以《流浪地球》为例，其主要授权方在北京中影，承接授权的制造方散布全国各地，其中以广东的森宝为代表，森宝开发的《流浪地球》系列积木，营业额已过亿。而《流浪地球》系列积木不仅在国内的沃尔玛等大型超市上架，还远销东南亚地区，收获了良好的口碑。比如，在易贝上搜索"wandering earth"（流浪地球）并设定收货地为日本，可得到超过 500 个结果，基本都是我国生产的正版周边。目前国内的科幻核心 IP 授权方多集中于京沪蓉这样的一线城市，而制造则多在中小城市，国内科幻周边的销售区域正在走出国门，迈向世界。

## 第三节　科幻周边开发的两种模式

科幻周边产业的许可、制造、销售三个纵向环节都是不可或缺的，但各个 IP 倾向于开发的周边产品区别明显。因此，科幻周边产业又可横向分为两大主要类别：第一类是"科幻影视周边产业"，倾向于将真人科幻电影或科幻电视剧作为核心 IP 开发周边。国外上游版权方多为欧美公司，典型案例是迪士尼公司和其科幻 IP《星球大战》；国内上游版权方多集中于一线城市，典型案例是中影集团和《流浪地球》。第二类是"科幻 ACG 周边产业"，倾向于将动画（Animation）、漫画（Comics）、游戏（Game）作为核心 IP 开发周边。这类周边类型在国外以日本为代表，上游版权方多为日本公司，典型案例是万代南梦宫控股和其科幻 IP《机动战士高达》。而在美国，则通常以游戏 IP 为起点，以玩具销售为终点。近年来，国内 ACG 周边开发正在崛起，许多动画 IP 除了开发周边外，还与文旅结合，在旅游景区开辟专题板块。"钢铁飞龙"动画剧集《钢铁飞龙 3·山海神兽录》于 2020 年 11 月开播，机甲类周边玩具售卖火爆，成为创收新风口。拥有"钢铁飞龙"IP 的超维互娱将为全国百个旅游城市及千个 5A 级景区联合打造"空域＋全屏化"的文旅 IP 影漫游内容定制、营销联动，这正是产业升级的一个有力手段。[1]

---

［1］　金台咨询：《国产少儿机甲第一 IP"钢铁飞龙"新作 11 月开播》，金台咨讯 2020 年 10 月 26 日，访问日期：2021 年 3 月 15 日。

## 一、科幻影视周边产业

### 1. 将周边开发纳入影视制作流程

在科幻影视周边产业中，总体特征是"早期介入，全程控制，良性循环"。这一产业的理想状态是由 IP 版权方，也就是影视的出品方完全主导，全面把控制造方对各类周边的制造，并对下游的销售方提出各种要求。

影视出品方对科幻影视制作流程的介入，最早可以在剧本阶段就开始。出品方会从周边产品的角度提出修改意见，以便影视作品中的形象更加鲜明、独特、有人气。首先，这些形象必须具有原创性，以便日后能够成功申请为 IP，进行许可，打击盗版。其次，这些形象要具有代表性。不是每个形象的周边产品都有销路，只有创造出具有人气的形象，相应的周边才能大卖。而人气往往来自这一形象对某个群体、某种思潮、某种时尚、某种欲望的代表性，只要让人们在这些形象身上看到曾经的、现在的或者理想中的自己，它就会有人气，就是一个合格的、值得开发周边产品的形象。同时，这些形象在一定程度上却又要符号化，因为一部影视作品不可能满足所有人的需求，即使只满足一个群体，其内部也是由无数个体组成的，出品方负担不起满足每一个人的成本，因此要使用符号化的手段来抓大放小，突出这一形象的重点，满足目标群体的共同需求。

中国科幻电影近年在衍生品开发上，趋于保守。也正是因此，分别斩获46 亿、50 亿票房的科幻片《流浪地球》与神话 IP《哪吒》皆错过衍生品的最佳开发与销售时期。《流浪地球》后续开发了 100 多个品类的产品，市场规模达到 8 个亿左右，而相关负责人表示原本可以更高。《捉妖记》首部制片人江志强曾表示"衍生品以前我不重视，现在可以说很后悔，今后一定会很重视这件事"。欣喜的是，这种现状正在逐渐改观，中澳合作耗时六年开发的第一部重工业科幻电影《恐龙人》，在电影开发之初就对该片的 IP 进行了品牌布局，并获得由中国商标总局在玩具、文具、服装、饮料类别的商标注册证书，拥有巨大的品牌授权及衍生产品开发空间，使该电影 IP 实现了一个完美的品牌闭环商业布局。

通常，在电影上映前半年嵌入衍生品的开发阶段是较理想和完美的，优质衍生商品多需要半年左右的开发周期,产品出来可以赶上电影上映的热度,进行品牌联推,促进销售。然而,由于影视作品质量的不稳定性以及市场反应的不可预测性,很多上映之后火爆的电影,前期都未布局衍生品开发,导致临时跟进授权,常常错过了衍生品上市的最佳档期。而相关衍生品授权与开发更像是一场"豪赌"。究其原因,一来是缺乏 IP 风险评估机制,二来国内的衍生品产业链不成熟,市场尚未形成规模化,品牌方和电影制作公司不敢贸然押注。衍生品先行往往要冒风险,电影制作方难以说服品牌商家在电影上映前进行合作,毕竟押中爆款并不容易。在衍生品规划和生产无法有效前置的状况下,众筹预售成为现阶段的主流模式。[1]按需定制往往滞后于电影上映,等到项目众筹成功之后再制作需要好几个月的工期,正版还未开售,盗版已在各大电商平台冲上销量。

### 2. 以软周边开发为主

在影视制作过程中,出品方除了要保证上述形象的原创性、代表性、符号化等特性在影视作品中的还原度之外,还要将这些形象集合为设计手册和图库,在影视作品未上映时就向中游的周边制造方订购周边,同时提出要求,保证周边产品的质量较高,避免粗制滥造,且在科幻影视上映的同时让周边上市。一旦科幻影视取得成功,影视本身就成为其周边的宣传片,早就准备好的大量制作精良、统一规范的周边便能销路通畅,这些周边又能形成一波宣传,进一步提升所有周边以及科幻影视本身的知名度,达到良性循环。

在这一细分产业形态中,周边产品的品类通常是软硬兼有,但非常偏向软周边的。不管是马克杯、衬衫、儿童玩具还是乐园,都是软周边,具有实用性。这和"良性循环"的特点是分不开的,只有软周边才有机会曝光在大庭广众之中,被不知情的路人所目睹,产生观看影视作品或者购买相应周边的好奇心,从而形成宣传上的良性循环。以《流浪地球》为例,在《流浪地球》的周边产品中,有一些用来观赏、收藏,价格高达千元甚至上万元的硬周边。例如《流浪地球》官方在摩点推出了电影周边众筹,主打产品为"行星发动机模型夜灯/加湿器套装"。[2]电影中主要高潮剧情的发生地——苏拉威西03号转向

[1] 魏沛娜:《影视上下游联动深耕衍生品》,《深圳商报》2021年9月1日。
[2] 姚利芬:《我国衍生品市场火起来》,《科普时报》2020年10月23日。

发动机，就有比例为 1∶110 000 的涂装模型推出，售价 1 988 元。铜工艺品牌"铜师傅"开发了运载车、运兵车、宇航员等几款科幻收藏级产品，售价从几千元到一万元不等，市场反响都非常不错。[1] 然而，相较价格不菲的收藏品，附值了科幻元素、注重实用的软周边品类更为众多，可以说是《流浪地球》周边品类的主流。相对平价，更为贴近生活的服饰鞋帽、3C 电子产品、日用品手机壳、帆布袋、笔记本和徽章之类的周边层出不穷。这些产品也在淘宝众筹上通过众筹形式发售，当前的授权规模也在不断扩容中。"流浪地球"的形象被作为周边产品的原型或核心元素，融入钥匙扣、充电宝、手机壳、T 恤、积木等日常用品的设计之中。

正是因此，国外科幻周边产业链条中游产生了以帕拉栋公司为代表的软周边多品类生产制造商。这种公司专门按照上游版权方的要求，创建并生产官方授权的软周边产品，再销往各个层次的零售商。其产品涵盖了大量不同的软周边品类，包括但不限于服饰、杯子、美妆、居家用品等。帕拉栋公司正是《星球大战》《侏罗纪公园》许多软周边的中游制造方，受到了以迪士尼为代表的上游版权方的认可。[2]

由于软周边潜在的亲民需求，下游的销售渠道方也偏向大众化、多样化，而非专门的周边销售平台。亚马逊和沃尔玛这样的大型零售商是这一细分行业理想的销售渠道方，因为仅仅是在那里上架就能产生宣传效应。当然，玩具反斗城这样的大类龙头零售企业也很受欢迎。至于那些专门经营科幻周边的零售商，大多规模较小，有些还兼顾二手科幻周边交易市场的职能，因此不受到这一模式的青睐。类似地，迪士尼公司对自家网站上的线上直营店并不重视，就是因为它无法与零售巨头们竞争，不能带来相应的宣传效果。

这种产业运营模式在美国以迪士尼公司最为典型，尤其是迪士尼公司 2012 年收购《星球大战》系列原版权方卢卡斯影业后，2015 年拍摄的《原力觉醒》、2017 年的《最后的绝地武士》、2019 年的《天行者崛起》以及同一时期的外

［1］ 吴鲲:《版交会上〈流浪地球〉展位成亮点　衍生品销售已达 8 亿》,《半岛都市报》2019 年 7 月 5 日。

［2］ Paladone Products Ltd: *The award winning, global selling, consumer products company*, 2020-01-01, https://paladone.com/about-us, 访问日期: 2022 年 1 月 18 日。

传电影《侠盗一号》和《游侠索罗》等，就是这一模式的典范。《星球大战》系列周边产品的产值超过 420 亿美元，是其系列电影的票房之和 103.16 亿美元的 4 倍不止。[1] 类似地，《星际迷航》系列超过 47 亿美元的周边产品产值也比其七部长篇电视剧和十三部电影加起来的产值总和更多。[2] 这就是科幻影视周边产业成功的案例。

## 二、科幻 ACG 周边产业

在科幻 ACG 周边产业中，一方面，基于 ACG 的周边，特别是面向儿童的周边近年来在国内发展的势头较好。而其另一副面孔，即所谓的"日本模式"，总体特征是"物竞天择，官私共生，圈地自萌"。IP 的成年粉丝自发维护 IP 的人气，大量使用 IP 中的形象进行绘画、视频等二次创作，从而打造独属于本 IP 的亚文化圈（即所谓的同人文化），进而保持粉丝的数量和忠诚，以及周边产品的销量。通过对这种行为的鼓励，IP 版权方便可以坐收周边之利。

### 1. 正在崛起的国内 ACG 周边开发

《熊出没·狂野大陆》是"熊出没"系列的第七部，于 2020 年秋季定版，2021 年春节档上映。这部电影呈现了一个后现代科幻故事，故事引入"基因科技""人工智能""技术失控"等热门议题。实际上，科幻元素在熊出没系列中并非第一次出现，科幻一直是熊出没品牌的基本设定。第四部《熊出没之奇幻空间》中就曾运用过平行空间的概念，第五部《熊出没之变形记》中也以特斯拉放大器作为引出故事主线的工具。不同的是，以往熊出没电影中的科幻是较常规的想象，而这一次《狂野大陆》中的想象则是突破性的。"熊出没"电影和电视剧、线下主题乐园以及各类衍生品凝聚成极强的 IP 效应。据了解，"熊出没"的衍生品现有 3 000 多款，合作超过 200 多个授权商。品类包括牛奶、

[1] Statistic Brain Research Institute: *Star Wars Total Franchise Revenue*, 2016-12-11, https://web.archive.org/web/20161211162228/http://www.statisticbrain.com/star-wars-total-franchise-revenue/，访问日期：2022 年 1 月 18 日。

[2] Claudia Eller: *Lower Costs Energize "Trek" Film Profit*, 1998-12-11, https://www.latimes.com/archives/la-xpm-1998-dec-11-fi-52785-story.html，访问日期：2022 年 1 月 18 日。

零食、玩具、文具、服装、箱包、洗护用品、游戏、图书等，近年来还增加了一些儿童医药品类，比如雾化器等，可谓衍生品类最丰富的动画品牌，年产值达 25 亿元。从《熊出没》系列的运作来看，其 IP 产业链打通了线上线下各个环节，已然是超级大 IP，"三条腿"——院线、衍生品、主题乐园组合拳让 IP 获得强大的市场竞争力，同时带来持续的商业回报。

2020 年 4 月与读者见面的《刘慈欣科幻漫画系列》由漫传奇公司打造，第一辑四部作品，包括《流浪地球》《乡村教师》《梦之海》《圆圆的肥皂泡》。漫画版较文字版有着更完整的设定、更鲜明的色彩，大大降低了阅读的年龄门槛。该套书目前销量 11 万套，码洋约 2 800 万元。从开发空间来看，可基于漫画做多元的周边开发，潜力巨大。2021 年，漫传奇与中图云创联合举办的"刘慈欣科幻漫画宇宙沉浸展"，这个展览把"刘慈欣科幻漫画宇宙"所衍生的沉浸式全景内容、互动多媒体内容、漫画原画、多语种图书、动态漫画和有声漫画，以及数十个品类的文创产品整合在一起，为观众整体而多元化地呈现一个瑰丽多彩、宏大深邃、生动有趣的科幻空间。[1]

ACG 周边在国内周边行业中占据重要的份额，未来有望获得更广阔的发展。而学习这一模式或许是中国动画电影和国产动漫产业未来的方向。不单单依靠票房，版权收入、衍生品、文旅产品的全方位布局可助力产业升级。

**2. 同人文化背景下的周边开发**

日本模式下 ACG 行业的 IP 版权方，往往在制作一部动画、漫画或者游戏时并不会考虑周边产品这种遥远的事情，而是着眼于其本身的销量。这是由于和真人影视相比，ACG 中的虚拟形象天然带有更强的原创性、代表性和符号化特性，同时制作周期也比真人影视更短，制作成本比真人影视更低。因此，与其在一个科幻 IP 上花大力气拉高人气、推广周边，不如每年制作大量的科幻 ACG 作品，让这些 IP 自己去竞争人气，再选择人气高的 IP 制作周边以坐收渔利。因此，周边对于 IP 版权方来说，更像是一份额外的收入而非追求的目标。在这样的理念下，进入中游制造环节的科幻 IP 虽然十不存一，但每一个的人气都有保障，即所谓的"物竞天择"。

---

[1] 宜歌：《刘慈欣科幻漫画宇宙沉浸展全球首展北京亮相》，《中国艺术报》2021 年 10 月 13 日。

但是，ACG 本身的销量只能反映一时的人气，周边产品的制造却需要时间。如果产品造出来，人气却消失了，本来额外的收入就变成了赔本的买卖。反过来，ACG 作品的粉丝们在刚刚观看完作品，最想购买周边的时候往往买不到，也令粉丝十分烦恼。由此，同人文化诞生了。IP 版权方鼓励粉丝们利用 IP 中富有代表性、独创性、符号化的形象进行个人的二次创作。这满足了粉丝们对周边产品的精神需求，也是对这一 IP 的自发宣传和推广。同时，IP 版权方还能根据这种二次创作，也就是同人文化的火爆程度，判断该 IP 是否值得制造周边。

甚至，IP 版权方还会默许一些实际上侵权的行为。例如，同人文化中经常有一些个体能用原 IP 中的形象讲出一个新故事，典型的例子就是一些漫画作者会利用 IP 中的人物画一部全新的短篇漫画，尽管他并不是 IP 的原作者。这些漫画作者往往会把这些作品（即所谓的"同人本"）印刷出来，再以个人或小团体的名义在漫展（同人文化的大型集散市场）上出售。还有一些工艺简单的周边，例如明信片、立牌、钥匙扣等，个人就可以联系代工厂进行小批量生产，再拿到漫展上销售。这事实上已经构成了侵权，但版权方对这些个体行为往往十分宽容，并不在乎，甚至还为这些现象的出现感到高兴，和迪士尼的锱铢必较形成了鲜明的对比。这一方面是由于同人文化主要是二次创作，创作角度不会和 IP 版权方完全一致，所以产品不会和版权方授权的周边完全重复；另一方面是因为这些交易都局限在爱好者个人或者小团体之间，产值很小。但最重要的原因还是版权方将同人文化看作周边市场的晴雨表，方便自己抓住更大的商机，因此不会动手铲除。这就是所谓的"官私共生"。

IP 版权方在决定授权制作周边后，一方面委托中游制作明信片、立牌、钥匙扣、徽章等工艺简单的周边，几乎不使用法律手段，只是利用正版和宣传上的优势与个人竞争；另一方面，就是授权制造一些个人无法制作的周边，例如粘土人、扭蛋、向量图形编辑软件（Figma）、模型、手办等，并使用法律手段打击这些产品的盗版行为，因为它已经超出了个人力所能及的范畴，不属于同人文化的一部分了。这一类周边由专业的中游制造方设计生产，这些公司和版权方多是合作的关系，拥有一定自主权，不像科幻影视产业的制造方那样被版权方牢牢控制。

在这一细分产业形态中，周边产品的品类通常是软硬兼有，但偏向硬周边的。不管是立牌、明信片，还是模型和手办，都是硬周边，几乎不具备实用性，只能观赏和收藏，最多就只是把玩而已。这与同人文化是分不开的。粉丝们进行二次创作的过程，不仅是宣传的过程，更是自我满足的过程，是寻找同好的过程。愿意进行二次创作的本来就是十分热爱这一 IP 的粉丝，通过二次创作，粉丝们不仅加深了自己和这一 IP 的联系，还认识了同样热爱这一 IP 的同好。这就导致一个 IP 粉丝圈的诞生，使得圈内的粉丝更加持久地热爱这一 IP，即所谓的"圈地自萌"。因此，他们的需求就不是马克杯和手机壳所能满足的了，他们希望购买的周边就是没有实用性，完全和日常生活的无关的，IP 中形象的具现化。因此，动辄上千人民币，脆弱到掉下桌子就会摔碎的手办（一种树脂模型，对 ACG 形象的还原度很高），才是科幻 ACG 产业日本模式的代表性周边产品。各种实际上折磨消费者的销售方式，比如赌博般的一番赏，限时限地才肯卖的场贩，按照付款人数制造的受注预约贩售，以及预付款后漫长的出货时间、普遍高昂的价格，也都是因此而成立。

同样是因此，其中游制造方的代表就是各类科幻模型制造厂商，如制造高达模型的万代，还有制造《新世纪福音战士》手办的海洋堂等。也正是因为"圈地自萌"带来的亚文化圈层，大量专营 ACG 周边产品的销售方才是下游的主力。AMIAMI、骏河屋、虎之穴、Animate、Stella Worth 等零售商，寿屋等中游制造方的直营店，乃至于 Aniplex+ 等上游版权方 Aniplex 的直营店都能遍地开花。亚马逊和沃尔玛是科幻 ACG 产业中最糟糕的下游零售商，因为整个产业模式就决定了科幻 ACG 周边不是卖给大众，而是卖给粉丝的。

这种产业运营模式在日本以万代南梦宫控股最为典型。由其子公司日昇制作的系列动画《机动战士高达》包含了超过 40 部动画作品，而其另一子公司万代制造的以模型为主的高达周边产品产值超过 235 亿美元。类似地，《新世纪福音战士》的周边产值也超过 100 亿美元。虽然和这些相比，它们各自的动画销售收入只是九牛一毛，但在日本动画的历史上，《新世纪福音战士》销量排行第一，《机动战士高达》系列仅在前十中就有三部作品，分别排名第四、第六、第八。这些都证明了科幻 ACG 周边产业的成功。

以下是科幻影视周边产业与科幻 ACG 周边产品对比表（见表 2）：

表 2　科幻影视周边产业与科幻 ACG 周边产业对比

| 特点 | 科幻影视周边产业 | 科幻 ACG 周边产业 |
|---|---|---|
| 核心 IP | 真人电影或电视剧集 | 动画、漫画、游戏、动画电影 |
| 真人演员 | 有 | 无 |
| 主导方 | 版权方 | 版权方和制造方 |
| 开发时机 | 与核心 IP 同步 | 晚于核心 IP |
| 周边类型 | 软周边为主 | 硬周边为主 |
| 销售渠道 | 大型综合性零售商 | 专营周边的中小型零售商、直营店 |
| 对待盗版 | 绝不容忍 | 部分容忍个人侵权，绝不容忍企业盗版 |
| 目标客户 | 大众 | 粉丝 |

# 第四节　余　论

　　尽管中国科幻周边发展势头良好，但中国科幻整体开发及相关市场仍处于起步探索期。具体表现在以下几点：

　　首先，当前中国缺少类似于好莱坞科幻大片那样的可持续开发的科幻 IP。中国原创科幻作品虽然近几年无论是从创作数量还是作家队伍都在不断地扩容，但由于周边衍生品的开发往往需要依托影视、游戏等产业形态展开，而原创文学作品转化为影视、游戏形态需要倚借成熟的影视、游戏产业业态，目前中国尚未建立起成熟的科幻产业生态链，因而科幻周边产品的开发也欠缺可持续性。可做周边开发的科幻 IP 一般具有如下特点：一是完整的世界观设定；二是电影内和电影外都留有大量可供发掘和想象的空间；三是电影里的道具做成周边具有相当的可玩性和收藏性。目前符合这一特征的只有现象级电影《流浪地球》。衍生品的扎堆导致市场品类单一，创意设计趋同性较高，不能有效地满足消费者的多样化需求。

　　其次，国内尚缺少设计上乘、创意新颖、质量过硬、价格适中的周边产品。国内科幻周边产品很大一部分停留于浅开发层面，科幻内核的产品转化不足。

除《流浪地球》等热门 IP 外，尚缺乏优质周边产品以及价格适中、品质优良的文创产品。低端产品粗制滥造，调动消费市场有限，而高端产品价格昂贵，让绝大多数消费者难以承受。例如，《流浪地球》官方周边众筹产品中，运载车模型售价为 2 488 元，这对普通的消费者来说，不是一个亲民的价位。如何进一步强调科幻设计感、实用性，并能让多数消费者容易接受，是开发者接下来需要思考的问题。

中国的周边产品制作工艺水平也有很大提升的空间，特别是在考验制作工艺的手办模型等周边领域。以森宝为例，作为国产积木品牌，一直在模仿着乐高前进，积木质量也是国内唯一几家比得上乐高的品牌，价格却很亲民。但是，森宝开发的《流浪地球》系列，静态产品尚可圈点，但动态的玩具则有很大的提升空间，其机械零件尽管能动，但完全没有乐高玩具的顺畅感觉。用来牵引的绳子本想还原现实中的钢丝绳，但由于铲斗的自重不够，负责伸缩的相关部件又太紧，所以把玩的时候绳子较容易脱落。如何加强制作工艺，是接下来产业链条上的制作者需要面对的问题。

再次，科幻周边产品开发亟须形成规范化流程。以国产电影为例，目前还没有把周边产业纳入到整体的运营框架，只是作为一个附带的后置业态在运营，较电影上映滞后，未能全面实现提前布局。影视及相关企业间协作不充分、影视 IP 授权交易市场的培育缺乏、知识产权保护不到位、营销环境亟待改善等皆是周边产品市场开发需要解决的问题。美国迪士尼周边开发产业的经验为我国提供了一定经验。迪士尼其核心业务是影视娱乐，上游输送漫威、星战、公主系列等大 IP 内容，中端则有强大的制作团队以及全产业链的推广渠道迪士尼媒体网络，下游则充分利用主题乐园、线下衍生品商店以及强大的授权业务来锁定利润丰厚的周边市场，最终形成稳定的电影—媒体网络—衍生产品—迪士尼乐园模式。迪士尼拥有完整的 IP 授权、周边开发、衍生销售等产业链，对 IP 具备了相当的预判性，所有电影周边提前 18—24 个月开始布局，与本土授权商共同协作完成衍生开发。中国的 IP 衍生品业务的发展在流程完善方面仍有很长一段路要走。

最后，如何在周边产品开发中融入中国传统美学元素也是接下来的产品开发中需要考虑的问题。以周边衍生品开发较成熟的日本万代公司为例，其生产的各种科幻、动漫、特摄模型的数量之多，品种居全世界第一。该公司注重将日本元素融入周边产品的开发中，其《机动战士高达》周边将高达与日本传统绘画艺术浮世绘相结合，推出多种瓷器和漆器周边，将传统结合科幻，深受消费者喜爱。

综上，就国内科幻周边的发展现状来看，目前正在快车道完善链条，积聚能量。产品品类渐趋多样化，开始出现不少创意型周边产品。一些敏锐的开发商为了周边产品展开专门的有深度的设计，试图摆脱之前以贴牌为主，单纯在生产厂家原有模型上刻上影片的名称或图案的贴牌现状。"周边"出海之路已然在推进，初步在北美市场取得一定成效。未来，随着影视周边产品开发前置完善，风险评估机制跟进，适时进行周边产品、文旅产品的全方位布局，与国外周边行业积极展开合作，有望实现周边产业做大做强。

**作者简介**

姚利芬，文学博士，中国科普研究所中国科幻研究中心副研究员。

柯昊纯，中国农业科学院硕士研究生。

第二篇

# 科幻相关产业篇

# 第九章

# 近年 STEM 教育和科幻教育的发展、趋势与启示

魏　然　王心怡

STEM 教育和科幻教育是近年来教育界较为关注的领域，也是科幻产业中不可分割的重要组成部分。本章对国内外 STEM 教育及科幻教育的发展进行回顾，发现并总结了国内外 STEM 教育及科幻教育行业现状、特点与发展趋势。在此基础上，着重阐述国外 STEM 教育及科幻教育发展对国内相关领域的七个方面启示，同时对国内外 STEM 教育及科幻教育的发展趋势进行展望。

## 第一节　概　述

STEM 是科学（Science），技术（Technology），工程（Engineering），数学（Mathematics）四门学科英文首字母的缩写，STEM 教育则是整合这四门学科教育的统称。[1] STEM 教育不是把科学、技术、工程和数学知识简单叠加，而是强调把原本分散的几个学科组合成新的整体，其目标为创造一个以学生为中心的学习环境，使学生研究和设计问题的解决方案，并关注学生的社会、情感、

---

[1]　董艳：《科学教育研究方法》，中国科学技术出版社，2020，第3-4页。

身体和学术需求，通过学校、家庭和社区合作伙伴的共同贡献，使学生构建对现实世界现象的依据提供有证据的解释。[1]后者更是STEM教育价值的核心所在。

根据曾被大量引用的《科学》杂志的表述，[2]对大多数人来说，STEM教育只意味着科学和数学，尽管技术和工程的产品对日常生活产生了巨大的影响。真正的STEM教育应该增加学生对事物工作原理的理解，帮助他们对技术的使用。

STEM教育有狭义和广义之分，狭义的STEM教育通常指正规学校所提供的STEM教育，广义的STEM教育则不区分学校内外。包括本章在内，相关研究大多指广义的STEM教育。

需要说明的是，由于语言的差异，部分国家类似内容的缩写与STEM可能并不相同。如德国的STEM教育常被称为MINT[3]。还有一些自STEM衍生出来的新词汇，如STEAM相比之下补充了A（Art艺术），STREM相比之下增加了R（Robot机器人）等。[4]

科幻教育没有明确的定义。通常意义上，认为科幻教育的范围较广，包括以科幻为主要内容的教学，以及将科幻作为载体，目的为探讨其他领域问题（如STEM学科）的教学活动。其中的科幻，包括但不限于科幻文学、影视、漫画、游戏、理论等与科幻相关的各类型内容。而教学活动，既包括各级各类学校开展的教学活动，也包括研究机构和商业机构开展的相关活动。本章所探讨的科幻教育，也是基于以上描述进行的。

---

［1］ 美国佛罗里达教育部，《What is STEM?》，https://www.fldoe.org/academics/standards/ subject-areas/math-science/，访问日期：2022年9月9日。

［2］ Bybee, Rodger W. "What is STEM education?" *Science* 329.5995（2010）: 996-996.

［3］ Mathematik（数学），Informatik（信息），Naturwissenschaften（自然科学），Technik（技术）。

［4］ 类似的情况还有添加M（Medicine医学），或S（Society社会）等。

# 第二节 国外 STEM 教育与科幻教育的进展和趋势

## 一、历史与回顾

一般认为，STEM 教育起源于美国。1986 年，美国国家科学研究委员会发表《本科的科学、数学和工程教育》（又译作《科学、数学和工程本科教育》）报告，提出"科学、数学、工程和技术教育集成"的建议，从此真正拉开了 STEM 教育发展的序幕。[1],[2]但当时的名称还是 SMET。在 20 世纪 90 年代，美国国家科学基金会的工作人员从避免谐音[3]的角度，将其进行了改写，成为了后来流行的 STEM。[4]在美国，STEM 最初主要出现在高等教育当中，后来才逐渐延伸到了基础教育阶段。[5]

而科幻教育的发端则比较模糊，早期多用以辅助 STEM 教育的开展[6]。美国的山姆·莫斯考维奇于 1953 首创科幻课程，[7]最早将科幻应用于科学教育。[8]随着科幻题材的拓宽及现实科技的发展，各个科学技术学科领域都与科幻产生了联系，大量科幻文学或影视作品，被应用于物理、化学、生物、心理等学科的教学，帮助激发学生的学习兴趣，辅助理解和探究科学原理，成为教育教学实践的有效资源之一。[9]之后随着科幻文学的流行，科幻教育的一部分从科学教育中脱离出来，成为独立的科幻课程。包括美国麻省理工学院在

---

[1] 赵中建选编《美国 STEM 教育政策进展》，上海科技教育出版社，2015，序言。

[2] 娄小韵：《STEM 教育视域下的幼儿科学素养发展研究》，东北师范大学出版社，2019，第 12 页。

[3] SMET 读音类似 smut，后者意为污垢、下流。

[4] Sanders, Mark E. "Stem, stem education, stemmania."（2008）: 68（4）:20-26.

[5] 美国国家科学基金会：《国家行动计划：应对美国科学、技术、工程和数学教育系统的紧急需要》，2007。

[6] Raham, *Teaching Science Fact with Science Fiction*（Teacher Ideas Press, 2004）, p.160.

[7] 姜男：《欧美当代科幻教育价值探究》，《清华大学教育研究》2015 年第 1 期，第 96-103 页。

[8] 因当时还没有明确的 STEM 教育的概念，此处采用"科学教育"的说法。

[9] Barnett, Michael, et al. "The impact of science fiction film on student understanding of science." *Journal of Science Education and Technology* 15.2（2006）:179-191.

内的多所高校，都开设有专门的科幻写作或科幻文学理论课程。[1]

## 二、近年进展与概况

### 1. 政策与顶层设计

各国对发展 STAM 教育十分重视，在顶层设计上予以充分保障。

美国是 STEM 教育较为发达的国家，有较长的发展历史，并在 2007 年后迎来了一个高速发展期。2007 年，美国国家科学委员会（NSB）宣布"美国科学、技术、工程和数学教育体系重大需求的国家行动计划"，其中明确要求在国家层面增强对 K-12 年级阶段和大学本科阶段 STEM 教育的主导作用。[2]奥巴马上台后，颁布了一系列相关法案和文件，对 STEM 教育做出了规定和要求，如 2011 年奥巴马推出的《美国创新战略》报告中，强调政府尤其要重视 STEM 教育。[3]类似的还有 2013 年美国国家科学委员会公布的《联邦 STEM 教育五年战略规划》、美国国会 2015 年通过的《2015 年 STEM 教育法》、美国教育部 2016 年颁发的《2026 年 STEM 教育愿景》等。[4]此后，STEM 教育政策逐渐转向稳健。2018 年，美国白宫发布了 STEM 教育新的五年战略计划"北极星计划"，[5]力主培养科技创新人才。疫情之后，美国的教育受到了各种冲击，但关于 STEM 教育的政策没有大的改变。美国作为世界科技发展的引领者，某种意义上，也成为了世界上 STEM 教育的引领者。

英国在相当长的历史时期内，科学技术处于世界领先的位置，其 STEM 教育亦处于发展前列。与美国类似，英国的 STEM 教育政策也是国家战略的重要

[1] 孙卫赤等：《欧美科幻笔杆子怎样炼成？美数百大学开设科幻课程》，环球网 2017 年 5 月 26 日，访问日期：2022 年 9 月 9 日。

[2] 中国教育科学研究院：《中国 STEM 教育白皮书》（附录部分），爱问文库 2017 年 6 月 20 日，访问日期：2022 年 9 月 9 日。

[3] 郑葳：《中国 STEAM 教育发展报告》，科学出版社，2017。

[4] 赵中建：《美国中小学 STEM 教育研究》，上海科技教育出版社有限公司，2017，第 16-22 页。

[5] 陈鹏，田阳，刘文龙：《北极星计划：以 STEM 教育为核心的全球创新人才培养——〈制定成功路线：美国 STEM 教育战略〉（2019—2023）解析》，《远程教育杂志》2019 年第 2 期，第 3-14 页。

组成部分。2004 年英国政府颁布的《科学与创新投资框架》第一次在政府文件中使用了 STEM 一词。2014 年英国皇家社会科学政策中心发布的报告《科学与数学教育愿景》，提出了英国未来科学与数学教育的蓝图。2017 年英国政府发布的《建立我们的工业战略绿皮书》，强调了技术教育的核心地位。[1] 在政府推动顶层设计的同时，社会各界也广泛参与到 STEM 教育当中，为此还发布了国家计划《STEM 凝聚力计划》。

德国的 STEM 教育（德语中缩写为"MINT"）战略框架也是自上而下搭建的。2008 年的《德累斯顿决议》提出了德国教育发展的十大目标措施，"加强数学、信息、自然科学和技术（MINT）教育"位列其中。[2]

值得一提的还有颇具特色的以色列 STEM 教育。以色列能够以强大的国力屹立于强敌遍布的海湾地区，STEM 教育扮演了很重要的角色。以色列公民高中毕业生有 2—3 年的强制兵役期，在此期间他们可以接受 STEM 学科的学院教育，也可以接受到部队里组织的 STEM 教育培训。[3]《鼓励企业研究与发展法》和《鼓励风险投资法》等的颁布，都促进了 STEM 相关企业和行业的发展。

而科幻教育在官方政策与顶层设计上得到的重视则相对较少。一方面，长期以来科幻教育的重要功能就是承担 STEM 教育的辅助者，帮助提升学生兴趣，吸引其完成 STEM 教育相关活动；另一方面，科幻作为一种类型文学，同时也作为好莱坞电影中最成功的类型片之一，有较为广泛的群众基础，更多的产业行为是自下而上的。

## 2. 师资培养

STEM 项目开展的重要前提是要有高质量的教师，美英等国均在 STEM 教师培训等领域采取了一系列措施。美国自 2009 年以来，先后启动了"为创新而教""尊重项目""STEM 国家人才培育策略"，为 STEM 教师提供培训、发展规划，提升其社会地位，并将 STEM 相关公司、基金会、博物馆等都纳入到

---

[1] 冯冬雪：《STEM 教育的国际比较研究》，河南师范大学硕士论文，2018，第 28-30 页。

[2] 袁磊、金群：《在 STEM 教育中走向未来——德国 STEM 教育政策及启示》，《电化教育研究》2022 年 12 期，第 122-128 页。

[3] 王素等：《STEM 教育这样做》，教育科学出版社，2019，第 20-21 页。

师资培养规划中来。[1],[2]

英国建设了遍布全国的"国家科学学习网络"，每年为超过 1.5 万名 STEM 教师及工作人员提供专题培训和支持。英国政府重视对海外 STEM 人才的引进，启动了相关的招募计划。此外还充分利用民间力量，英国皇家工程教育与技能委员会于 2016 年推出了《英国 STEM 教育蓝图》，报告中确定了 600 多个民间 STEM 教育机构，其中包括学科协会和教师支持组织。[3]

德国"小小研究者之家"基金会组织教育专家开发针对幼儿和儿童的科学教育理论和教学法培训项目，并设置认证机制以促进教师 MINT 教育专业能力提升。[4]

科幻教育的教师以美国为例，有三个主要来源，第一是与 STEM 相关的学科教师，所开设课程也以 STEM 类型课程为主，将科幻作为辅助手段；第二是科幻学者、研究者、产业从业者，常在大学或研究中心开设科幻理论类课程；第三是科幻作家，其开设课程多为科幻写作相关。当然，这几种情况存在交叉，数量上又以第一种情况较为普遍。特别是在 K-12 教育阶段，第一种情况的数量优势更加明显。

### 3. 课程开发与资源建设

STEM 课程开发是 STEM 教育的核心内容之一，各国在 STEM 课程开发与资源建设上，可谓不遗余力。

在美国各级政府大力推动 STEM 教育的同时，学校也在积极进行 STEM 教育实践。高中阶段的课程设置较为典型，分为包括高等数学、科学与工程、信息技术在内的核心课程，以大学预备课程为主的选修课程，和以 PLTW 项目

［1］ 彭志达：《美国 STEM 教师教育政策文本分析》，湖南师范大学硕士论文，2016，第 19-36 页。

［2］ 王新燕、陈晨：《美国 STEM 教师培养的主要经验及其启示》，《上海教育科研》2017 年第 4 期，第 80-83 页。

［3］ 黄静雯、孙曼丽：《英国中小学 STEM 教师的培养措施与特点探析》，《现代教育科学》2019 年第 10 期，第 151-156 页。

［4］ 李春密、王硕：《STEM 教师培养的国际比较研究——以中、美、英、德为例》，《教师教育研究》2018 年第 4 期，第 122-128 页。

等为代表的项目课程。[1]其中"项目引路"（Project Lead The Way，简写为
PLTW）[2],[3]项目在全美影响广泛，开发出一系列适应小学（初等工程系列
课程）、初中（技术之门系列课程）、高中（工程之路、生物医学科学系列课程）
等各年龄段的 STEM 课程。

德国 MINT 教育注重"产业链"系统搭建，将其贯穿从学前教育到高等教
育和职业教育的全部教育过程和领域。[4]通过制定多个年级的相关学科教育
标准，促进基础教育课程改革。

在科幻课程的设置上，美国也是独树一帜的。根据美国科幻小说研究月刊
的统计，北美地区有数百所大学开设和科幻小说有关的专业。可以说，美国几
乎所有州的大学都有相关课程，包括科幻文学理论、科幻小说创作等，其中密
苏里大学罗拉分校早在 1959 年就开设了科幻小说课。斯坦福大学的"物理 13
号课程"是目前欧美高校中开设科幻应用课程时间最长、教学效果最成功的案
例。其教学模式为阅读、讨论和写作三步骤，以科幻作为教育教学手段，在教
授额外物理学知识的同时激发学生的想象力和创新能力。[5]除大学之外，还
有科幻小说研究协会、科幻诗人协会以及小说写作培训中心等诸多机构，开展
各类科幻教育活动。

德国高校和社会文学机构也纷纷推出科幻文学课程。哈根远程大学文化
和人文系"新德语文学和媒体艺术历史"专业开设了科幻文学课程，在教授德
国及世界科幻文学历史的同时，还包括分析有代表性的科幻文学作品，并学习
著名作家的写作技巧。类似的还有哥廷根大学、比勒菲尔德大学、波茨坦大学

［1］ 范燕瑞：《STEM 教育研究——美国 K-12 阶段课程改革新关注》，华东师
范大学硕士论文，2011，第 34-35，61 页。

［2］ 娜菲沙·麦哈木提：《美国"项目引路"项目研究》，华东师范大学硕士
论文，2014，第 29-38 页。

［3］ 宋秋英：《美国引路项目助力 STEM 教育》，《上海教育》2016 年第 20 期，
第 2 页。

［4］ 张虹、胡亿军：《MINT：德国学前教育中的自然科学教育》，《幼儿教育：
教育科学》2018 年第 5 期，第 3-8 页。

［5］ 姜男：《欧美当代科幻教育价值探究》，《教育科学文摘》2015 年第 2 期，
第 68-70 页。

等。[1] 科幻文学在德国虽被归为文学类专业，但授课教师却不限于人文和艺术类。来自太空、核能、海洋、气候等领域的科学家也给大学生讲课。除大学外，德国的文学研究机构也提供科幻文学的学习平台。

还有大量的科幻课程是间接为 STEM 教育服务的。存在大量课程设计案例及实践，证明科幻作品被广泛用于各个学科，[2] 如计算机[3]、人工智能[4]，[5] 及其相关伦理[6] 的大学本科及研究生教学中。在 K-12 教育阶段，科幻课程也同 STEM 课程相得益彰，通过对科幻文本的讲述，或利用科幻情境创设问题并加以思考与解决，提升了学生的兴趣、想象力与探索欲望，如针对 14 至 16 岁的高中学生的《1984》科幻课程，与包括文科、生物和哲学在内的更丰富的交叉学科相联系。[7]

### 4. 重要项目

英国影响较为广泛的 STEM 项目包括为期三年旨在帮助年轻人的"你的生命（Your Life）"、为教师提供免费 STEM 课程资源的"STEM 大使项目"[8]、为儿童提供探究 STEM 机会的"STEM 俱乐部网络项目"、针对 11—18 岁英国

[1] 孙卫赤等：《欧美科幻笔杆子怎样炼成？美数百大学开设科幻课程》，环球网，https://www.cdstm.cn/theme/khsj/khzx/khcb/201705/t20170531_497419.html，访问日期：2022 年 9 月 9 日。

[2] Theison, Dave. "Using Science Fiction to Teach Science." *Science Education in Partnership*（2002）: 20-1.

[3] Goldsmith, Judy, and Nicholas Mattei. "Fiction as an introduction to computer science research." *ACM Transactions on Computing Education*（*TOCE*） 14.1（2014）: 1-14.

[4] Goldsmith, Judy, and Nicholas Mattei. "Science fiction as an introduction to AI research." *Second AAAI Symposium on Educational Advances in Artificial Intelligence*. 2011.

[5] Ramanujan, Raghuram. "AI as an introduction to research methods in computer science." *Proceedings of the AAAI Conference on Artificial Intelligence*. Vol. 30. No. 1. 2016.

[6] Bates, Rebecca A. "AI & SciFi: teaching writing, history, technology, literature, and ethics." *2011 ASEE Annual Conference & Exposition*. 2011.

[7] de Oliveira Moraes, Isabelle, Rafaela Magalhães Aires, and Andréa Carla de Souza Góes. "Science fiction and science education: 1984 in classroom." *International Journal of Science Education* 43.15（2021）: 2501-2515.

[8] 樊文强、张海燕：《如何吸引社会力量开展 STEM 教育——英国"STEM 大使"项目解析》，《现代教育技术》2019 年第 6 期，第 6-13 页。

居民的"国家科学技术大赛"等。[1]

德国针对学前儿童和小学生提供 MINT 教育资源和服务的"小小研究者之家"[2]是德国最大的早期教育促进项目，计划最终覆盖到全国 80% 的学前教育机构。旨在鼓励青少年在微电子领域探索的"投资芯片"竞赛，以及其他数学、信息科学、科技发明竞赛，有助于发现具有潜力的科学人才，并给予其更多的专业支持。"MINT 友好学校"项目旨在通过评选活动鼓励学校促进 MINT 相关学科的教育教学。欧盟的"校园实验室"项目采用"探究式学习"的方式，鼓励青少年开展高科技实验，培养 MINT 意识与技能。

芬兰较为有代表性的 STEM 项目是"LUMA"，[3]其核心目标是"人人学习 STEM"。该项目于 2002 年结束后，相关活动依然继续进行。如"黄金时代少年营"营地教育活动、年度"科学教育国际论坛"、"小小技术家"俱乐部活动、STEM 在线杂志和线上学习社区等。

### 5. 评价与效果

STEM 教育在促进学业水平、培养科技人才上总体是有帮助的。有研究显示，英国参与包括多个科目的中等教育普通证书（GCSE）考试的学生中，2016 年达到"好"及"优秀"标准的学生比 6 年前增加了 140 多万。[4]日本在研究美国 STEM 政策后，通过推广 STEM 教育，来应对学生 PISA 测试[5]中表现不佳的问题。以色列在 STEM 教育上的投入也得到了相应的回报。

美国的情况较为特别，尽管高度重视 STEM 教育，但有研究发现，美国学生在 PISA 测试中，与 STEM 相关的数学和科学成绩不容乐观[6]，这可能与美

---

[1] 中国教育科学研究院：《中国 STEM 教育白皮书》（附录部分），爱问文库 2017 年 6 月 20 日，访问日期：2022 年 9 月 9 日。

[2] 陈仁霞：《德国科技教育从娃娃抓起》，《基础教育参考》2008 年第 4 期，第 23-24 页。

[3] 芬兰语中自然学科（LUonnontietee）和 Mathematics 的缩写。

[4] Statement from Minister of State for School Standards Nick Gibb（2016-08-25）https://www.gov.uk/government/news/gcse-results-day，访问日期：2022 年 9 月 9 日。

[5] PISA 测试，以 15 周岁学生为对象，以阅读、数字和科学作为测试内容的一项国际化测试。

[6] Key findings from PISA 2015 for the United States. 2016. http://www.oecd.org/pisa/keyfindings/，访问日期：2022 年 9 月 9 日。

国学生基础较差有关，[1]而自 2000 年以来成绩的细微上升则可能与 STEM 有直接联系。这说明 STEM 教育的最终效果并不只有简单的单一归因。

科幻教育对于 STEM 教育效果的影响是毋庸置疑的，但影响的具体方面，以及影响存在的两面性是较为复杂的问题，将安排在下文做专门讨论。

### 6. 疫情时期的发展与新变化

全球新冠疫情暴发之后，STEM 教育出现了新变化。传统的面对面授课方式被迫终止，各国学校和教育机构纷纷转型线上课程。线上与线下课程重要的区别，就是师生互动减少，学生注意力容易分散。[2]这对相对更重视实验和操作的 STEM 课程而言，既是机遇，也是挑战。

面对面课程常常以知识学习为，主耗材使用为辅。当课程转为线上后，部分欧美主流 STEM 教育机构迅速转变教学理念，从知识为主教学耗材为辅的授课模式转变为教学耗材为主知识为辅模式，通过加大学生动手操作部分增强课程趣味性，保持学生上课专注力以便增强学习效果。其副作用是催生了对科学套装购买的强烈需求。

但师生面对面的互动毕竟是任何其他形式都不能完全替代的。STEM 课程如何在新的世界形势下保持其效果和吸引力，有待于进一步的探索、研究与实践。

而科幻教育则在疫情中获得了极为特殊的平台。诸多描写灾难的科幻作品与现实世界中的疫情有异曲同工之处，原本关于科幻作品的思辨，与现实形成了同构，科幻与现实的边界发生了模糊。在这个大背景下，科幻教育更易被接收，更易和包括 STEM 教育在内的各类教育形式融合在一起。

## 三、科幻教育对 STEM 教育的影响

### 1. 概述

根据现有文献，科幻教育对 STEM 教育的影响大概可以归纳为以下几个层次：

---

[1] 翁聪尔：《美国 STEM 教师的培养及其启示》，华东师范大学硕士论文，2015。

[2] 徐青青：《高中 STEM 线上课程开发及实施策略》，《名师在线》2020 年第 24 期，第 12-14 页。

①科幻教育有助于激发学生对 STEM 学科和职业的兴趣。在 STEM 课堂中引入科幻作品改善了学生对课堂的态度，[1]增加了非 STEM 专业学生选修 STEM 课程，[2]激发了学生对 STEM 课程和职业的兴趣。[3]

②科幻教育有助于促进学生对复杂科学概念的理解。[4]

③科幻教育有助于激发科技创意与表达。在 STEM 课堂中引入科幻作品增进了 STEM 专业学生的写作和交流能力，[5]使学生更擅长表达创意过程中的创意想法，激发科技创意。[6],[7]

④科幻教育有助于激发学生对复杂社会问题的独立思考。[8],[9]

同时，文献中所提及的影响 STEM 教育的科幻教育，基本都是通过将具体的科幻作品作为载体或讨论对象来完成的。换句话说，科幻教育通过"科幻作品"的具体形式，参与到 STEM 教育的过程中。依据科幻作品在 STEM 教学中的参与方式与参与程度，可以从以下几个方面对将科幻作品应用于 STEM 教学加以讨论。

[1] Surmeli, Hikmet. "Examination the effect of science fiction films on science education students' attitudes towards STS course." *Procedia-Social and Behavioral Sciences* 47（2012）: 1012-1016.

[2] Sanderson, Donald. "Using science fiction to teach computer science." *Proc. WWW*. Vol. 10. 2004.

[3] De Lepe, Mary, et al. "Using Science Fiction Prototyping to Decrease the Decline of Interest in STEM Topics at the High School Level." *Intelligent Environments （Workshops）*. 2015.

[4] Abdel-Radi, Prof. "Science Fiction Cinema in Science Education and the Development of Future Thinking Visions...Aspirations." *Journal of Research in Curriculum Instruction and Educational Technology* 7.3（2021）: 165-187.

[5] Sanderson, Donald. "Using science fiction to teach computer science." *Proc. WWW*. Vol. 10. 2004.

[6] Lin, Kuen-Yi, et al. "Effects of a science fiction film on the technological creativity of middle school students." *Eurasia Journal of Mathematics, Science and Technology Education* 9.2（2013）: 191-200.

[7] Lin, Kuen-Yi. "Effects of science fiction films on junior high school students' creative processes and products." *Thinking Skills and Creativity* 14（2014）: 87-97.

[8] Seitz, David K. "Playing with Star Trek in the critical geography classroom: STEM education and otherwise possibilities." *Journal of Geography in Higher Education* （2021）: 1-14.

[9] de Oliveira Moraes, Isabelle, Rafaela Magalhães Aires, and Andréa Carla de Souza Góes. "Science fiction and science education: 1984 in classroom." *International Journal of Science Education* 43.15（2021）: 2501-2515.

## 2. 科幻作品用于激发学生对 STEM 学科的兴趣

科幻作品通常所具有的引人入胜的故事情节和丰富的想象力、对未来科学技术的预测性，以及科幻影视作品的视觉冲击力，有利于激发各年龄段学生对科学的兴趣。[1]

例如，在针对高中生和非生物专业的本科生的进化论课程设计中，短篇科幻小说集《起源：人类进化的传说》被用于激发学生的兴趣，降低讲述进化理论的难度。[2]针对高中生的科学课程中，《1984》被用于激发学生兴趣，锻炼其独立思考能力和表达能力，并鼓励其挑战假新闻和探索真相。[3]在针对高年级本科生和研究生的人工智能课程设计中，人工智能相关的科幻作品被用作阅读、分析与讨论的文本对象。学生们通过这些练习，锻炼了学术写作的能力，并从科幻作品中发现感兴趣的方向，进一步阅读一定数量的学术文献。[4]

在这些课程设计案例中，科幻文学或影视作品常常作为课程开始的引入部分，或仅在某一节或几节课上出现，其目的主要为增加课程的趣味性，激发学生对 STEM 学科的兴趣，提升其基本的科学素养。教学的对象覆盖了基础教育、高等教育等各个阶段。

## 3. 科幻作品用于讲解 STEM 学科概念

科幻作品常提出新颖的概念和设定，从而增加故事的趣味性，推动情节的发展。一些指向未来的科幻概念随着科学技术的发展，逐渐成为了现实中的科学技术概念。世界上第一艘在公海长期航行的潜艇的发明者西蒙·莱克曾说，儿时阅读的法国作家儒勒·凡尔纳 1870 年的科幻小说《海底两万里》点燃了

---

[1] Theison, Dave. "Using Science Fiction to Teach Science." *Science Education in Partnership*（2002）: 20-1.

[2] Rohrbacher, Chad. "Evolving: using science fiction to engage students in evolutionary theory." *EvoS Journal: The Journal of the Evolutionary Studies Consortium* 5.1（2013）: 51.

[3] de Oliveira Moraes, Isabelle, Rafaela Magalhães Aires, and Andréa Carla de Souza Góes. "Science fiction and science education: 1984 in classroom." *International Journal of Science Education* 43.15（2021）: 2501-2515.

[4] Goldsmith, Judy, and Nicholas Mattei. "Science fiction as an introduction to AI research." *Second AAAI Symposium on Educational Advances in Artificial Intelligence*. 2011.

他关于海底航行的想象，并认为凡尔纳在某种程度上是他一生的导师。[1]世界上第一艘服役的核动力潜艇、美国海军的鹦鹉螺号的名称也取自《海底两万里》。[2]类似地，美国宇航局的第一架航天飞船企业号，也是取自最早于1966年播出的科幻电视连续剧《星际迷航》中的企业号星舰。[3]类似的最先出现于科幻作品的科学概念，还有激光、基因工程等。近期国内外流行的"元宇宙"概念，最早也是由美国科幻作家尼尔·斯蒂芬森在《雪崩》中提出的。

在STEM课程里，科幻概念常被用于解释相关的科学概念。在很多课程设计中，科幻小说或影视作品被用于讲解计算机科学和人工智能的概念和研究方法。例如，在针对高年级本科生和研究生的人工智能课程设计中，学生被要求自选与人工智能主题相关的科幻作品，并撰写评论分析作品的可读性、结构、写作的技术细节，分析作品中人工智能的概念与可行性。[4]类似地，一个针对计算机科学专业学生的"科幻中的计算机科学"课程设计，通过科幻作品介绍主流课程体系中没有涵盖的计算机科学有关话题，要求学生阅读和观看科幻作品，并对其中的技术与现有技术进行对比分析。[5]除此之外，在化学工程选修课设计中，也利用了科幻作品中火星上二氧化碳的升华来讨论相变的热力学，利用了金星上强风的热分离来解释涡流管模型和麦克斯韦妖。[6]

这类课程设计案例大多将科幻作品用于物理、计算机、人工智能等相对前沿科技的有关课程中。教学对象以大学生为主。相同或不同的科幻作品可能在

[ 1 ] Submarine Force Library & Museum Association: Simon Lake and the Submarine Contest of 1893,（2017-12-29）, https://ussnautilus.org/simon-lake-and-the-submarine-contest-of-1893/. 访问日期：2022年9月9日。

[ 2 ] Theison, Dave. "Using Science Fiction to Teach Science." *Science Education in Partnership*（2002）: 20-1.

[ 3 ] Theison, Dave. "Using Science Fiction to Teach Science." *Science Education in Partnership*（2002）: 20-1.

[ 4 ] Goldsmith, Judy, and Nicholas Mattei. "Science fiction as an introduction to AI research." *Second AAAI Symposium on Educational Advances in Artificial Intelligence*. 2011.

[ 5 ] Sanderson, Donald. "Using science fiction to teach computer science." *Proc. WWW*. Vol. 10. 2004.

[ 6 ] Derjani-Bayeh, Sylvana, and Claudio Olivera-Fuentes. "Winds are from Venus, mountains are from Mars: Science fiction in chemical engineering education." *Education for Chemical Engineers* 6.4（2011）: e103-e113.

某门课程的教学过程中多次出现。科幻作品在课程设计中的参与度更高。

## 4. 科幻作品用于引发学生关于 STEM 学科及其他社会学科的思考

科幻作品除了提出新颖的科学概念、塑造奇特的科技景观，还通过幻想提出与解决跨学科的科技问题，并在描绘虚构世界的过程中引发了大量经济学、政治学、社会学、哲学、伦理学等有关思考。这样的跨学科、多元性、开放性理念，与 STEM 教育的核心价值不谋而合。在科幻教学中，不单单讨论其"科学性"或"文学性"，而是将课程本身设置为以 STEM 为核心的跨学科教学实践，更有利益于发挥科幻作品的独特优势。

在一个以科幻与科技为主题的本科和研究生课程设计中，大量科幻小说和影视作品被用于启发学生回答与历史、技术、文学和伦理学等多个学科有关的开放性问题。根据教学目的，课程所选用的科幻作品也有所调整，如《星球大战》《捍卫机密》《电子世界争霸战》等被建议用于教学人工智能的应用及其与科幻作品的关系，《我，机器人》《电脑风云》《战争游戏》等被用于讲述历史，《星际迷航：下一代》剧集中的《衡量一个人的标准》和《银翼杀手》《2001 太空漫游》等则被用于提出伦理学问题。[1] 类似地，在一个以科幻中的技术与伦理学为主题的本科生课程设计中，学生们通过阅读约翰·瓦利的《棒棒糖与焦油宝宝》、伊萨克·阿西莫夫的《机器人之梦》和阿米塔夫·戈什的《加尔各答染色体》等科幻小说探讨一系列技术与伦理有关话题。在贯穿整个学期的小组项目中，学生们则需要根据教授设定的情境，建立并描述自己的科幻世界，从而探究"物理条件如何影响生命模式？""星球的特质如何影响其外交、贸易与资源开采？""需求和技术如何相互驱动？"等开放性的问题，进而思考物质条件、技术发展与社会发展之间的复杂关联。[2]

相比于利用科幻作品激发学生兴趣或阐述科学概念，这类教学设计直接用科幻作品引发学生思考复杂的科学与社会问题，并通过课堂作业与展示进行表达与交流。课程跳出传统的单一学科教学体系，涵盖 STEM 中的多个方面，引

---

[1] Bates, Rebecca A. "AI & SciFi: teaching writing, history, technology, literature, and ethics." *2011 ASEE Annual Conference & Exposition*. 2011.

[2] Layton, David. "Using the college science fiction class to teach technology and ethics: Themes and methods." *2010 Annual Conference & Exposition*. 2010.

发学生更为系统性、开放性、批判性的思考。

### 5. 科幻教育对 STEM 教育影响的两面性

科幻教育对 STEM 教育效果存在显而易见的正向影响。有研究发现，在教育中引入科幻电影的使得初中生更擅长表达创意过程中的创意想法，激发科技创意。[1]，[2] 科幻原型设计能够激发高中学生对 STEM 课程和职业的兴趣。[3] 在课堂中应用科幻电影改进了土耳其 Mersin 大学的科学教育学院的学生对课堂的态度。[4]

与此同时，特殊情况下科幻教育对 STEM 教育效果也存在一些负面影响。科幻作品虽然依托科学事实进行幻想，但与真正的科学并非等同。有案例表明，观看了科幻电影《地心抢险记》的初中生相比于未观看过的，对一些地球科学概念有更多的错误理解，如更倾向于认为地心是液体的。[5] 这些误解可能来源于电影中似是而非的部分，以及学生对电影中主要角色的科学权威性的信赖。

研究还发现，电影中的图像相比于动手实验，更让学生们记忆深刻。因此，研究者建议在为学生展示科幻电影的同时，引领学生进行客观批评电影中的科学观点，并与自己的观点进行比较。[6]

另有学者关于理解和运用科幻教育对 STEM 教育的影响，持更加开放和灵活的观点。该学者通过研究不同学科背景的博士生在观看《超时空接触》

---

[1] Lin, Kuen-Yi, et al. "Effects of a science fiction film on the technological creativity of middle school students." *Eurasia Journal of Mathematics, Science and Technology Education* 9.2（2013）: 191-200.

[2] Lin, Kuen-Yi. "Effects of science fiction films on junior high school students' creative processes and products." *Thinking Skills and Creativity* 14（2014）: 87-97.

[3] De Lepe, Mary, et al. "Using Science Fiction Prototyping to Decrease the Decline of Interest in STEM Topics at the High School Level." *Intelligent Environments*（*Workshops*）. 2015.

[4] Surmeli, Hikmet. "Examination the effect of science fiction films on science education students' attitudes towards STS course." *Procedia-Social and Behavioral Sciences* 47（2012）: 1012-1016.

[5] Barnett, Michael, et al. "The impact of science fiction film on student understanding of science." *Journal of Science Education and Technology* 15.2（2006）: 179-191.

[6] Barnett, Michael, et al. "The impact of science fiction film on student understanding of science." *Journal of Science Education and Technology* 15.2（2006）: 179-191.

后产生的想法，对科学老师在教学中让学生接触到科幻作品时特别注意解释科学上不准确或错误的信息的观点，持反对态度。相应的，该学者建议采用开放的、反思性的方法，让学生写下并讨论观看科幻电影后的想法，然后解决想法中的有关问题。[1] 在实际教学中，教师应根据学生的年龄、知识背景、所用科幻作品的特点等，灵活调整教学方法，以应对科幻作品中的科学错误带来的挑战。

## 四、发展趋势

### 1. 持续投入培养科学技术人才

西方国家为培养科学技术人才，在 STEM 教育等领域投入了大量资源。在政策上，以立法的形式，以维持政策的权威性和稳定性，为 STEM 教育创造了良好的发展空间。鉴于经济和政策上的持续投入是 STEM 发展的根本，而这些投入又是相对稳定的，因此西方国家的科学教育在未来一段时期内都将处在相对平稳的发展状态，从而专注于 STEM 教育体系自身的建设，更好的提升民众的科学素质，培养大量不同层次的科学技术人才。

### 2. 科幻教育与 STEM 教育继续融合

科幻教育与 STEM 教育分别有自身的发展规律，但又可以相互配合，成为一个有机的整体。科幻教育能够引发学生兴趣，拓宽视野和想象力，为 STEM 教育打好基础，反过来 STEM 教育又能够增强学生的科学素质，使得其对于科幻的理解更深刻。

在这一过程中，可能会存在一定的阶段，科幻教育中的科学知识直接反映在 STEM 教育中，发生一定冲突。但随着民众科学素质的提升，将会逐渐意识到科幻教育与 STEM 教育的差异，摆脱单纯科学知识带来的冲突，更多的关注两者融合过程中所提供的新价值。

---

[1] Myers, John Y., and Fouad Abd-El-Khalick. "'A ton of faith in science!' Nature and role of assumptions in, and ideas about, science and epistemology generated upon watching a sci-fi film." *Journal of Research in Science Teaching* 53.8（2016）: 1143-1171.

### 3. 理论研究助推 STEM 教育发展

西方国家对 STEM 教育的研究开展较早，借助标准化考试，实证性研究有较长时间的数据作为支撑，能够从理论上发现 STEM 教育的特征，并加以利用，从而设计出更加科学合理的 STEM 教育，形成良性循环，使得 STEM 教育的发展不再是摸着石头过河，而是能够有的放矢，在明确目的和理论框架的引导下进行，间接实现了对于教育资源的节约和高效利用。

# 第三节　国内 STEM 教育与科幻教育的进展和趋势

## 一、历史与回顾

我国自改革开放以来，就一直重视自然科学教育，甚至出现了形如"学好数理化，走遍天下都不怕"的近乎矫枉过正的说法。但这些自然科学教育一直局限于学科本身，没有进行融合和整体考虑，尚未上升到 STEM 教育的程度。

STEM 教育的概念是舶来品，自 2001 年起逐渐从国外引入，2008 年才开始有相关的学术论文发表。2012 年后，各类相关论文数量迅速增长，标志着学界对 STEM 教育的关注和社会对 STEM 教育的迫切需求。2015 年开始，每两年会发布一本《中国科学教育产业报告》蓝皮书，形成了一定的社会影响。

中文授课的科幻教育在我国始于 1991 年，吴岩在北师大首开"科幻小说评论与研究"课程。后于 2003 年起招收科幻方向硕士，2014 年起招收科幻方向博士。截至 2021 年 6 月，在多所高校有近 30 人开设科幻课程。[1] 在中小学，近年来也有多位老师开设不同方向的科幻相关课程。科幻教育正如火如荼的发展起来。

---

[1] 付昌义：《2015—2020 中国科幻人才培养与科幻教育发展报告》，载王挺等主编《中国科幻发展报告（2015—2020）》，中国科学技术出版社，2021，第 41-54 页。

## 二、近年进展与概况

### 1. 国家积极制定相关发展政策

2015 年，教育部在《关于"十三五"期间全面深入推进教育信息化工作的指导意见（征求意见稿）》中首提"探索 STEAM 教育、创客教育等新教育模式"。2016 年，"跨学科学习（STEAM 教育）"等表述被写入《教育信息化"十三五"规划》，国务院发布《全民科学素质行动计划纲要实施方案（2016—2020）》，[1]此后 STEM 教育在国内进入快速发展阶段。2017 年，教育部印发《义务教育小学科学课程标准》，首次从官方的角度提出了 STEAM 教育的标准，也在政策层面进一步支持学校 STEAM 课程建设。中国教育科学研究院成立了 STEM 教育研究中心，并发布《中国 STEM 教育白皮书》，对中国 STEM 教育的发展及世界上 STEM 教育概况进行呈现。

2018 年，中国教育科学研究院启动"中国 STEM 教育 2029 行动计划"，发布《STEM 教师能力等级标准（试行）》。[2]行动计划提倡 STEM 教育惠及全体学生，尤其是特殊群体学生。2019 年教育部印发的《2019 年教育信息化和网络安全工作要点》提出，推动在中小学阶段设置人工智能相关课程，推动大数据、虚拟现实、人工智能等新技术在教育教学中的深入应用。《中国教育现代化 2035》也于 2019 年发布，其中重点战略任务中关于创新人才培养方式的表述与 STEM 教育有明确的联系。2020 年，习近平总书记在科学家座谈会上指出，对科学兴趣的引导和培养要从娃娃抓起，形成一大批具备科学家潜质的青少年群体，这也将成为"十四五"期间 STEM 教育培养人才的方向和目标。[3]同年，国家统计局发布《教育培训及相关产业统计分类（2020）》，科幻教育

---

［1］ 王康友等：《中国科学教育：机遇与挑战同在》，载李秀菊等主编《中国科学教育发展报告（2017）》，社会科学文献出版社，2017。

［2］ 李秀菊等：《面向新时代的科学教育》，载李秀菊等主编《中国科学教育发展报告（2019）》，社会科学文献出版社，2020。

［3］ 李秀菊等：《科学教育新征程："十三五"发展分析与"十四五"展望》，载李秀菊等主编《中国科学教育发展报告（2021）》，社会科学文献出版社，2021。

被明确纳入其中。[1]

## 2. 学界研究迅速发展

有研究认为，我国有关 STEM 教育的研究始于 2008 年，[2]早期的研究者多关注美国的 STEM 教育发展，讨论美国制定相关政策和法律的缘由，及自上而下的有效实施。[3]一直到 2010 年为止，文献发表量保持稳定，即该研究领域尚未引起教育研究者的广泛关注。可以认为 2010 年之前，属于 STEM 教育研究在国内的初创阶段。此后国内有关 STEM 教育的研究论文逐步增多，在2014—2015 年前后，国内有关 STEM 教育的文献数量明显增加，之后更是由于国家多项相关政策的制定，短短几年内出现了大量相关研究。STEM 教育吸引了教育管理者、教育理论研究者和教育实践者的共同关注。

科幻教育领域的专门研究者相对较少，尚处在快速发展的早期阶段。2021年由中国科普作家协会主办的"第一届高校青年教师/研究生科幻学术研习营"，便力图挖掘出一批科幻研究者，为包括科幻教育在内的相关研究添砖加瓦。

## 3. 多地探索 STEM 教育与科幻教育实践

相较国外的 STEM 教育发展，国内的 STEM 教育更多的是自下而上进行的。

许多一线教师在实践中摸索和实验了 STEM 的教学模式与方法。北京中关村中学以项目为载体，开发了"生态智能科考站"课程；济南市天桥区宝华小学"海绵家园"课程，解决了 STEM 学习中的工程设计问题；深圳市龙岗平安里学校 STEM 教育生态环境建设，为学生提供了环境设计的训练途径；西安航天城第一小学将地方传统文化与 STEM 教育相结合，对传统文化进行科学探究；宁波市实验小学音乐创演数码音乐创作软件（GarageBand）课程，将信息技术、音乐软件和学生自主编创曲目相结合，形成了不一样的课堂。[4]

[1] 周群：《年度中小学科幻教育综述》，载吴岩、陈玲主编《中国科幻发展年鉴 2021》，中国科学技术出版社，2021，第 159 页。

[2] 梁小帆、赵冬梅、陈龙：《STEM 教育国内研究状况及发展趋势综述》，《中国教育信息化》2017 年第 9 期，第 8-11 页。

[3] 陈超：《美国的世界一流大学战略与启示》，《中国高教研究》2008 年第11 期，第 48-50 页。

[4] 王素等：《STEM 教育这样做》，教育科学出版社，2019，第 65-80，114-128，152-189，234-249 页。

此外，还有大量的 STEM 教育活动借助科技节、文化节等校园活动开展，[1] 以及在部分校外培训机构，探索创客教育、少儿编程、教育机器人等相关内容。[2] 类似的案例十分丰富，且发生在我国的各个地域，处于经济发展不同阶段、学生情况各异、背景大相径庭的学校，都有能力、有兴趣、有动力开展 STEM 教育，足见 STEM 教育已成为了我国基础教育领域中一个重要的组成部分。但在高等教育阶段，STEM 教育较少直接提出，多以分专业分科目的形式呈现，缺少必要的系统性和整体性。[3] 学前教育阶段的 STEM 教育力量也相对薄弱，缺少全学段的整体设计。[4],[5]

科幻教育的发展与之类似，也是自下而上的。在高等教育体系内，一批科幻研究学者陆续开设了几十门科幻课程，涉及科幻赏析、科幻写作、科幻理论等多个方面。如南方科技大学开设的科幻电影鉴赏与批评、科幻文学欣赏、科幻创作；清华大学人文学院开设的科幻文学创作；重庆大学人文社会科学高等研究院开设的科幻小说与电影；北京师范大学文学院开设的科幻电影欣赏；南京工业大学机械与动力工程学院开设的科幻文学欣赏；四川大学文学与新闻学院开设的科幻创作与文学写作、中国科幻研究；北华大学外国语学院开设的科幻文学欣赏、科幻影视欣赏、科幻文学等，包括专业课与通识课，涵盖了本科和硕士阶段。2019 年创立的重庆移通学院钓鱼城科幻中心、2021 年创立的山西晋中信息学院太古科幻学院，成为了科幻教育新的聚集地。此外，一些高职院校也开设有科幻相关课程。[6]

---

[1] 中国教育科学研究院 STEM 教育研究中心：《中国 STEM 教育调研报告》，搜狐网 2019 年 10 月 31 日，访问日期：2022 年 9 月 9 日。

[2] 艾媒未来教育产业研究中心：《2020 中国 STEAM 教育专题研究报告》，艾媒网 2021 年 1 月 13 日，访问日期：2022 年 9 月 9 日。

[3] 梁芳、罗蕾莉：《STEM 对我国科学教育专业人才培养的启示》，《大学教育》2016 年第 11 期，第 2 页。

[4] 吴彦彰：《STEM 教育理念下幼儿科学素养的培育路径》，《教育观察》2019 年第 8 期，第 58-59 页。

[5] 娄小韵：《STEM 教育视域下的幼儿科学素养发展研究》，东北师范大学出版社，2019，第 88-105 页。

[6] 刘恩玲：《高职院校开设公选课"科学幻想与人类发展"的探索与实践》，《温州科技职业学院学报》2019 第 1 期，第 4 页。

根据周群老师的研究，[1]将近年的中小学科幻教育发展分为三个时期，2017年以前的自发期、2017—2018年的自觉与自主发展期、2019年起的深耕期。从一些先行者独自且自发开展科幻教育，到越来越多的教师跟进，再到科幻教育在中小学的课程化实施，科幻教育专家、科幻教师、科幻教育研究者、科幻作家及出版界人士陆续加入其中，形成了一支有力的团队，也取得了丰硕的成果。南方科技大学设计了系统化的中小学科幻教程与课程；北大附中高中部开设了纯文学意义上的科幻（系列）通识课程；南京十三中学、南京师范大学附中开设了科幻阅读课程；人大附中开设了与物理学科紧密结合的科幻课程等等。[2]

在学前阶段，也有科幻教育的存在。在幼儿园课程中的科幻教育有助于提升儿童科学素养、[3]强化美术教育、[4]激发想象和培养自信。[5]

此外，还有科普科幻青年之星、《科幻世界》写作班、三明治/微像科幻工作坊、未来事务管理局科幻大师写作营、星火学院等社会化科幻培训项目，内容以科幻创作为主，成为了常规院校之外的科幻教育重要补充。全国青少年科普科幻教育大会、中国（成都）国际科幻大会科幻教育论坛、国际STEM教育会议等高规格会议多次、密集举办，也极大地促进了科幻教育的交流与发展。

### 4. 科幻教育和STEM教育的融合

国内的科幻教育近年来被频繁应用于STEM教育活动中，但阶段和应用形式较为集中，主要出现在基础教育阶段，同时相对较多的情况是将科幻作品或其中的科幻概念用以激发STEM学科的学习兴趣。如人大附中开设的"科幻物

---

[1] 周群：《中小学科幻教育何去何从》，载吴岩、陈玲主编《中国科幻发展年鉴2020》，中国科学技术出版社，2020，第166-171页。

[2] 付昌义：《2015—2020中国科幻人才培养与科幻教育发展报告》，载王挺等主编《中国科幻发展报告（2015—2020）》，中国科学技术出版社，2021，第54-66页。

[3] 王海英、王艳、王萌：《科幻小说在幼儿园课程设置与教学中的现状与思考》，《新教育时代电子杂志（学生版）》2018年第39期，第53页。

[4] 丁静静、毛怡：《浅谈科幻元素应用于幼儿园大班美术教学的策略》，《中国校外教育》2019年第13期，第2页。

[5] 杨雪：《在科幻活动中培养幼儿自信心的实践探索》，《时代教育》2015年第14期，第2页。

理学"课程，便是以科幻影视片段为主要载体，分析其中的物理学原理。[1]
又如温州市教研院附校教育集团以科幻教育提升"未来学校"的文化内涵，开
设了 STEM 跨学科项目式合作课程。[2]在这一过程中，确实达成了课程设计
的主要目的，对学生兴趣提升和相关社会舆论的建立都有所帮助，但同时也
存在课程体系度不够、基础性资料缺乏、课程随意性较强、课程生命周期及迭
代建设不稳定、配套政策和资金支持不够、科幻元素功利化包装化、科幻教育
与 STEM 教育脱节、家长理解度不够等诸多问题。在现有状态下，科幻教育和
STEM 教育的融合还较为初级。

　　基础教育阶段，科幻教育应用于 STEM 教育的其他功能形式尚在探索之中。
如南方科技大学科学与人类想象力研究中心总体策划的《科学幻想：青少年想
象力与科学创新培养教程》丛书，在不同级别，特别是中高级阶段，引入了科
技哲学与思辨的内容，是科幻教育本身，以及科幻教育同 STEM 教育相结合的
有益尝试。但其由书本到真实课堂系列课程的落地尚待时日。

　　在国内高等教育中，现有文献视野下，科幻课程均为文学或影视理论、创作、
赏析等人文艺术性课程。分析国外各种课程设计案例不难发现，在高等教育阶
段绝大多数引入科幻作品的课程，属于针对全校各专业学生的通识课程，或专
业选修课程。在国内高等教育体系中，课程设置相对更为固定，学生毕业所需
学分较高，选修课和通识课可选范围较小。在这样的体系中，高校任课教师缺
乏将科幻教育应用于 STEM 学科以增强课堂趣味性和多样性的课程设计激励，
科幻教育罕见同 STEM 学科的直接结合或应用。故在我国高等教育阶段，科幻
教育对于 STEM 学科教育的影响是较为间接化的，学生在科幻课程上引起关于
STEM 学科的兴趣，或产生关于 STEM 学科的思辨，再独立寻求相应的 STEM
课程进行深入学习。

　　随着新媒体近年来在国内的迅猛发展，科幻教育对 STEM 教育的影响也存

[1]　付昌义：《2015—2020 中国科幻人才培养与科幻教育发展报告》，载王
挺等主编《中国科幻发展报告（2015—2020）》，中国科学技术出版社，
2021，第 63-64 页。

[2]　付昌义：《2015—2020 中国科幻人才培养与科幻教育发展报告》，载王
挺等主编《中国科幻发展报告（2015—2020）》，中国科学技术出版社，
2021，第 54-55 页。

在通过社会媒体发生作用的路径。如第一个太阳系外天体"奥陌陌"（Oumuamua）的相关报道，许多便引用了与之情节类似的科幻作品《与拉玛相会》，这篇影响广泛的科幻作品对于相应内容的科普起到了一定的推动作用。如描写疫情的科幻小说《瘟疫》等在疫情期间被多个媒体反复提及，通过其中的科幻主题与场景，引起人们关于现实社会的思考。民众对于科幻和STEM学科内容的兴趣，通过社会媒体叠加与融合，相互促进。

## 三、发展趋势

### 1. 国家高度重视

国家对STEM教育和科幻教育高度重视。近年来一系列文件和国家政策的提出，无不体现出国家对高端科技人才的渴求，以及对提升民众科学素质的期盼。在2017年第四届中国（成都）国际科幻大会等科学教育和科幻相关会议上，常常会出现各级领导的身影。在资源调配、政策支持、人才培养等诸多方面，国家都在积极推进。"十四五"时期，国家将进一步强化科学教育的重要战略地位，营造全社会重视科学教育的氛围，为实现2035年将我国建设成为科技强国、人才强国，进入创新型国家前列打下坚实的基础。

### 2. 回归科学教育的基本要素

在STEM教育和科幻教育发展的较早阶段，作为一种"新鲜"的课程招牌，被很多学校用作了自身宣传的资源。在另一些情况下，STEM教育成为了传统学科教育的外衣，仅以表面的STEM或科幻的形式作为包装，内核依然是学科教育本身，而忽视了原本STEM教育和科幻教育可以带来的科学精神等更有价值的内容。形成这些问题的原因是复杂的，但也都是STEM教育和科幻教育发展到特定阶段的产物。

有研究将科学知识与技能、科学精神、科学态度与价值观等三项内容视为科学教育的基本要素。[1]在作为"新教育形态"被广为关注之后，在"新鲜"成为"常态"之后，科学教育将走进发展的新阶段。在这一阶段中，科学教育

---

[1] 崔鸿，李秀菊：《科学教育与科学传播概论》，中国科学技术出版社，2020，第96-97页。

逐渐向科学教育的基本原理、基本要素回归。STEM 教育和科幻教育将在科学知识与技能、科学精神、科学态度与价值观等方面，发挥重要的作用。

### 3. 从学科分立走向学科融合

传统上，国内的教育，特别是在基础教育阶段，强调各个学科本身的特征和学科素养。这在实质上，将数学、物理、化学、信息等不同学科分隔开来，学生面对的是几个单独的学科，不同学科具有不同的体系与逻辑。这不单体现在课程设置上，也体现在对学生心理的暗示上，如学生常将某学科教师的称呼直接冠以学科名字，形如"数学老师"，而很难将教授上述不同学科的教师归为同一组。而学科融合，恰是 STEM 教育，乃至科幻教育所倡导的。在学科融合中，STEM 教育等才能发挥其独特的优势，打破学科的壁垒，为学生带来整体的思维与能力的提升。

纵观西方各国的 STEM 教育和科幻教育发展，学科融合也是大势所趋。在其中，具体的学科知识将成为次要的内容，相比之下更重要的是学生思维模式与思维能力的训练。不同学科之间的兴趣与能力将得到更广泛的迁移，并更容易对其他类似学科产生有益影响。因此，学科融合，以及在学科融合基础上的系统化、整体性的课程设计，将成为 STEM 教育和科幻教育的未来发展趋势。

### 4. 科幻教育的异军突起

科幻教育的发展有一定的偶然性，但偶然中也蕴含着必然。在改革开放初期，围绕着科幻文学姓"科"还是姓"社"的问题展开过大讨论，最终以科幻文学被驱逐出主流文学平台而告终。此后很长一段时间里，科幻文学的境遇是比较困难的，甚至学生阅读科幻小说一度成为了"不务正业"的代名词。随着国家科技实力的提升，越来越多的先进科技及科学思潮进入社会文化生活当中，人们对科幻的认识渐渐客观。自《三体》获得雨果奖，电影《流浪地球》一度成为中国影史票房第二的影片，科幻文学以华丽的身姿重新回到民众的视野。在这个过程当中，科幻教育逐渐在高等教育和基础教育阶段拥有了一席之地，并在近五六年的时间内发展迅速。

这种迅速的发展和对科幻教育的迫切需求是分不开的。一方面，科幻中所蕴含的科学之美、创想之美，具有着恒久的吸引力，能够很容易引起学生的兴趣；另一方面，科幻教育与 STEM 教育相互配合，相得益彰。此外，科幻教育本身也是提升国民素质和科学想象力的重要途径。异军突起的科幻教育将在新的时期，得到持续的、迅速的发展。

# 第四节　国外对国内 STEM 教育与科幻教育发展的启示

## 一、厘清 STEM 教育与科幻教育的区别

长期以来，STEM 教育与科幻教育的发展路径有较高的重叠性，两者相互影响，有时也会相互制约。在一定的历史时期内，科幻教育一度成为了 STEM 教育的辅助工具。但实际上，两者的教育目的和教育方法都有着不小的区别，如果混为一谈，一方面难以发挥各自的本来效用，另一方面也可能造成负面影响，例如由于对科幻作品中科学知识的误读，信以为真，从而对 STEM 教育中的科学原理产生疑惑。科幻小说不是为科学教育而被发明出来的。[1] 如果能够厘清两者的区别，将科幻教育定位为可以帮助 STEM 教育提升兴趣的独立教育形式，那么从相关政策的制定和执行层面，都将更有效率。

## 二、完善顶层设计

相比西方发达国家，我国的 STEM 教育和科幻教育都起步较晚，且更多是自下而上自发产生，之后才得到政府的重视，被纳入到整体教育政策的设计与调整中来。这一方面使得相关的政策出台有一定仓促性，另一方面政策的产生常基于现实中的 STEM 教育和科幻教育实践活动，有一定的特殊性和具体性，政策之间的衔接和统筹也常常不够理想。同时，也缺乏国家级示范项目引领。

如果能够效仿西方发达国家，对教育的发展和人才培养有相对较早的预判，从而在现有政策基础上对顶层设计加以完善，并设立若干有代表性的示范性项目，则可使得 STEM 教育和科幻教育在产业发展、人才培养、人力资本结构调

---

[1] 吴岩：《科幻作品与科学教育》，《科普童话：新课堂》2014 年第 4 期，第 2 页。

整等方面，发挥更大的作用。

## 三、加强资源投入与避免急功近利

西方发达国家在培养科学技术人才上可谓不遗余力。从国家战略的角度进行顶层设计，以法律、规章等形式保证了对于 STEM 教育和科幻教育的持续投入。在资金和政策资源充裕的情况下，STEM 教育和科幻教育的发展才能够避免短视，发挥其应有的作用，取得比短期学科成绩提高更有价值的收益。

我国的 STEM 教育和科幻教育目前还处于发展的较初级阶段。STEM 教育和科幻教育在人才培养上，需要十余年甚至数十年的积累，才能发生明显的改变。应维持投入的稳定性，积极调整评价机制，科学、客观地看待 STEM 教育和科幻教育的存在意义，避免因急功近利，破坏了其原有的功能。而在资源投入方面，可以效仿西方国家，发动全社会，包括相关企业、机构、基金会、学校、非政府组织等，在具体政策的框架下形成科学教育的全社会联动机制，形成资源投入的合力。

## 四、从侧重基础教育到全学段覆盖

从西方发达国家的 STEM 教育和科幻教育发展历程来看，大致经历了由某一学段（如高等教育）发起，再辐射到从学前教育到高等教育的全学段的过程。这是 STEM 教育和科幻教育发展的一般规律，也是发展的必然趋势。

就我国的情况而言，STEM 教育从政策到实践，目前都侧重于基础教育阶段。科幻教育虽然已经实现了具体案例的全学段覆盖，但多为散点发生，带有较大的偶然性，尚不能成为系统性的全学段科幻教育。因此，在政府战略和顶层设计的引导下，逐步适配资源，形成稳定的全学段覆盖的 STEM 教育和科幻教育体系，是很重要的。这种全学段覆盖，能够让学生接受连续的、循序渐进的STEM教育和科幻教育，从而更加科学、完善的培养其科学精神与思辨能力，增加整个社会的科技人才供给，为产业结构调整提供新鲜血液，增强民众科学素质，提升社会竞争力。

## 五、建立适当的评价体系

西方国家对 STEM 教育和科幻教育有着较为成熟的评价体系。特别是对前者，存在一些可供比较和研究教育效果的标准化考试。对 STEM 教育设计本身，也存在一些定性的评价机制。

国内相关的评价机制较为缺乏。在 STEM 教育领域，仍以学科成绩作为最主要的判断标准，这无疑对 STEM 教育的情况是无法充分反映的。在科幻教育领域，吴岩曾提出一系列评价机制，但仅做了小范围应用。建立适当的评价体系，将对我国 STEM 教育和科幻教育未来发展有所助益。

## 六、探索"双减"大环境下的新时期 STEM 教育与科幻教育

2021 年我国教育部发布《关于进一步减轻义务教育阶段学生作业负担和校外培训负担的意见》（简称"双减"政策），对整个教育行业产生了巨大的影响。发展了多年的学科教育培训体系，在短时间内让位于致力于提升素质与基本能力的新体系。在这一过程中，STEM 教育与科幻教育迎来了新的发展机遇。

西方发达国家的教育在学科教育培训方面，其竞争压力一般认为小于我国。换句话说，西方发达国家当下的教育环境和我国实行"双减"政策后的教育环境，有一定的相似性。在这个背景下，积极考察西方国家在 STEM 教育与科幻教育上的发展历程、经验和所面临的挑战，将有助于我国探索"双减"大环境下的新时期 STEM 教育与科幻教育。

## 七、新冠疫情带来的冲击与挑战

突如其来的全球疫情打乱了各国的教育部署，STEM 教育也不能独善其身。西方国家的 STEM 教育形式在此期间发生了显著改变，线上的远程课堂大量出现。通过转变教学理念，借助将教学耗材发放到学生手中，让学生可以亲手操作等方式，在一定程度上缓解了涉及较多操作和实验的 STEM 教育中师生交互

减少的负面影响，某些时候的效果反而超出了疫情前仅有教师进行演示的情况。

我国在 2020 年上半年疫情期间，也经历了普遍的远程授课。对于 STEM 课程而言，大都依然采用教师演示的方式，在屏幕另一端进行操作。考虑到学生注意力的下降及师生交互的减少，效果往往不尽如人意。如能吸取西方国家的经验，在线上教育的框架下，也采用借用、制作或购买教具等方式，想方设法让学生自身积极参与到课程中来，STEM 课程的教学将能更好的应对新冠疫情带来的冲击与挑战。

# 第五节　结　语

STEM 教育和科幻教育是科幻产业中不可分割的重要组成部分。本章对国内外 STEM 教育及科幻教育的历史进行了回顾，总结了国内外 STEM 教育及科幻教育行业近年进展与概况，并对未来的发展趋势进行了探讨与展望。在此基础上，着重阐述国外 STEM 教育及科幻教育发展对国内相关领域七个方面的启示，包括厘清 STEM 教育与科幻教育的区别、完善顶层设计、加强资源投入与避免急功近利、从侧重基础教育到全学段覆盖、建立适当的评价体系、探索"双减"大环境下的新时期 STEM 教育与科幻教育、新冠疫情带来的冲击与挑战等。希望能够为相关研究提供参考。

**作者简介**

魏然，科幻爱好者、研究者。北京大学毕业生，拥有多学科领域学位共计 22 个。

王心怡，科幻爱好者，业余从事科幻相关写作和科幻艺术作品创作。北京大学及美国芝加哥大学毕业生。

第十章　科幻赋能城市工业遗产复兴的理论与路径

顾宗培

作为一种融合了科技与艺术的大众文化，科幻面向未来的创新属性与当下文化建设和城市更新需要高度契合。近年来，国内许多城市都在以"科幻"为主题打造城市名片。本章在对科幻的发展脉络和特点进行简要分析的基础上，认为科幻的大众性、创新性特点与当下文化建设和城市更新工作高度契合，并以法国南特市和北京新首钢高端产业服务区为例，探讨科幻赋能城市工业遗产复兴的主要方法路径和需要聚焦的重点问题，即对文化、空间、产业和活动进行长期培育，促进这四者之间的有效互动，从而推动城市更新与城市复兴。

# 第一节　研究背景

作为一种融合了科技与艺术的创作形式，科幻面向未来的创新属性与当下文化建设和城市更新需要高度契合。随着我国科幻产业的不断发展，近年来，许多城市都在以"科幻"为主题打造城市名片。2017 年以来，成都市持续推动"科幻之都"的打造，在发展科幻产业的同时，更成功申办了 2023 年世界科幻大会；2020 年 11 月，在北京新首钢举办的中国科幻大会开幕式上，北京市主要领导提出"推动北京在科幻领域成为具有世界影响力的城市";[1]重庆、深圳、南京等城市，也通过支持举办华语科幻星云奖、晨星奖、蓝星球科幻电影节等科幻活动的方式，打出自身的"科幻名片"。在此背景下，如何理解科幻与城市，尤其是科幻与城市文化复兴、工业遗产利用和城市品牌策划的关系，是一个亟待深入研究的问题。

科幻诞生于工业革命时期，从早期的玛丽·雪莱、儒勒·凡尔纳等欧洲作家的创作开始不断发展兴盛，又随着 20 世纪美国科幻小说和好莱坞科幻电影的巨大影响力，逐渐成为一种在全球都备受瞩目的大众文化。进入 21 世纪后，中国科幻作品随着刘慈欣小说《三体》的成功和《流浪地球》等电影的热映，进入一个新的篇章。近年来，随着中国科幻作品在世界各地被广泛翻译和出版，中国科幻的崛起已成为一种文化现象，正在被世界各地的学者广泛关注。

## 一、科幻与当下的文化建设要求高度契合

科幻通过想象对科学技术进行艺术化演绎，同时，科幻也与大众文化有着先天的联系。在通常的认知里，科幻文学属于"类型文学"，是一种更强调传播性、可读性的文学类型，因此，与其他的文学形式相比，科幻的创作不仅仅需要考虑文学性，同时也需要考虑大众传播的要求。科幻电影更是 21 世纪大众文化的重要组成部分，大多数科幻电影也属于商业电影，而非艺术电影。在此背景下，科幻格外适宜作为当下开展科学文化传播和促进创新文化发展的艺术媒介。

作为一种以想象力演绎未来时空的创作题材，科幻在具有大众性的同时，也具有创新性。科幻作品有可能引领科技的发展，通过大胆想象给予后人启发。凡尔纳的《从地球到月球》就成功预言了百余年后的人类探月，阿西莫夫也预言了计算机主导的世界，当下最引人注目的元宇宙也是源于科幻小说《雪崩》。可见，大力发展科幻创作，推广科幻文化，有利于推广和传播科学文化，传承和发扬创新精神，符合我国当前的文化建设要求。

---

[1] 佚名：《科幻无界，科技有声》，《科学中国人》2020 年第 22 期，第 32-33 页。

## 二、科幻与当下城市更新需要高度契合

### 1. 文化导向的城市更新

2020 年，我国城镇化率达到 63.89%，中国正步入城镇化后半场，即以存量更新为主的城市更新时代。随着城市扩张和后工业时代的来临，很多原本位于城市边缘的工业区逐步变为城市中心的重要功能区，对工业遗产的再利用也由此成为一个重要议题。20 世纪 80 年代以后，为了解决内城衰败的问题，英国等国家开始探索以文化导向（culture-led）取代地产导向的常规程序，强调以文化为导向，吸引特定人群和特定产业，通过对城市形象的提升和促进创意产业的发展，[1] 以赋能城市更新和城市复兴。这种开发方式相较于传统的地产导向而言，方法更为多元，主要有结合文化设施建设、结合文化活动举办、结合文化产业发展等三种不同的城市更新发展模式。[2]

在数十年的更新实践之中，不论是在城市尺度还是片区尺度都有许多成功案例，通过对英国格拉斯哥、北京 798 等许多工业城市、工业遗产的更新与改造，已经探索出一条将工业遗产与创意产业、文化旅游、艺术展览相结合的成熟路径。但对于国内的许多城市而言，传统的文化交流空间、展览空间和艺术工作室能支撑的空间体量远远少于城市中留存的工业遗产空间。尤其是那些具有独特历史价值的工业厂房，还需要引入更多的发展动力，才能有机会推动保护式更新。

### 2. 科幻文化与城市工业遗产改造

在城市规划建设与文化旅游的视野下，科幻中常见的"蒸汽朋克""未来城市"等独特场景，就与现代工业遗产改造和工业地区复兴十分契合。从文化内涵上看，蒸汽朋克文化反映了对现代科技"不透明性"的批判性回应。[3] 因此，在科幻作品中，蒸汽朋克通常对会场景中的工业属性进行夸张表达，以此来强化对其内在结构的透明表达——例如建筑物、交通工具上的结构构件，机械上的齿轮、管道等金属构件，以及金属构件上的锈质要素等，工业遗产恰好提供

［1］ 易晓峰：《从地产导向到文化导向——1980 年代以来的英国城市更新方法》，《城市规划》2009 年第 6 期，第 66-72 页。

［2］ 黄鹤：《文化政策主导下的城市更新——西方城市运用文化资源促进城市发展的相关经验和启示》，《国外城市规划》2006 年第 1 期，第 34-39 页。

［3］ 代泽天：《蒸汽朋克装饰风格在工业遗产改造中的应用研究——以济南二环西路老变压器厂改造为例》，山东建筑大学硕士论文，2019，第 9 页。

了具有这样特点的空间场景。

从产业发展上看，科幻产业近年来的蓬勃发展，也为工业遗产的复兴提供了新的机遇。根据《2021中国科幻产业报告》，2020年中国科幻产业总值为551.09亿元，[1]持续保持快速增长。在传统的科幻影视、游戏、出版等产业板块之外，相关的虚拟拍摄技术、元宇宙研发等更多前沿产业也与科幻紧密相关。因此，通过打造城市片区的科幻品牌，引入科幻产业，将会进一步赋能城市衰败地区的长期复兴。

# 第二节 研究案例

尽管世界各国的科幻作品不计其数，百余年来科幻小说和电影中构建的场景要素也极为丰富，但明确提出以科幻为城市名片或地区标志的成熟案例并不多。其中，法国的南特市是典型的成功案例之一。在二十余年的时间里，南特不断挖掘和整合自身的科幻文化，持续擦亮自身的科幻名片，进而将其融入城市旅游线路、节庆活动中，有效促进了城市科学文化和创新文化的发展。近年来，北京石景山区在新首钢高端产业综合服务区的建设中，充分利用工业遗址留存下来的工业特色风貌，明确提出以科幻为主题打造新的城市综合服务区，通过科幻活动进一步赋能城市文化空间，从而凸显自身的特色定位，吸引相关产业集聚，带动了片区的经济和文化活力。

这两个城市都选择利用工业遗产来打造城市的科幻名片，下文将围绕法国南特和北京新首钢的改造进行具体介绍。

## 一、法国南特——从科幻之都到创新之都

南特是伟大的科幻作家儒勒·凡尔纳的故乡，也是法国第六大城市。作为

---

[1] 中国科幻研究中心和南方科技大学科学与人类想象力研究中心：《2021中国科幻产业报告》，2021年9月30日，https://crisp.org.cn/m/view.php?aid=3362，访问日期：2021年12月25日。

曾经的商业中心和港口城市，南特有着丰富的历史文化遗产，随着近现代工业的发展，南特的造船工业一度为这个城市带来繁荣的产业和经济成果。20 世纪80 年代随着造船工业的衰落，南特市的经济发展也变得萧条，但却为这个城市留存下独特而丰富的造船工业遗产。近二十年来，南特通过挖掘和彰显自身的科幻特色，利用工业遗产打造科幻项目，成功塑造了科幻之都和创新之都的城市名片，有效促进了后工业时期城市转型和衰败工业地区复兴。

### 1. 结合科幻项目塑造城市名片

2002 年，南特市启动了"南特岛复兴计划"，该计划提出利用造船厂区域开展城市更新，通过引入新的创意产业和文化景观，来带动南特的日常休闲、观光旅游和节日集会，打造一个综合产业与文化的城市新中心。[1]其中，就包括南特岛西侧著名的"机械岛"项目（Les Machines de l'île）。[2]

南特"机械岛"项目是源于这座城市作为凡尔纳故乡的蒸汽朋克气质。1999 年，法国艺术家弗朗索瓦·德拉罗齐埃创立了机械协会，该协会的工作是为剧院建造布景和机械。2003 年起，他与戏剧制作人皮埃尔·欧赫菲斯共同主持开发了南特的"机械岛"项目。他们利用南特造船厂的工业遗址，围绕凡尔纳小说中的科幻场景打造主题乐园。在其后的十余年中，他们先后建成了机械艺术馆、机械巨象和海底世界旋转木马等多个场景，并设计制造了一系列可以活动的巨大机械，如可以乘坐的苍鹭、苍鹭、蜘蛛等，这些机械会随着人们的到来而苏醒，或前行，或腾飞，或从天而降，配合沉浸式的声光电效果，给游人以极大的冲击（图 3）。同时，这些巨型机械的制作空间也位于机械艺术馆中（图 4），通过展示这些机械制作的过程，既向游人科普了机械的制作过程及其内部构造，又通过每年更新的新机械，不断给人们以新的期待。

---

[1] 冷婕,陈科：《城市复兴背景下的工业遗产保护与再利用》,《新建筑》
  2012 年第 2 期，第 38-43 页。

[2] https://www.lesmachines-nantes.fr，访问日期：2021 年 12 月 25 日。

图 3　南特机械岛（笔者摄于 2017 年）

图 4　位于南特机械岛项目内的机械制作空间（笔者摄于 2017 年）

## 2. 串联文化景观，组织城市游线

结合机械岛等文化景点，南特大都会区和南特市两级政府共同组建地方公
共机构"南特之旅"，进一步促进南特市的文化旅游发展。该机构从 2010 年
起，每年夏天都会组织一条主题文化线路，串联城市中的临时或永久艺术品，
有效地将城市规划机构、城市政府、活动承办方和艺术家组织在一起（图 5）。
在这些线路中，就曾有凸显南特市科幻文化特色的儒勒·凡尔纳主题步道。在
"南特之旅"的带动下，从 2010 年到 2015 年，平均每年南特市的留宿游客增

加 39%，其中，夏季留宿游客平均年增长率为 47.5%。[1]

图 5　"南特之旅"主题步道串联机械岛等城市文化艺术空间[2]

### 3. 以科幻文化扩大城市品牌影响力

作为南特的标志性文化活动，"南特乌托邦国际科幻文化节"创立于
2000 年，其内容包括文学、科学、电影、漫画、文化展览、角色扮演等不同领
域的活动。南特乌托邦文化节充分体现了科幻文化的"大众化"特点，提出要
打造一个"每个人都可以踏入的文化节"，[3]以科幻文学为媒介，让尽可能
多的人（尤其是年轻人），在活动中遇见世界顶尖的想象力与崭新的科学技术，
了解未来世界。在这种定位之下，科幻被视为激发人们想象力和创新力的起点，
同时，它也成为一种探索现实的有力工具。至今，乌托邦文化节已经成功举办
了 21 届，其观众人数也从 21 世纪初期的 37 000 人，增长到 2019 年的十万余人，
成为世界最有影响力的科幻活动之一。

2019 年，南特击败了安特卫普（比利时），布里斯托尔和格拉斯哥（英国），
埃斯波（芬兰）和鹿特丹（荷兰）等 16 个国家 / 地区的 27 个城市，成为 2019
年欧洲创新之都（iCapital 2019）。在该奖项的评比过程中，南特的科幻文化

---

[1]　佚名：《"南特之旅"》，《城市环境设计》2017 年第 1 期，第 451-453 页。

[2]　图片来源：https://www.levoyageanantes.fr，访问日期：2021 年 12 月 25 日。

[3]　https://www.utopiales.org/，访问日期：2021 年 12 月 25 日。

和创新文化，对塑造城市名片与城市形象起到了重要的支持作用（图6）。

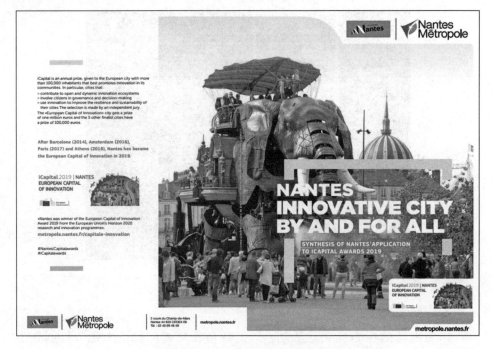

图6　2019年欧洲创新之都南特申报文件封面和封底[1]

## 二、北京首钢园区——从工业园到幻产业集聚区

新首钢高端产业综合服务区位于北京市石景山区，占地约7.8平方千米。[2]其前身是1919年开始建设的龙烟铁矿股份公司石景山炼厂，中华人民共和国成立后，首钢在1958年建起新中国第一座侧吹炉，1979年成为首批国家经济体制改革试点单位。2001年成功申办夏季奥运会后，北京市对环境保护提出了更高的要求，首钢搬迁被提上日程。

[1]　Nantes Metropole: Nantes Innovative City by and for All—Synthesis of Nantes' application to ICapital Awards 2019，2019年，https://nws.eurocities.eu/ MediaShell/media/ICapital_Awards_2019__synthesis_Nantes__application.pdf，访问日期：2021年12月20日。

[2]　马红杰、张敏：《新首钢地区：公共管理视角下工业遗产更新的规划治理探索》，《北京规划建设》2021年4月号，第39-42页。

在新首钢的规划和策划中，科幻文化是打造新时代首都城市复兴新地标、支撑地区文化和产业复兴的重点要素，新首钢园区在空间上打造科幻主题组团，在政策上出台"科幻16条"支持科幻产业发展，在文化活动方面举办中国科幻大会等一系列举措，塑造地区新形象。

**1. 规划引领下的首钢转型**

在《北京市总体规划（2004年—2020年）》中，将包括首钢在内的石景山地区定位为"石景山综合服务中心"。"综合服务中心"意味着首钢不再是单一的工业功能，而是具有包括文化和娱乐休闲在内的多元综合服务功能。2005年2月，国家发改委批复《关于首钢实施搬迁、结构调整和环境治理的方案》。其后，首钢开始逐步迁往河北曹妃甸，对现有园区的更新利用问题也开始引起人们关注，尤其如何充分利用、提升和彰显首钢独特的建筑空间和工业文化。[1]

2007年在《首钢工业区改造规划》中，将首钢定位为"城市西部综合服务中心，后工业文化创意产业区"。2017年批复的《北京城市总体规划（2016年—2035年）》明确了新首钢"高端产业综合服务区"的定位，提出首钢应打造为"传统工业绿色转型升级示范区、京西高端产业创新高地、后工业文化体育创意基地"。[2]从这一系列规划可以看出，"高端产业创新高地"和"后工业文化"的定位，为后续引入科幻文化和科幻产业打下了良好的基础。

首钢存留下来的风貌独特且规模巨大的工业建筑，在北京市乃至全国都具有特殊性。在首钢的规划研究与更新改造中，对工业资源的保护与再利用一直是重要内容。首钢园北区、南区的详细规划均强调对工业建筑物和构筑物的保护，"以保定建"，将规划范围内的工业建筑和构筑物按照历史价值，分为强制保留工业资源、建议保留工业资源和其他重要工业建筑物三类（图7），在提出分类保护和修补方案的基础上，还进一步提出保护铁轨等线性要素。

[1] 顾宗培：《北京城市文化空间的解读与更新利用探索》，中国城市规划设计研究院，2012年，第61页。
[2] 马红杰、张敏：《新首钢地区：公共管理视角下工业遗产更新的规划治理探索》，《北京规划建设》2021年4月号，第39-42页。

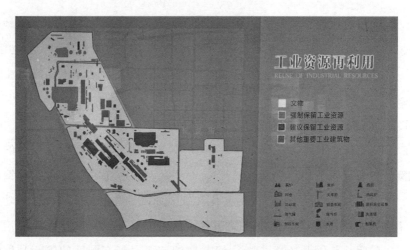

图7 首钢园展览中的工业资源再利用图（笔者摄于 2017 年）

先期建设的首钢北区，将冬奥组委办公区东侧组团定位为"金安科幻广场"（图8），结合三座高炉地标，对原料仓、原料系统仓、转运站、提升泵站等工业设施进行改造，形成近 6 万平方米的科幻主题组团。

图8 金安科幻广场组团

目前，在冬奥组委办公区、秀池等组团已经完成更新改造后，新首钢保留了典型的工业特征（图9），巨大的高炉变成了展览和会议中心，水塔和筒仓改造为办公场地，新旧建筑材料的混合让空间具有更为独特的"科幻感"，也为后续开展科幻活动、塑造地区科幻名片搭建了良好的空间基础。

首钢改造前　　　　　　　　　　　　　首钢改造后

（笔者摄于 2011 年）　　　　　　　　　（笔者摄于 2019 年）

图 9　首钢改造前后比较

## 2. 政策引领下的科幻发展

作为知识密集型产业和新兴文娱消费的重点方向，科幻产业逐渐成为全球范围内颇具潜力的新经济增长点之一。[1] 在塑造具有"科幻感"城市空间的基础上，地方政府在产业定位和政策层面，进一步提出支持科幻产业发展。

2020 年 11 月，中国科学技术协会、北京市人民政府在中国科幻大会上签订了"促进北京科幻产业发展战略合作协议"，正式揭牌新首钢园区为"科幻产业集聚区"。石景山区委区政府聚焦科幻产业关键技术、原创人才、场景建设三大关键要素，出台《石景山促进科幻产业发展政策》（即"科幻 16 条"），对关键技术研发与应用、科幻原创作品创作与转化、科幻产业聚集发展、科幻主题场景建设、科幻产业服务平台发展等内容提出明确的支持政策。[2]

从"科幻 16 条"的具体内容可以看出，它与"文化导向"的城市更新思路十分契合，强调以科幻文化为纽带，通过提升城市形象，促进创意产业，来赋能城市更新。而对于当下的首钢园而言，"科幻文化"巧妙地扭转了工业遗产中的破旧和衰败质感，赋予其科技、未来感的同时，也给予其大众化的亲民形象；而与"科幻产业"相链接的电影、游戏、IP 和相关前沿技术，既与北京

---

[1]　李丹琳：《科幻产业：如何"接棒"未来》，《金融时报》2021 年 11 月 12 日第 9 版。

[2]　北京市石景山区融媒体中心：《千万级专项资金支持！国内首个促进科幻产业政策落地石景山！》，微信公众平台 2020 年 10 月 27 日，访问日期：2020 年 10 月 27 日。

拥有的创新创意人才特点相契合，又与首钢的城市风貌和空间特点相契合，在未来应能够有效吸引企业和就业，带动地区经济和消费的增长。

### 3. 科幻活动赋能文化复兴

2020 和 2021 年的第五届、第六届中国科幻大会都在此举办，其中，2021年大会已吸引了逾四万名观众参与（图10）。在其他科幻活动常见的开幕式、专题论坛等内容之外，新首钢举办的中国科幻大会强调了"会＋展"的特色形式，吸引了航空航天、虚拟现实、文化出版等许多科幻相关产业的公司机构参展，显著提升了大会的科技属性。通过在两届大会上发布"科幻16条"、中国科协科技传播与影视融合办公室等重要机构揭幕、成立北京科幻产业基金、中关村科幻产业创新中心等消息，不断强化首钢的科幻与产业的紧密联系；同时，通过举办"潮幻奇遇季"等大众嘉年华内容，吸引了更多的普通市民和青少年进入会场，在互动式展览中体验前沿技术，参与论坛讨论和图书展会，从而提升大会的"科普"属性，强化了科幻与大众、尤其是青少年的联系。

图 10　2021 年中国科幻大会（笔者摄于 2021 年）

# 第三节　结　语

法国南特和北京新首钢的案例可以说明，对具有科幻文化底蕴和科幻产业发展机遇的城市，可以借助科幻的大众性与创新性特点，通过改造工业遗产、打造科幻场景、开展科幻活动、引入科幻产业等一系列举措，赋能并实现城市工业遗产的复兴。

在此过程中，最重要的是如何借助科幻文化，长期、有效带动产业和空间的复兴。由于首钢的探索刚刚起步，尚在建设过程中，本章主要结合法国南特案例，探讨国内城市打造"科幻城市"或"科幻项目"时应聚焦的重点。"文化导向"下的城市更新，其核心在于文化活力的塑造，因而在围绕"科幻"这种独特的文化进行空间营造时，更需要深入挖掘和激活城市的科幻文化。南特机械岛项目之所以成功，其前提是凡尔纳小说的巨大影响力，如果脱离城市自身的科幻文化，单纯打造"网红项目"，那么南特不论是在科幻领域的影响力，还是对旅游业和创意产业的推动力，恐怕都远不如今日。同时，在依托科幻文化赋能城市更新的过程中，不仅需要挖掘历史，还需要对文化和艺术的持续投入。南特市以机械岛的建设为契机实现南特岛整体复兴的背后，是机械协会在近 20 年的时间里，不断建造新机械，以不断提升自身品牌价值。乌托邦文化节也是通过二十余年对初心的不断坚持，成长为具有国际影响力的科幻文化节。即便是"南特之旅"的游线打造，依然需要每年邀请不同的艺术家在城市中打造新的临时或永久景观，从而维持城市的文化活力与吸引力。

因此，科幻"赋能"城市复兴的过程，绝不是一蹴而就的。我们要推动一个城市在科幻领域的影响力，需要对文化、空间、产业和活动进行长期培育，促进这四者之间的有效互动，才有可能真正实现城市更新与城市复兴。

**作者简介**

顾宗培，高级城市规划师，中国科普作家协会会员。2011 年起以"顾适"为笔名创作科幻小说，作品多次获得中国科幻银河奖、华语科幻星云奖金奖。

第十一章　浅析科幻产业和元宇宙的融合和发展

金　韶　林玉娜

　　近几年，我国科幻产业进入快速增长的黄金期。2021年，元宇宙热潮又席卷全球，国内外科技巨头公司纷纷展开元宇宙产业布局，各国政府也都高度重视和做出谋划。科幻和元宇宙具有天然的渊源关系，二者在目标指向、关键技术支撑、应用和消费场景以及产业生态等方面，都具有交叉、重叠的紧密关系，科幻产业和元宇宙的融合发展成为必然趋势。为了促进科幻产业的高质量发展，推进科幻和元宇宙的有机融合，政府、业界和学界需要加强合力，找准定位、对科幻产业和元宇宙进行系统规划和布局，以科幻产业为先导、搭建和完善元宇宙生态，将"科幻场景"和"城市大脑"结合，打造元宇宙城市。

## 第一节　我国科幻产业快速发展

　　"科幻"的本意是"科学幻想"，是人们基于科学思维和想象力，探索未来的科技文化实践活动。科幻产业，伴随着视听技术进步和影视产业化进程而发展起来，是在文化和科技融合驱动下，以科学精神和想象力文化为内核，以科技创新和工业化生产为支撑，以未来叙事、视听体验、沉浸式场景为载体的新兴产业，[1]主要表现为科幻出版、影视、游戏、动漫等内容产业，并且不断衍生出科幻周边、娱乐、文旅和沉浸演出等新兴业态。

我国科幻产业在政策引导和科技驱动下快速发展。全国科幻产业产值在2019年为658.71亿元，创产业总值历史新高。2020年受疫情影响，全国院线电影市场受到较大冲击，但科幻游戏、科幻网络影视、科幻数字出版、科幻周边等保持相对稳定增长，科幻产业总产值达到551亿元。[2]2021年，科幻产业开始全面恢复上涨，上半年科幻产业产值已达363.92亿元，预计2021年总产值有望超过720亿元。其中，科幻游戏产业在近五年国内各类型科幻产业产值中发展最为可观，预计2021年产值将突破600亿元，占据了科幻市场的最主要份额，具备相对成熟的商业模式和产业基础。另外，其他科幻内容产业发展也相对平稳，尤其是科幻影视产业在科幻产业中具有明显优势，在科幻产业市场占据了重要地位。

在后疫情时代，随着数字经济和"云消费"的日益兴盛，我国科幻产业还将迎来新一轮增长。近期，国家接连发布"科幻十条""全民科学素质行动计划""国际科技创新中心建设规划"等一系列政策，都对科幻产业加以高度重视与大力引导。科幻产业，对我国加强世界科技强国建设、促进产业转型发展、提升全民科学素质和科技文化自信，都具有重要的推动作用。


# 第二节　全球掀起"元宇宙"热潮


"元宇宙"对应的英文是"Metaverse"，即 Meta（超越）+Universe（宇宙），其概念源于尼尔·史蒂芬森1992年的科幻小说《雪崩》，描绘了互联网架构的虚拟平行宇宙。元宇宙作为虚拟世界的代名词，是科幻电影和科幻游戏中经常展现的场景。20多年后的当下，当传统互联网经济发展到瓶颈期，虚拟现实

---

[1]　金韶：《从1.0到3.0：科幻产业的发展阶段和演进规律》，光明网2021年8月17日，访问日期：2022年2月24日。

[2]　金韶：《创新与未来：北京科幻产业发展报告》，中国国际广播出版社，2022，第31页。

技术发展到一定阶段，"元宇宙"凭借其对多种新技术的融合性、与新兴产业和商业模式的关联性，显示出强大威力，随着元宇宙公司[1]等互联网头部企业的频频动作，在全球掀起热潮。

清华大学沈阳教授指出：元宇宙是基于虚拟现实技术提供沉浸式体验，基于数字孪生技术生成现实世界的映射，基于区块链技术搭建经济体系，将虚拟世界与现实世界密切融合，实现全景、全真和全息的数字世界。元宇宙是继PC互联网、移动互联网、物联网之后产生的"未来互联网"。其初级形态具有"新技术集成、数字经济、虚拟娱乐"等产业特征；其成熟形态具有"虚拟和现实交融、自主创造和开放协作并行、闭环经济系统和商业模式共促"等经济和社会属性。元宇宙，将从现阶段的虚拟现实产品和互联网应用，逐步发展到更多元的产业形态，进而对社会、经济和文化的发展产生深刻影响。

在元宇宙热潮下，我国的科技公司也积极行动。腾讯提出"全真互联网"的概念，与元宇宙的虚实融合、人机交互的机制有异曲同工之妙，并推出全新的 XR（Extended Reality，扩展现实）业务，[2]全产业链布局 XR 生态。腾讯还参投有着"元宇宙第一股"之称的罗布乐思，[3]后又成为"有元宇宙相"的"Epic Games"[4]的股东，推出"QQ 元宇宙""王者元宇宙"等 IP，成为国内元宇宙领域的代表性企业。而字节跳动围绕元宇宙目标进行了大手笔的投资，斥资 1 亿元投资了元宇宙概念公司代码乾坤，并投资了芯片公司光舟半导体，还收购了国内 VR 行业头部厂商"Pico"，[5]通过 VR 业务一方面在社交领域进行突破，另一方面能够使用 VR 沉浸体验，丰富其媒体内容产品。[6]

---

[1] 元宇宙公司，原脸书公司 Facebook，现已更名为 Meta，即为元宇宙公司。

[2] 郑玥：《腾讯，迈出元宇宙重要一步》，新浪科技 2022 年 2 月 16 日，https://finance.sina.com.cn/tech/2022-02-16/doc-ikyakumy6253181.shtml，访问日期：2022 年 2 月 24 日。

[3] Roblox，是一款在线创作游戏。

[4] Epic Games，是一家游戏制作团队。

[5] Pico，是一家智能穿戴设备品牌。

[6] 腾讯网：《字节跳动收购 Pico：为元宇宙，更为社交》，腾讯网 2021 年 9 月 3 日，访问日期：2022 年 2 月 24 日。

# 第三节 科幻产业和元宇宙的融合关系

## 一、科幻和元宇宙具有天然渊源和共同指向

元宇宙的概念源自科幻小说和电影，承载着人们对未来社会前瞻形态的想象和渴望。元宇宙和科幻都是借由科学原理和数字技术，在现实和未来之间搭起联通的桥梁和实现的路径。科幻产业用科学和艺术的融合手段呈现着元宇宙的未来场景；而元宇宙是科幻产业发展的终极目标指向。

## 二、科幻产业和元宇宙的关键技术和底层支撑高度一致

科幻产业和元宇宙都需要新一代信息技术、前沿科技的创新研发和转化应用。航天科技、生命科学、人工智能等前沿科技不断激发人们的想象力，为科幻和元宇宙的未来拓展想象空间，而虚拟现实、数字孪生、沉浸交互等视听技术不断促进科幻生产流程再造和产业规模扩大。元宇宙也需要这些技术集成和协同作用，通过虚拟现实技术打通物理世界和数字世界，并实现每一个用户的自主创造和相互协作。科幻产业和元宇宙的底层，都需要通信算力、区块链技术的支撑。

## 三、科幻产业和元宇宙的消费场景和生态体系相互重叠

科幻产业门类众多，主要包括科幻内容创作、科幻文旅演出、科幻场景展示、科幻科技支撑、科幻运营服务五大门类。其中，前三个门类都是科幻产业的消费场景，包括科幻题材的影视游戏、虚拟娱乐和视频直播，富有科幻特色的沉浸式文旅和演出项目，具有科幻元素的广告、艺术品、会展、景观设计等。这些也都是现阶段元宇宙的主要场景。元宇宙需要科幻元素和想象力的加持，需要科幻思维和表达方式的运用，更需要科幻产业的发展支撑，以及社会公众科幻消费习惯的养成。在产业链体系不断完善的基础上，科幻和元宇宙将在多领域实现应用创新和场景共建。

# 第四节  科幻产业和元宇宙的融合发展建议

## 一、找准定位，系统规划布局

当下，各国纷纷出手加速布局元宇宙产业，元宇宙公司、微软等美国科技巨头竞相抢占元宇宙技术高地，日本借元宇宙模式扩张"二次元"文化产业、打造"沉浸式"虚拟世界；而韩国政府推出的"元宇宙首尔"城市计划，建设虚拟与现实相结合的城市服务系统。[1]在元宇宙浪潮的推动下，我国也要抓住契机，政府、业界和学界需要加强合力，找准发展定位，对元宇宙经济进行系统的规划和布局。一方面，要发挥自身科技创新优势，推动虚拟现实的软硬件技术和产业升级；另一方面，挖掘我国优秀文化资源，打造高质量原创内容产品，深化文化和科技融合，加强对科幻产业和元宇宙的顶层设计，打造具有中国特色的科幻和元宇宙融合创新的未来产业。

## 二、以科幻产业为先导，搭建元宇宙产业生态

元宇宙与科幻产业结合的本质是数字经济、新一代信息技术和互联网平台对产业、场景、服务的升级再造。以科幻产业为先导，着力发展科幻＋影视、科幻＋动漫游戏、科幻＋电竞、科幻＋文旅、科幻＋会展、科幻＋科普等多元新兴业态和新消费场景，突破将科幻简单归属于文化产业的局限，将科幻概念和元素延伸到虚拟教育、智慧医疗、智能制造、智慧城市等多个领域，开发和搭建多种形态的元宇宙应用场景和产业平台，促进元宇宙和经济、社会、文化、生活的紧密结合，进而拉动产业转型、城市更新、经济增长和消费升级。

## 三、将"科幻场景"和"城市大脑"结合，建造元宇宙城市

元宇宙的成熟形态是社会结构、经济形态、社交关系与文化样态的融合和

---

[1]  新媒沈阳团队：《元宇宙发展研究报告 2.0 版》，清元宇宙网 2022 年 1 月
21 日，访问日期：2022 年 2 月 24 日。

更新，而元宇宙城市则是元宇宙成熟形态的典型体现，相当于将整个城市的数据、技术、资源、服务、空间、场景等进行虚实同步。元宇宙城市的外在形态是科幻景观的营造，即运用科幻创意和科技手段，开发和利用城市空间资源，如地标建筑、商业街区、产业园区、文化景区等，打造虚拟现实的景观、会展、赛事、节庆等，营造沉浸式的城市空间，带动产业转型，促进城市更新。而元宇宙城市的内在引擎，是拥有强大通信网络和算法算力的"城市大脑"，加强新基建，开发各种数字孪生城市场景的应用和服务，实现政府治理和城市管理的数字化和智能化。通过"科幻景观"和"城市大脑"的内外协同，将元宇宙场景体验从城市文化延伸到整个城市的治理体系，通过大数据、云计算、和数字孪生技术，推出智慧政务、智能交通、智慧医疗、虚拟教育等元宇宙场景体验，为公众和市民提供前沿感知和智能服务。

"元宇宙"这一诞生于科幻作品的概念，伴随着新技术的发展和科幻产业的兴起而火爆全球，彰显了人们的想象力和科技进步对现实生活的变革和影响。元宇宙是指数字技术对人类社会、经济和文化产生的综合影响以及由此构建的新的社会形态，而以科幻影视、游戏和沉浸娱乐等为代表的科幻产业，是现阶段的元宇宙典型应用和场景，是元宇宙实现进程中的重要产业载体。推进科幻产业和元宇宙的融合发展，有助于在未来加速实现从文化产业到数字经济，再到元宇宙城市打造的升级迭代。

［本章是北京市科学技术委员会课题《促进北京科幻产业发展研究》（2020XCCKP-12）的研究成果。］

**作者简介**

金韶，北京联合大学新闻与传播系副教授；

林玉娜，北京联合大学新闻与传播系2021级研究生。

第十二章

# 国际科幻行业交流趋势扫描

王侃瑜　河　流

近年来，伴随着中国科幻在世界范围内赢得广泛关注，翻译出版、行业活动、粉丝交流、电影展映、教育学术等多方面的海外交流也日益增多。本章重点关注中国科幻与世界科幻行业的双向交流，兼顾中国之外的国际科幻交流，在梳理国际间科幻行业多层次交流的主要事件基础上，试图发现最新的科幻跨国、跨地区、跨语种、跨文化交流的总体趋势。

## 第一节　翻译和出版

中国科幻最早的翻译输出可以追溯到老舍的《猫城记》，早在 1964 年，这部科幻讽喻小说就由汉学家詹姆斯·迪尤译为英语。近年来，除了刘慈欣的《三体》三部曲英译大获成功，受到奥巴马、扎克伯格等名人推荐并斩获雨果奖之外，陈楸帆的《荒潮》、宝树的《三体 X：观想之宙》、郝景芳的《流浪苍穹》等长篇小说也纷纷被翻译成英文出版并得到广泛关注。《看不见的星球》《碎星星》《转生的巨人》《中华景观》《春天来临的方式》等中国科幻英译选集也充分证明了中国科幻在英语读者中所受到的欢迎。

谈到中国科幻对英语的译介输出，美国线上杂志《克拉克世界》与微像文化合作的中国科幻翻译专栏[1]是绕不开的一部分，自 2015 年 1 月以来，截至 2021 年 12 月，该专栏共累计发表了 60 余篇 80 余万字的中国科幻小说，以经典加新篇的形式，系统而全面地介绍了中国科幻小说中短篇的风貌。值得一提的是，除了华语以外，《克拉克世界》杂志也欢迎来自任何国家、从任何语种翻译至英语的投稿，2020 年起更是开放了针对未经翻译的西班牙语小说的投稿渠道。2019 年，"克拉克世界书系"正式成立，专注出版翻译作品，书系中的第一本书便是中国科幻作家夏笳的《你无法抵达的夏天》。该项目以众筹的形式在美国众筹网站平台（Kickstarter）上线 10 天便筹得目标金额的 120%，书籍在 2021 年出版发售。受到《克拉克世界》翻译项目大获成功的鼓舞，未来事务管理局也在 2018 年 12 月投资创办了全英语杂志《未来纪事》，重在出版翻译科幻小说，而《银河边缘》则与八光分文化合作，从 2021 年 5 月开始设置了杨枫编辑推荐专栏，[2]发表英译中国科幻小说。这些翻译项目吸引和培养了一大批优秀译者，刘宇昆、金雪妮、安迪·杜达克、陆秋逸、言一零等均长期致力于将中国科幻作品翻译为英语，与更多的读者见面。

日语是继英语之后的另一大中国科幻译介方向，《三体》三部曲在日本发售时即引起轰动，被小岛秀夫等知名人士热捧，《时间之梯》《移动迷宫》等中国科幻日译选集也相继出版，日本的《SF 杂志》与中国的《科幻世界》合作刊登中国科幻专辑（2020 年 12 月）。种种现象表明，在多年来中国持续翻译引进日本科幻（不止小说，更包含漫画、动画、游戏等）之后，中国科幻在近年来终于实现了对日的逆向输出，并广受好评。

另一方面，意大利科幻出版品牌"未来小说"也在译介中国科幻方面做出了卓越贡献，于 2017 年起相继推出《星云》《汉字文化圈》《赛博格中国》《未来文字》《中国太阳》等 5 部中意双语的中国科幻合集，出版了夏笳、陈楸帆、韩松、王侃瑜、慕明等作家的个人作品集。"未来小说"以关注世界科幻为主旨，

---

[1] Zhang Ran, translated by Carmen Yiling Yan and Ken Liu, *Ether*（Clarkesworld, Jan. 2015），p. 5487.

[2] Cheng Jingbo, translated by S. Qiouyi Lu, *Mr. Komatsu Hates Cats*（Galaxy's Edge，May. 2021），p. 68-75.

除了中国以外，还翻译出版了来自超过 30 个国家、至少 13 个语种的科幻小说，旨在展现多文化、全世界的未来想象。

同时，德国的《胶囊》杂志也致力于将中国科幻介绍到德语世界，主打中德双语发表，并在杂志设计上追求艺术感和时尚感。从 2015 年开始出版 4 期精品杂志以后，该团队又在 2021 年出版了《胶囊：中国幻想故事》文集，收录 6 篇华裔作者的科幻小说及 5 篇德国青年作家的文学回应。

其他一些语种中也有杂志推出了中国科幻专号或者小辑，比如罗马尼亚的《42 星系》和西班牙的《超音速》等。这些杂志有些是从中文直接进行翻译，有些是通过《克拉克世界》等发表的英译进行二次翻译。上述介绍的意、德、罗、西等出版方与英、日的商业杂志和出版社不同，主创多为"用爱发电"，无偿工作，单靠售卖收入难以维系日常运营，因此他们也会通过联络海外孔子学院、申请文化交流基金、寻求赞助等方式寻求支持，以将自己热爱的科幻事业进行下去。

除此之外，中国国内近年来涌现出越来越多海外科幻小说引进项目，许多出版社加入到科幻出版事业当中，国际上的最新获奖作品和名家经典作品都成为了热门引入目标。中短篇方面，除了《科幻世界》译文版不时推出特定国家、地区甚至作家的专号（如日本科幻专号、刘宇昆专号等），八光分文化推出的《银河边缘》中文版、微像文化推出的《克拉克世界》中文版、未来局的"科幻春晚"活动等都是在中国国内积极实现国际科幻出版合作的成功案例。从引进来到走出去再到邀请来，我们也可以看到中国科幻出版界对于科幻日益增长的信心。

最后不得不提的是蕾切尔·S.科尔达斯科的"翻译中的科幻"项目。收集从其他语种译介至英文的科幻信息，组织评论、访谈，承继拉维·蒂达尔曾经的"世界科幻"博客精神，向英语世界的读者介绍来自其他文化、其他语种的优秀科幻小说。而"科幻与奇幻罗塞塔奖"则延续了"科幻与奇幻翻译奖"的宗旨，选拔出优秀的英译科幻小说作品进行表彰。

由此，我们可以看出在翻译出版方面的国际交流，不仅实现了从引入英语作品到向英语国家和地区输出作品，更是促进了多语种、多文化之间的共荣交流。越来越多的商业出版社、专业杂志、小众出版社和独立杂志都将目光投向了来自边缘的科幻，其出版与发表形式也不拘一格。而一些早期就将眼光投射到世界科幻之上、却因种种原因而未能延续的项目，也在近年来找到了精神继承者，配套进行翻译科幻的梳理、评论和评奖，为该方面的学术研究和产业发展打下坚实基础。

# 第二节　行业活动

　　每年，世界各地举办的科幻活动均为各国科幻圈互相接触的重要场合。自 20 世纪 80 年代起，中国科幻人就已经参与到这些国际活动交流当中，比如 1986 年，日本中国科幻小说研究会会长岩上治先生赴成都参加首届银河奖颁奖典礼；1987 年，杨潇率领谭楷、向际纯、莫树清，一行四人赴日参加第 26 届日本科幻大会；1989 年，杨潇只身前往圣马力诺参加世界科幻小说协会（WSF）[1] 年会，并成功夺得 1991 年的 WSF 年会举办权。

　　类似的交流从未中断。而在进入 21 世纪尤其是 2010 年以后，中国开始以更加积极的姿态参与到各种海外科幻大会当中，以世界科幻大会最为典型。2000 年，时任科幻世界杂志社主编阿来和编辑秦月赴芝加哥参加第 58 届世界科幻大会 Chicon 2000，[2] 这是中国首次参加世界科幻大会。之后几年又陆续有中国代表参会，直到 2012 年，吴岩老师率十来名中国科幻作家、科幻迷共赴美国芝加哥参加第 70 届世界科幻大会 Chicon 7，与华裔作家刘宇昆、江明、麦家玮、余丽莉、朱中宜等进行交流，并且在会上安排了介绍中国科幻的相关论坛。[3] 之后的每一年，均有中国科幻迷参加该年世界科幻大会，其规模在 2017 年于芬兰赫尔辛基举办的第 75 届世界科幻大会上达到高峰，百余人的中国科幻代表团在会上积极参与并组织论坛、市集、派对、颁奖等各项活动。

---

[ 1 ]　世界科幻小说协会（WSF）是活跃于 1980–1990 年代的世界科幻行业专业人士协会组织。其年会不是世界科幻大会（WorldCon）。

[ 2 ]　贺劭清：《2023 年世界科幻大会落地成都》，中国新闻网 2021 年 12 月 20 日，访问日期：2022 年 2 月 6 日。

[ 3 ]　陈楸帆：《2012 世界科幻大会专题——走向世界的中国科幻》，《科幻世界》2012 年第 11 期，第 41-45 页。

需要说明的是，世界科幻大会发源于美国，其举办地在七十余年间绝大多数集中于美国城市，偶尔"出海"也落户英、加、澳等国，很少在非英语国家举办，唯——次来到亚洲是 2007 年在日本横滨的第 65 届世界科幻大会 Nippon 2007。大会选址采用投票制，提前两年由该年大会会员投票决出两年后的举办城市。近年来，越来越多的非美国、非英语城市参与到世界科幻大会的申办当中，其中也不乏最终获胜的，2017 年的赫尔辛基便是极佳例证，它从筹办到举办真正做到了其宣传口号——"将世界纳入世界科幻大会（Putting the world into Worldcon）"。而中国也在 2014 年首次提出申办 2016 年北京世界科幻大会，虽然最终败给堪萨斯城，却为五年后成都全力申办 2023 年世界科幻大会埋下了种子。

这种从英语地区走向更广阔而多元世界的趋势也蔓延到了其他科幻大会中，比如 2017 年的北美科幻大会（仅在该年世界科幻大会于北美以外的城市举行时举办）在波多黎各的圣胡安举行，2021 年的迷群组织者大会在葡萄牙里斯本举行。海外的科幻活动多发自民间，几乎没有政府牵头或商业注资（当然，活动的举办可能得到当地政府支持和商业赞助，只是其核心力量为从事非相关工作的志愿者们），这种"世界化"的趋势同时在大会参与者和大会筹办者群体之中发生，打破了多年来由北美垄断重要科幻大会的局势。

如果说世界科幻大会是中国科幻向国际科幻发散的重要途径，那么国内的各种科幻大会则是国际科幻了解中国科幻的重要窗口，如 2017 年的中国科幻大会暨第四届中国（成都）国际科幻大会、2019 年的中国科幻大会（北京）和第五届中国（成都）国际科幻大会、2018 和 2019 年的亚太科幻大会 / 另一颗星球科幻大会等均邀请到包含尼尔·克拉克、玛丽·罗比尼克·科沃尔、迈克尔·斯万维克等数十位海外嘉宾来到现场参与，并设置相关国际化议程。

另一方面，中日科幻圈交流在已有的良好基础上，近年来也愈发密切。如"互联网时代中日科幻文化高峰论坛""新时代中日科幻文学及动漫的交流与译介""后疫情时代中日 SF 高峰云论坛"等专题科幻论坛于 2018—2020 年连续三年在国内举办，邀请到藤井太洋、津原泰水、大塚英志、林让治、林久之、山本范子、川端裕人、泊功等日本科幻人士参与论坛讨论，更是于 2018 年发布《中日科幻长春共同宣言》，促进更多中日交流。

　　类似的定向交流还有中法之间，科学与幻想成长基金从2017年开始派代表参加法国南特国际科幻艺术节，并共同推出"凡尔纳计划"，目的是促进中法两国科幻作家之间更深入的交流；中意之间，未来小说创始人弗朗西斯科·沃尔索在孔子学院等机构的支持下，多次邀请中国科幻人赴意交流，本人也积极来华；中德之间，"胶囊"团队在柏林市参议院文化和欧洲部的支持下，组织了中国科幻作家和学者访德的系列活动。这一系列交流由点及面，打开了非英语国家之间科幻交流的局面。

　　疫情以来，国际旅行受到极大限制，科幻行业的交流活动纷纷转至线上，也由此促生了仅存在于线上的科幻大会。比如注重创作技艺交流的铸梦者航班，重点关注有色人种的火焰大会，强调世界和非英语科幻的巴西圣保罗通信展览会等。这些大会都诞生于疫情最严重的2020年，并在2021年成功举办第二届。因为其纯线上的筹办和举办模式，它们得以从一开始就比传统线下科幻大会更具国际性，真正做到去中心的多元交流。这种线上形式表面上来看是受客观条件所迫，但其深层逻辑还是折射出了世界科幻交流真正将世界纳入其中的趋势，不再像过往一样仅仅注重与英语世界的交流。

# 第三节　粉丝交流

　　这一方面，我们首先需要明确的是，上文所述海外科幻大会很大程度上仍是粉丝交流活动，"专业人士"眼中的行业活动也是科幻迷每年一度的朋友聚会。为了帮助全世界的科幻迷交流互访，北美洲、欧洲、大洋洲之间设立了粉丝基金——始于1953年的"跨大西洋粉丝基金"、始于1972年的"向下粉丝基金"、始于1978年的"向上粉丝基金"，由粉丝筹款、资助粉丝代表去往另一个大洲旅行，进行科幻圈的国际交流。这些粉丝基金的出发点虽好，其参与者构成却十分"白"，创始于2009年的粉丝基金会则在此基础上进行调整，只资助有色人种参加科幻大会。近年来，专注帮助非英语国家出身和有色人种科幻迷进行国际交流的基金越来越多，比如微像文化于2017年创办的"世界科幻大会参会基金"，每年资助两位中国科幻迷前往国外参加该年的世界科幻大会，并参与到大会的组织工作当中，进行国际交流之外也累积办会经验；同样由微像文化发起的"双向交流基金"，邀请海外科幻迷来中国进行访问，与国内科幻圈进行交流。越来越多的组织和个人也主动为来自边缘文化的科幻迷提供参会资助，比如科幻艺术家约翰·皮卡西奥在 2018 年于美国圣何塞举行的第 76 届世界科幻大会前夕发起的"墨西哥倡议"，资助了 50 位墨西哥代表参加该年大会；2019 年于爱尔兰都柏林举行的第 77 届世界科幻大会亦设立了"神奇都柏林基金"，用以资助经济能力有限的爱尔兰科幻迷、爱尔兰游者社区成员，以及来自边缘化群体 / 有色人种的论坛参与者，旨在支持更多元的粉丝交流。

另外，清华大学学生科幻协会在线参与了 2020 年于新西兰举办的第 78 届世界科幻大会，在会上搭建了粉丝展台并制作了英文会刊 Echologist；"中文科幻数据库"获得了《科幻百科全书》（第三版）的"科幻主题"翻译授权，以帮助国内科幻迷更进一步了解科幻类别及元素划分；粉丝杂志《零重力报》开设了专栏"国外科幻杂志创刊词翻译"。这些都是中国年轻科幻迷积极参与国际交流的尝试。

由此可见，粉丝层面的国际科幻交流在近年来愈发往多元化、年轻化的方向发展，为以往白人主导、中老年人主导的交流中注入了新鲜血液。

# 第四节　电影展映

近年来，中国科幻电影一方面积极参加海外各大影展，从长片到短片、真人到动画，《孤岛终结》《邮箱》《深空》《强度测试》等影片相继斩获美国罗氏科学电影节专业长片银奖、迈阿密国际科幻电影节信标奖、美国菲利普·K.迪克科幻电影节最佳剧情片奖、加拿大 CREATION 国际电影节最佳故事片奖、波士顿科幻电影节最佳设计奖、德国柏林科幻短片最佳导演二等奖、洛杉矶科幻电影节最佳短片"H. G. 威尔斯奖"等奖项；另一方面，又以《流浪地球》为代表，登上海外影院的大屏幕和奈飞等流媒体网站与全球观众见面。虽然走出国门的中国科幻电影在数量上还不多，但中国科幻电影已在国际上初露锋芒。

与此同时，除了常规的商业科幻电影引进之外，中国国内也出现了越来越多的科幻电影节/周。始于2016年5月的南瓜奇幻电影节已在北京连续举办六年，集中展映海内外恐怖、奇幻、科幻等原创类型片；自2019年11月发起的蓝星球科幻电影周开设有科幻短片竞赛征集、中外科幻电影展映等环节；由北京市石景山区政府和首钢集团主办的"北京科幻电影周"则在2021年9月集中展映了16部中外科幻电影佳作，为国内外科幻电影爱好者提供了一个交流和共享的平台。

好莱坞科幻电影长期以来霸占着全球票房榜单的前几位。随着中国科幻电影走向国际、独立科幻电影的交流日益增多，代表观众期待着跳脱常规类型范式之外、具有真正创新性和开拓性的科幻电影。

# 第五节　教育和学术研究

随着科幻在世界范围内备受瞩目，海内外的科幻教育学术项目也越来越多。位于重庆合川的钓鱼城科幻中心成立于2019年，扎根重庆移通学院，自创办以来便坚持走国际化路线，致力于打造亚洲最大科幻学院，旗下马可波罗科幻翻译中心更是旨在促进国际科幻交流。位于挪威奥斯陆的"共未来项目"则于2020年正式立项，是欧洲最大的科幻研究项目，受到欧洲研究理事会的资助，关注非英语地区的科幻小说和未来小说，致力于通过当代全球未来主义、科幻和未来思维来理解如何应对全球所面临的共同挑战。

自《科幻研究》在2013年推出中国科幻专号之后，英国科幻协会旗下的科幻评论杂志《矢量》也于2021年推出了中国科幻专号，《科幻研究学会评论》则在2020年和2021年相继推出两期"中华未来主义"特辑。哈佛大学、耶鲁大学等名校纷纷组织中国科幻主题讲座或工作坊，伦敦中国科幻协会则自2019年起邀请国内科幻作家与英国乃至全球科幻迷一同参与其作品研讨会。有关中国科幻的学术讨论在全球范围内引起热议，与科幻研究方面的国际交流日益加强也脱不开关系。

国内方面，中国科幻学会（筹）主办的季刊《科幻研究通讯》和中国科幻研究中心主办的月刊《世界科幻动态》则相继在2021年4月和2021年9月创办，前者聚焦于国内科幻研究的最新动态，后者聚焦于世界各国科幻动态，在全球各地招收"通讯员"以便于获取最新的国外科幻动态，二者相互补益，共同推进科幻研究发展。中国科幻在走向世界的同时，也热切地将目光投向世界。

# 第六节　总　结

总体而言，中国科幻正在以更加积极的态度与活跃的姿态面向世界，国内外科幻作品和研究的推介和引进也变得更加丰富，科幻粉丝们互相支持帮助用爱发电举办各种粉丝活动，越来越多优质的科幻电影出现在各国的科幻电影周并斩获奖项。而在世界范围内，虽然疫情及国际局势让全球交流变得更难，科幻却逆世界之潮流，正在变得更加开放。

我们不妨试着简单推测国际科幻交流逆势上扬背后的原因。历史上，殖民压迫、种族压迫、性别压迫等几座大山曾长期盘踞于世界的各个角落，科幻本身也曾是这些重重压迫构成的罗网的重灾区，英美文化之外的、白人之外的、顺性别异性恋男性之外的作者曾不被允许以他们自己的身份发出自己的声音。而在21世纪的今天，这些问题看似已被解决，却仍有不同程度的遗留，仿佛房间里的大象，被集体选择视而不见。科幻作为书写"他者"的文类，相较其他文类更易让人对于和自身不同的存在产生共情，因此有不少曾为边缘群体的作者选择科幻作为自己的发声渠道，而这样的故事也更容易被来自不同文化、不同地区、不同国别的读者所接受。另一方面，当技术发展赶上科幻、人类对于科学的敬畏感日益消失之时，科幻只能从其他方面挖掘惊奇感，而文化异质性本身为今日科幻的新意提供了重要来源。这样一来，无论是市场还是受众都在寻找更多元更丰富的声音，而来自世界各地的创作者们又积极以科幻形式讲述自己的故事、铸造自己的未来，从而促进了不同层面的科幻国际交流。

在短期内，世界恐怕仍会继续呈现封闭和保守的趋势，但我们相信，科幻的开放和交流趋势却不会停止。一来，抑制和压迫永远无法彻底根除革命和创新的力量，科幻极有可能成为这股力量的根据地之一，为共创更好的世界提供想象的根基。二来，科幻这个类型本身也呈现出更为包容的趋势，将西方现代科学逻辑之外的本土知识资源、全球各地的未来主义运动等纳入其中，不断迭代出新的叙事，而这样的叙事天生便具有很强的国际交流属性。可以预见的是，2023 年将会是全球科幻交流的重要时刻，新冠疫情将逐渐步入尾声，全球旅行开放将成为现实，成都将举办第 81 届世界科幻大会。届时国际科幻交流将碰撞出怎样的火花，让我们拭目以待！

**作者简介**

王侃瑜，奥斯陆大学 CoFUTURES 项目博士研究员。

河流，科幻爱好者。

# 附录1　人名翻译对照表

| 译名 | 原名 |
|---|---|
| 阿米塔夫·戈什 | Amitav Ghosh |
| 安迪·杜达克 | Andy Dudak |
| 安迪·威尔 | Andy Weir |
| 奥巴马 | Obama |
| 彼得·帕克 | Peter Parker |
| 泊功 | 泊功 |
| 布莱恩·奥尔迪斯 | Brian Wilson Aldiss |
| 布莱恩·大卫·约翰逊 | Brian David Johnson |
| 布鲁斯·斯特林 | Bruce Sterling |
| 川端裕人 | 川端裕人 |
| 大塚英志 | 大塚英志 |
| 法布里奇奥·彼得罗奇 | Fabrizio Petrossi |
| 法师王 | Wong |
| 菲利普·K.迪克 | Phillip K. Dick |
| 弗兰克·米勒 | Frank Miller |

| 译名 | 原名 |
|---|---|
| 弗朗索瓦·德拉罗齐埃 | François Delarozière |
| 弗朗西斯科·沃尔索 | Francesco Verso |
| 弗雷德里克·波尔 | Frederick Pohl |
| 弗雷斯特·阿克曼 | Forrest Ackerman |
| 傅满洲 | Fu Manchu |
| 盖瑞·韦斯特福尔 | Gary Westfahl |
| 哈莉·奎茵 | Harley Quinn |
| 黑豹特查拉 | Black Panther T'Challa |
| 亨利·詹金斯 | Henry Jenkins |
| 吉米·李 | Jim Lee |
| 加莱伯·萨姆斯 | Gareb Shamus |
| 杰伦·拉尼尔 | Jaron Lanier |
| 金雪妮 | Emily Jin |
| 津原泰水 | 津原泰水 |
| 惊奇队长卡罗尔 | Captain Marvel Carol |
| 凯瑟琳·洛 | Katheleen Lo |
| 凯文·诺兰 | Kevin Nowlan |
| 拉维·蒂达尔 | LavieTidhar |
| 蕾切尔·S.科尔达斯科 | Rachel S. Cordasco |
| 林久之 | 林久之 |
| 林让治 | 林讓治 |
| 刘宇昆 | Ken Liu |
| 陆秋逸 | S. Qiouyi Lu |
| 罗杰·蒙迪 | Roeger Mondy |
| 马尔科·克劳斯 | Marko Kloos |
| 玛蒂娜·玛拉 | Martina Mara |

续表

| 译名 | 原名 |
|---|---|
| 玛丽·罗比尼克·科沃尔 | Mary Robinette Kowal |
| 玛丽·雪莱 | Mary Shelley |
| 迈克·弗里德里希 | Mike Friederich |
| 迈克·卡博 | Mike Carbo |
| 迈克尔·斯万维克 | Michael Swanwick |
| 美国队长 | Captain America |
| 尼尔·克拉克 | Neil Clarke |
| 尼尔·斯蒂芬森 | Neal Stephenson |
| 皮埃尔·欧赫菲斯 | Pierre Orefice |
| 乔·菲尔兹 | Joe Field |
| 乔恩·费儒 | Jon Favreau |
| 乔治·卢卡斯 | George Lucas |
| 青山冈昌 | 青山剛昌 |
| 儒勒·凡尔纳 | Jules Verne |
| 山本范子 | 山本範子 |
| 山姆·莫斯考维奇 | Sam Moskowitz |
| 尚气 | Shang-Chi |
| 史蒂夫·艾尔顿 | Steve Alten |
| 斯科特·西格勒 | Scott Sigle |
| 斯皮尔伯格 | Steven Spielberg |
| 斯坦·李 | Stan Lee |
| 斯坦利·温鲍姆 | Stanley G. Weinbaum |
| 索尔 | Thor |
| 特工科尔森 | Agent Coulson |
| 藤井太洋 | 藤井太洋 |
| 藤子·F.不二雄 | ふじこ·F.ふじお |

| 译名 | 原名 |
|---|---|
| 筒井康隆 | Yasutaka Tsutsui |
| 托德·麦克法兰 | Todd McFarlane |
| 威廉·辛普森 | William Simpson |
| 威廉姆·沙特纳 | William Shatner |
| 西蒙·莱克 | Simon Lake |
| 小丑 | Joker |
| 小岛秀夫 | 小岛秀夫 |
| 熊彼特 | Joseph Schumpeter |
| 休·豪伊 | Hugh Howey |
| 言一零 | Carmen Yiling Yan |
| 岩上治 | 岩上治 |
| 伊萨克·阿西莫夫 | Isaac Asimov |
| 雨果·根斯巴克 | Hugo Gernsback |
| 猿渡哲也 | さるわたり てつや |
| 约翰·汤普森 | John Thompson |
| 约翰·巴雷特 | John Barrett |
| 约翰·皮卡西奥 | John Picacio |
| 约翰·斯卡尔齐 | John Scalzi |
| 约翰·汤普森 | John Thompson |
| 约翰·瓦利 | John Varley |
| 约瑟夫·鲁宾斯坦 | Josef Rubinstein |
| 扎克伯格 | Mark Zuckerberg |
| 詹姆斯·迪尤 | James E. Dew |
| 詹姆斯·卡梅隆 | James Cameron |
| 詹姆斯·莫罗 | James Morrow |

# 附录2

# 作品名称翻译对照表

| 译名 | 原名 |
| --- | --- |
| 1984 | 1984 |
| "中华未来主义"特辑 | Sinofuturism |
| 2001 太空漫游 | 2001: A Space Odyssey |
| 2015 年 STEM 教育法 | STEM Education Act of 2015 |
| 2026 年 STEM 教育愿景 | STEM2026：A Vision for Innovation in STEM Education |
| STEM 凝聚力计划 | Convergence Programme for the United Kingdom |
| X 档案 | X Files |
| 阿凡达 | Avatar |
| 奥特曼 | ウルトラマン |
| 巴斯光年星际营救 | Buzz Lightyear Planet Rescue |
| 棒棒糖与焦油宝宝 | Lollipop and the Tar Baby |
| 堡垒之夜 | Fortnite |
| 北极星计划 | STEM-Education-Strate-gic-Plan |

续表

| 译名 | 原名 |
|---|---|
| 本科的科学、数学和工程教育（又译作科学、数学和工程本科教育） | Undergraduate Science, Mathematis and Engineering Education |
| 蝙蝠侠 | Bat Man |
| 蝙蝠侠：阿卡姆 | Batman: Arkham |
| 变形金刚 | Transformers |
| 波斯王子：时之沙 | Prince of Persia: The Forgotten Sands |
| 超级马里奥 | Super Mario( スーパーマリオ ) |
| 超时空接触 | Contact |
| 冲破黎明 | Tom Clancy's The Division: Broken Dawn |
| 传送门 | Portal |
| 创：极速光轮 | TRON Lightcycle Power Run |
| 创界：雪佛兰数字挑战 | TRON Realm, Chevrolet Digital Challenge |
| 创战纪 | Tron：Legacy |
| 春天来临的方式 | The Way Spring Arrives and Other Stories |
| 刺客信条 | Assassin's Creed |
| 刺客信条：末裔 | Assassin's Creed: Last Descendants |
| 从地球到月球 | De la Terre à la Lune |
| 戴森球计划 | Dyson Sphere Program |
| 德累斯顿决议 | Dresdner Erklärung |
| 底特律：化身为人 | Detroit: Become Human |
| 地心抢险记 | The Core |
| 第二银河 | Second Galaxy |
| 电脑风云 | Desk Set |
| 电子世界争霸战 | Tron |
| 哆啦 A 梦 | ドラえもん |
| 方舟：生存进化 | ARK: Survival Evolved |

续表

| 译名 | 原名 |
| --- | --- |
| 弗兰肯斯坦 | Frankenstein |
| 辐射 | Fallout |
| 复仇者联盟 | The Avengers |
| 复仇者联盟 4：终局之战 | Avengers：Endgame |
| 感染 | Infected |
| 高堡奇人 | The Man in the High Castle |
| 哥斯拉 | Godzilla |
| 古墓丽影 | Tomb Raider |
| 鼓励风险投资法 | Law For The Encouragement Of Capital Investment |
| 鼓励企业研究与发展法 | תעשייתי ופיתוח מחקר עידוד חוק |
| 怪物猎人 | Monster Hunter |
| 光环 | Halo |
| 哈利·波特 | Harry Potter |
| 海底两万里 | Vingt mille lieues sous les mers |
| 汉字文化圈 | Sinosfera |
| 捍卫机密 | Johnny Mnemonic |
| 航海王 | ONE PIECE（ワンピース） |
| 黑豹 | Black Panther |
| 黑寡妇 | Black Widow |
| 衡量一个人的标准 | The Measure of a Man |
| 毁灭战士 | Doom |
| 火星救援 | The Martian |
| 火影忍者 | NARUTO（ナルト -） |
| 机动战士高达 | 機動戦士ガンダム |
| 机动战士高达系列动画 | ガンダムシリーズ |

| 译名 | 原名 |
|---|---|
| 机器人之梦 | Robot Dreams |
| 加尔各答染色体 | The Calcutta Chromosome |
| 假面骑士 | 仮面ライダー |
| 建立我们的工业战略绿皮书 | Building Our Industrial Strategy |
| 看不见的星球 | The Invisible Planets |
| 科幻百科全书 | The Encyclopedia of Science Fiction |
| 科学 | Science |
| 科学与创新投资框架 | Science & Innovation Investment Framework 2004—2014 |
| 科学与数学教育愿景 | Vision for Science and Mathematics Education |
| 控制 | Control |
| 联邦 STEM 教育五年战略规划 | The National Science and Technology Council's Committee on STEM Education Releases 5-Year Strategic Plan |
| 量子破碎 | Quantum Break |
| 鲁邦三世 | ルパン三世 |
| 曼达洛人 | The Mandalorian |
| 漫威蜘蛛侠 | Marvel Spider-man |
| 美国创新战略 | Education to Innovate |
| 美少女战士 | 美少女戦士セーラームーン |
| 名侦探柯南 | 名探偵コナン |
| 命运 | Destiny |
| 魔兽争霸 | Warcraft |
| 尼尔：机械纪元 | NieR: Automata |
| 尼尔森报告—纸质书与电子书 | The B&N Report |
| 你无法抵达的夏天 | A Summer Beyond Your Reach |

续表

| 译名 | 原名 |
|---|---|
| 喷气背包飞行器 | Jet Packs |
| 皮格马利翁的眼镜 | Pygmalion's Spectacles |
| 七龙珠 | Dragon Ball（ドラゴンボール） |
| 奇幻森林 | The Jungle Book |
| 奇想花园 | Gardens of Imagination |
| 奇异人生 | Life Is Strange |
| 起源：人类进化的传说 | Origins: Tales of human evolution |
| 全境封锁 | Tom Clancy's The Division |
| 群星 | Stellaris |
| 瑞克和莫蒂 | Rick and Morty |
| 赛博格中国 | ArtifiCina |
| 赛博朋克 2077 | Cyberpunk 2077 |
| 沙丘序曲 | Prelude to Dune |
| 尚气与十环传奇 | Shang-Chi and the Legend of the Ten Rings |
| 少年派的奇幻漂流 | Life of Pi |
| 神盾局特工 | Agents of S.H.I.E.L.D. |
| 神秘博士 | Doctor Who |
| 生化奇兵 | Bioshock |
| 生化危机 | Resident Evil |
| 时间之梯 | 時のきざはし：現代中華 SF 傑作選 |
| 时空幻境 | Braid |
| 双城之战 | Arcane |
| 死亡搁浅 | Death Stranding |
| 死亡循环 | Deathloop |
| 碎星星 | Broken Stars |
| 太空侵略者 | Space Invaders |

| 译名 | 原名 |
|---|---|
| 太空幸会史迪奇 | Stitch Encounter - Interact with Stitch |
| 泰坦陨落 | Titanfall |
| 天行者崛起 | Star Wars: The Rise of Skywalker |
| 头号玩家 | Ready Player One |
| 图书战争：出版业的数字革命 | Book Wars: The Digital Revolution in Publishing |
| 玩具总动员 | Toy Story |
| 未来文字 | Futugrammi |
| 瘟疫 | La Peste |
| 我，机器人 | I, Robot |
| 巫师 | The Witcher |
| 巫师杂志 | Wizard |
| 无人深空 | No Man's Sky |
| 无主之地 | Borderlands |
| 席卷全球的有声书 | Taking the World by Storm |
| 侠盗一号 | Rogue One: A Star Wars Story |
| 新世纪福音战士 | 新世紀エヴァンゲリオン |
| 星际宝贝 | Lilo & Stitch |
| 星际穿越 | Interstellar |
| 星际迷航 | Star Trek |
| 星际迷航：下一代 | Star Trek: The Next Generation |
| 星际迷航音乐会 | Star Trek Concert |
| 星际战甲 | Warframe |
| 星际争霸 | StarCraft |
| 星际争霸：自由远征 | StarCraft: Liberty's Crusade |
| 星球大战 | Star Wars |

| 译名 | 原名 |
| --- | --- |
| 星球大战绝地：陨落的武士团 | Star Wars Jedi:Survivor |
| 星云 | Nebula |
| 星战前夜 | EVE |
| 星之继承者 | Inherit the Stars |
| 雪崩 | Snow Crash |
| 亚马逊 50000 报告 | The Amazon 50k Report |
| 亚马逊 7000 报告 | The Amazon 7k Report |
| 羊毛战记 | Wool |
| 移动迷宫 | 中国史 SF 短篇集：移動迷宫 |
| 异星探险家 | Astroneer |
| 异形 | Alien |
| 银河护卫队 | Guardians of the Galaxy |
| 银翼杀手 | Blade Runner |
| 英国 STEM 教育蓝图 | The UK STEM Education Landscape |
| 英雄联盟 | League of Legends |
| 游侠索罗 | Solo：A Star Wars Story |
| 与拉玛相会 | Rendezvous with Rama |
| 原力觉醒 | Star Wars: The Force Awakens |
| 战争游戏 | WarGames |
| 正义联盟 | Justice League |
| 质量效应 | Mass Effect |
| 中国太阳 | Il sole cinese |
| 中华景观 | Sinopticon：A Celebration of Chinese Fiction |
| 侏罗纪公园 | Jurassic Park |
| 转生的巨人 | The Reincarnated Giant |
| 最后的绝地武士 | Star Wars: The Last Jedi |

# 附录 3

## 机构名称翻译对照表

| 译名 | 原名 |
|---|---|
| 20 世纪福克斯 | 20th Century Fox Film Corporation |
| Animate | 株式会社アニメイト |
| Aniplex | 株式会社アニプレックス |
| NBC 环球集团 | NBC Universal |
| 阿纳海姆会展中心 | Anaheim Convention Center |
| 巴黎迪士尼乐园 | Disneyland(Paris) |
| 鲍克公司 | Bowker |
| 贝恩出版社 | Baen Books |
| 比勒菲尔德大学 | Bielefeld University |
| 波茨坦大学 | Universität Potsdam |
| 超级任天堂世界 | Super Nintendo World |
| 大阪环球影城 | Universal Studios Japan |
| 丹麦比隆乐高乐园 | Lego Land(Denmark) |
| 德勤咨询公司 | Deloitte Consulting |
| 迪士尼 | The Walt Disney Company |

续表

| 译名 | 原名 |
|---|---|
| 迪士尼好莱坞影城 | Disney's Hollywood Studios |
| 迪士尼未来世界 | Disney EPCOT Center |
| 电子娱乐展览会 | Electronic Entertainment Expo |
| 东京迪士尼乐园 | Tokyo Disneyland |
| 杜莎夫人蜡像馆 | Madame Tussaud's |
| 法国未来世界动感乐园 | Parc du Futuroscope |
| 法兰克福有声峰会 | Frankfurt Audio Summit |
| 菲尔兹公司 | フィールズ株式会社 |
| 弗兰德斯国际贸易博览会 | Flanders Expo |
| 戈兰茨书业 | Victor Gollancz Ltd London |
| 哥伦比亚 | Columbia Pictures |
| 哥廷根大学 | Georg-August-Universität Göttingen |
| 哈根远程大学 | FernUniversität in Hagen |
| 哈珀·柯林斯出版社 | Harper Collins Publishers |
| 哈珀有声 | Harper Audio |
| 海恩出版社 | Heyen Verlag |
| 海洋堂 | 株式会社海洋堂 |
| 好莱坞环球影城 | Universal Studios Hollywood |
| 虎之穴 | 株式会社虎の穴 |
| 环球影城 | Universal Studio |
| 环球影城冒险乐岛 | Universal's Islands of Adventure |
| 机械协会 | La Machines |
| 集英社 | Shueisha Inc. |
| 家乐福 | Groupe Carrefour |
| 骏河屋 | 駿河屋 |

续表

| 译名 | 原名 |
|------|------|
| 卡普空 | CAPCOM（卡普空株式会社、株式会社カプコン） |
| 兰登书屋 | Random House, Inc. |
| 励德漫展公司 | ReedPop |
| 六旗集团 | Six Flags |
| 卢卡斯影业 | Lucasfilm Ltd. LLC |
| 罗布乐思 | Roblox |
| 麻省理工学院 | Massachusetts Institute of Technology |
| 马鲁部门公司 | Maru Division |
| 麦克米伦出版公司 | Macmillan Publishers Limited |
| 麦克米伦有声 | Macmillan Audio |
| 漫威 | Marvel Studios, LLC |
| 梅西百货 | Macy's, Inc. |
| 美国电影院线 | AMC（American Multi-Cinema） |
| 美国国家科学基金会 | NSF（National Science Foundation） |
| 美国国家科学委员会 | NSB（National Science Board） |
| 美国主题娱乐协会 | TEA（Themed Entertainment Association） |
| 密苏里大学罗拉分校 | University of Missouri Rolla |
| 默林娱乐集团 | Merlin Entertainments Group |
| 奈飞 | Netflix |
| 耐克 | Nike |
| 尼尔森图书调查公司 | Nelson Books |
| 欧洲玩家博览会 | EGX（Eurogamer Expo） |
| 欧洲研究理事会 | ERC（European Research Council） |
| 帕拉栋公司 | Paladone Products Ltd. |
| 企鹅出版公司 | Penguin Group |

续表

| 译名 | 原名 |
|---|---|
| 任天堂公司 | Nintendo Co., Ltd. |
| 日昇 | 株式会社サンライズ |
| 世界科幻小说协会 | World Science Fiction |
| 世界科幻协会 | WSF（World Science Fiction Society） |
| 寿屋 | 株式会社壽屋 |
| 斯坦福大学 | Stanford University |
| 太东公司 | 株式会社タイトー |
| 托尔出版公司 | Tor Books |
| 玩具反斗城 | Toys "R" Us，Tru Kids, Inc |
| 万代 | 株式会社バンダイ |
| 万代南梦宫控股 | 株式会社バンダイナムコホールディングス |
| 沃尔玛 | Walmart Inc. |
| 巫师世界公司 | Wizard World |
| 西班牙冒险港 | Port Aventura World |
| 西蒙 451 | Simon 451 |
| 西蒙与舒斯特出版公司 | Simon & Schuster, Inc. |
| 西蒙与舒斯特有声 | Simon & Schuster Audio |
| 亚马逊公司 | Amazon |
| 亚马逊跨文化事业部 | Amazon Crossing |
| 伊莎基出版社 | Ithaki |
| 易贝 | Ebay |
| 英国皇家工程教育与技能委员会 | Royal Academy of Engineering: Education and Skills Committee |
| 英国皇家社会科学政策中心 | Royal Society - Science Policy Centre |
| 英国科幻协会 | BSFA（British Science Fiction Association） |
| 英国索普乐园 | Thorpe Park |

| 译名 | 原名 |
|---|---|
| 英佩游戏 | Epic Games |
| 英特尔公司 | Intel |
| 游戏者网络有限公司 | Gamer Network Limited |
| 娱乐软件协会 | ESA（Entertainment Software Association） |
| 育碧软件公司 | Ubisoft Entertainment |
| 周刊少年 JUMP | 週刊少年ジャンプ |
| 作者解决方案 | Author Solutions |
| 作者收入网站 | Author Earnings |

# 科幻专有名词翻译对照表

| 译名 | 原名 |
| --- | --- |
| "大苹果"漫展 | Big Apple Comic Con |
| "翻译中的科幻"项目 | SF in Translation |
| "机械岛"项目 | Les Machines de l'île |
| 3C 电子产品 | Computer, Communication and Consumer Electronics |
| 42 星系 | Galaxia 42 |
| DC 漫画 | DC Comics |
| SF 杂志 | SF マガジン |
| Z 世代 | Generation Z |
| 阿凡达飞行通道 | Avatar Flight of Passage |
| 爱宠大机密 | The Secret Life of Pets |
| 按需打印 | POD（Print on Demand） |
| 巴西圣保罗通信展览会 | FutureCon |
| 柏青哥 | パチンコ |
| 北美科幻大会 | NASFiC（The North American Science Fiction Convention） |
| 变形金刚 3D 虚拟过山车 | Transformers the Ride3D |
| 变形金刚迷集会 | BotCon |

续表

| 译名 | 原名 |
|---|---|
| 场贩 | 会场限定贩壳 |
| 超音速 | SuperSonic |
| 动画朋友 | Anime Friends |
| 动作捕捉 | Motion capture |
| 俄亥俄谷科谣节 | OVFF（Ohio Valley Filk Fest） |
| 法拉利世界 | Ferrari World |
| 反斗奇兵大本营 | Toy Story Land |
| 反抗军的崛起 | Star Wars: Rise of the Resistance |
| 非玩家角色 | NPC（Non-player Character） |
| 粉丝基金会 | Con or Bust |
| 粉丝展台 | Fan Table |
| 愤怒的小鸟 | Angry Birds |
| 复仇者联盟 | Avengers |
| 共未来项目 | CoFutures |
| 哈利波特魔法世界 | The Wizarding World of Harry Potter |
| 海底世界旋转木马 | Le Carrousel des Mondes Marins |
| 行尸走肉 | The Walking Dead |
| 行星一号 | Gallifrey One |
| 幻想动漫玩具空间漫展 | FACTS（Fantasy Anime Comics Toys Space） |
| 火焰大会 | FlyahCon |
| 机械巨象 | Le Grand Éléphant |
| 机械艺术馆 | La Galerie des Machines |
| 胶囊 | Kapsel |
| 金斗 | Kindle |
| 金刚 360 度 3D 历险 | KingKong 360 3D |
| 惊奇漫画 | Marvel Comics |
| 骏河屋 | 骏河屋 |
| 开普敦漫展 | FanCon |
| 科幻产业 | Science Fiction Industry |

续表

| 译名 | 原名 |
|---|---|
| 科幻圈的幕后推手 | Secret Masters of Fandom |
| 科幻研究 | Science Fiction Studies |
| 科幻研究学会评论 | SFRA Review |
| 科幻与奇幻翻译奖 | The Science Fiction & Fantasy Translation Awards |
| 科幻与奇幻罗塞塔奖 | Science Fiction and Fantasy Rosetta Awards |
| 克拉克世界 | Clarkesworld |
| 跨大西洋粉丝基金 | TAFF，The Trans-Atlantic Fan Fund |
| 跨媒体制作 | メディアミックス |
| 另一颗星球科幻大会 | APSFCon |
| 伦敦地牢 | The London Dungeon |
| 罗氏科学电影节 | Raw Science Film Festival |
| 绿巨人浩克系列 | Hulk |
| 漫画世界 | J-World Tokyo |
| 漫威超级英雄主题项目 | Marvel Universe |
| 漫威电影宇宙 | MCU（Marvel Cinematic Universe） |
| 漫威蜘蛛侠系列 | Spider Man |
| 冒险岛 | Islands of Adventure |
| 美国角色扮演大会 | Cosplay America |
| 美国漫展 | WonderCon |
| 美国自出版发展报告 | Self-Publishing in the United States |
| 迷群组织者大会 | SMOFCon |
| 墨西哥倡议 | The Mexicanx Initiative |
| 纳美河之旅 | Na'vi River Journey at Pandora |
| 南特乌托邦国际科幻文化节 | Les Utopiales |
| 南特之旅 | Le Voyage à Nantes |
| 纽约旅馆—漫威艺术 | Disney's Hotel New York-The Art of Marvel |
| 纽约漫展 | NYCC，New York Comic Con |
| 潘多拉·阿凡达的世界 | Pandora: World of Avatar |

续表

| 译名 | 原名 |
| --- | --- |
| 潘多拉游骑兵 | Pandora Ranger |
| 千年隼：走私者逃亡号 | Millennium Falcon: Smugglers Run |
| 乔治亚科谣大会 | GAFilk |
| 软周边 | Light Hobby |
| 少年梦工厂 | Disney Junior Dream Factory |
| 神奇都柏林基金 | Fantastic Dublin Fund |
| 神偷奶爸小黄人虚拟过山车 | Despicable Me Minion Mayhem |
| 圣地亚哥漫展 | SDCC（San Diego Comic Convention） |
| 矢量 | Vector |
| 世界科幻 | World SF |
| 世界科幻大会 | WorldCon，World Science Fiction Convention |
| 世界知名的影城之旅 | Studio Tour |
| 视觉特效 | Visual Effects |
| 手办 | ガレージキット |
| 受注预约贩售 | 受注予約販売 |
| 数字孪生 | Digital Twin |
| 水世界 | Waterworld |
| 速度与激情——超动力 | Fast & Furious–Supercharged |
| 图书国 | Bookcountry |
| 未来纪事 | Future Science Fiction Digest |
| 未来世界 | Future World |
| 未来小说 | Future Fiction |
| 巫师世界芝加哥 | Wizard World Chicago |
| 线上门票 | Wizard World Signature Series |
| 向上粉丝基金 | GUFF（The Get Up-and-over Fan Fund） |
| 向下粉丝基金 | DUFF（The Down Under Fan Fund） |
| 星际舰队国际会议 | Starfleet International Conference |
| 星球大战：银河边缘 | Star Wars: Galaxy's Edge |
| 星球大战庆典 | Star Wars Celebration |

续表

| 译名 | 原名 |
|---|---|
| 星球大战主题园区 | Star Wars Lands |
| 虚幻引擎 | Unreal Engine |
| 虚拟现实 | VR（Virtual Reality） |
| 虚拟制片 | VP（Virtual Production） |
| 一番赏 | 一番くじ |
| 银河边缘 | Galaxy's Edge |
| 英国科幻会议 | British Science Fiction Conference |
| 硬周边 | Core Hobby |
| 元宇宙 | Metaverse |
| 元宇宙首尔 | Metaverse Seoul |
| 约克郡角色扮演大会 | Yorkshire Cosplay Con |
| 蒸汽朋克 | Steampunk |
| 正义联盟 | Justice League |
| 正义联盟：大都会之战 | Justice League Battle |
| 侏罗纪乐园 | Jurassic Park |
| 侏罗纪乐园——激流勇进 | Jurassic Park the Ride |
| 铸梦者航班 | Flights of Foundry |
| 自出版 | Self-Publishing |